CB138717

DESIGN THINKING

Edição Comemorativa
de 10 anos

UMA METODOLOGIA
PODEROSA PARA
DECRETAR O FIM
DAS VELHAS IDEIAS

DESIGN THINKING

AS LIÇÕES DA **IDEO** PARA POTENCIALIZAR A INOVAÇÃO
E CONDUZIR SUA EMPRESA AO SUCESSO

ALTA BOOKS
EDITORA
Rio de Janeiro, 2020

TIM BROWN
CEO DA IDEO, A MAIOR E MAIS RESPEITADA
CONSULTORIA DE DESIGN E INOVAÇÃO DO MUNDO

Design Thinking – Uma metodologia poderosa para decretar o fim das velhas ideias
Copyright © 2020 da Starlin Alta Editora e Consultoria Eireli. ISBN: 978-85-508-1436-0

Translated from original The Great Successor. Copyright ©2019 by Tim Brown. ISBN 9780062856623. This translation is published and sold by permission of Harper Business an imprint of HarperCollins Publishers, the owner of all rights to publish and sell the same. PORTUGUESE language edition published by Starlin Alta Editora e Consultoria Eireli, Copyright ©2020 by Starlin Alta Editora e Consultoria Eireli.

Todos os direitos estão reservados e protegidos por Lei. Nenhuma parte deste livro, sem autorização prévia por escrito da editora, poderá ser reproduzida ou transmitida. A violação dos Direitos Autorais é crime estabelecido na Lei nº 9.610/98 e com punição de acordo com o artigo 184 do Código Penal.

A editora não se responsabiliza pelo conteúdo da obra, formulada exclusivamente pelo(s) autor(es).

Marcas Registradas: Todos os termos mencionados e reconhecidos como Marca Registrada e/ou Comercial são de responsabilidade de seus proprietários. A editora informa não estar associada a nenhum produto e/ou fornecedor apresentado no livro.

Impresso no Brasil — Edição Comemorativa de 10 anos, 2020 — Edição revisada conforme o Acordo Ortográfico da Língua Portuguesa de 2009.

Produção Editorial
Editora Alta Books

Gerência Editorial
Anderson Vieira

Gerência Comercial
Daniele Fonseca

Produtor Editorial
Illysabelle Trajano
Juliana de Oliveira
Thiê Alves

Assistente Editorial
Keyciane Botelho

Marketing Editorial
Lívia Carvalho
marketing@altabooks.com.br

Coordenação de Eventos
Viviane Paiva
eventos@altabooks.com.br

Editor de Aquisição
José Rugeri
j.rugeri@altabooks.com.br

Equipe Editorial
Ian Verçosa
Raquel Porto
Rodrigo Dutra
Thales Silva

Equipe de Design
Larissa Lima
Paulo Gomes

Tradução
Cristina Yamagami

Copi/Trad
Carolina Gaio

Revisão Gramatical
Gabriela Araújo
Paola Goussain

Diagramação
Joyce Matos

Publique seu livro com a Alta Books. Para mais informações envie um e-mail para autoria@altabooks.com.br

Obra disponível para venda corporativa e/ou personalizada. Para mais informações, fale com projetos@altabooks.com.br

Erratas e arquivos de apoio: No site da editora relatamos, com a devida correção, qualquer erro encontrado em nossos livros, bem como disponibilizamos arquivos de apoio se aplicáveis à obra em questão.

Acesse o site **www.altabooks.com.br** e procure pelo título do livro desejado para ter acesso às erratas, aos arquivos de apoio e/ou a outros conteúdos aplicáveis à obra.

Suporte Técnico: A obra é comercializada na forma em que está, sem direito a suporte técnico ou orientação pessoal/exclusiva ao leitor.

A editora não se responsabiliza pela manutenção, atualização e idioma dos sites referidos pelos autores nesta obra.

Ouvidoria: ouvidoria@altabooks.com.br

Dados Internacionais de Catalogação na Publicação (CIP) de acordo com ISBD

B877d Brown, Tim

Design thinking: uma metodologia poderosa para decretar o fim das velhas ideias / Tim Brown ; tradução de Cristina Yamagami. - Edição comemorativa - Rio de Janeiro : Alta Books, 2020.
304 p. ; 17cm x 24cm.

Tradução de: Design thinking
Inclui índice.
ISBN: 978-85-508-1436-0

1. Design. 2. Design thinking. I. Yamagami, Cristina. II. Título.

2020-1385 CDD 658.4063
CDU 658.512.2

Elaborado por Odilio Hilario Moreira Junior - CRB-8/9949

ALTA BOOKS EDITORA
Rua Viúva Cláudio, 291 — Bairro Industrial do Jacaré
CEP: 20.970-031 — Rio de Janeiro (RJ)
Tels.: (21) 3278-8069 / 3278-8419
www.altabooks.com.br — altabooks@altabooks.com.br
www.facebook.com/altabooks — www.instagram.com/altabooks

ABDR Associação Brasileira de Direitos Reprográficos

ASSOCIADO CBL Câmara Brasileira do Livro

Para Gaynor

AGRADECIMENTOS

Ao dizer que *Design Thinking* resultou de um trabalho em equipe, corro o risco de afirmar o óbvio, mas o fato é que muitas pessoas fizeram contribuições úteis. Muitos dos insights mais importantes se devem a elas. E todos os erros devem ser atribuídos a mim.

Meu sócio reservado, Barry Katz, por meio de sua habilidosa utilização das palavras, faz com que eu pareça mais eloquente do que realmente sou. Sou grato a ele pelas muitas contribuições ao texto e pelo tempo e esforço consideráveis que dedicou para transformar meu manuscrito em algo pronto para o consumo do público.

Minha agente, Christy Fletcher, viu o potencial deste projeto e me apresentou à maravilhosa equipe da Harper Business, e, em particular, ao editor, Ben Loehnen. Eu ouvia que a arte da edição de livros estava morrendo na correria do mercado editorial moderno, mas Ben demonstra que fazer uma edição de alta qualidade e velocidade não é um paradoxo. Foi um prazer trabalhar com ele.

Outras pessoas que desempenharam papéis essenciais, do início à conclusão, incluem Lew McCreary, da *Harvard Business Review*, que editou meu artigo "Design Thinking"; Sandy Speicher, Ian Groulx e Katie Clark, que criaram a capa da edição norte-americana; Peter Macdonald, que ilustrou meu mapa mental; os agentes publicitários Debbe Stern e Mark Fortier, que trabalham de forma ferrenha para difundir a mensagem de *Design Thinking* para o mundo; Scott Underwood, que conferiu a descrição dos projetos da IDEO; e minha assistente, Sally Clark, que, de alguma forma, levou-me aos lugares certos, na hora certa, apesar de eu quase ter frustrado seus planos.

No decorrer das pesquisas para este livro, tive o prazer de visitar algumas maravilhosas organizações. Gostaria de agradecer especialmente a Pavi Mehta e Thulsi Thulasiraj, do Aravind Eye Hospital; David Green; Amitabha Sadangi, do IDE na Índia; e Makoto Kakoi e Naoki Ito, da Hakuhodo, por terem sido tão generosos com seu tempo e ideias.

Tive a enorme sorte de conviver com algumas pessoas incrivelmente inteligentes que influenciaram de maneira significativa minha forma de pensar. Muitas foram mencionadas no texto, mas gostaria de agradecer a Jacqueline Novagratz, Bruce Nussbaum, Naoto Fukasawa, Gary Hamel, John Thackera, Bob Sutton, Roger Martin e Claudia Kotchka, porque devo muitas das minhas ideias às realizações dessas pessoas. Também gostaria de agradecer a Chris Anderson, da TED, que, por meio de sua maravilhosa conferência, apresentou-me a inúmeras ideias e pessoas incluídas em *Design Thinking*.

Na IDEO, agradeço a Whitney Mortimer, Jane Fulton Suri, Paul Bennett, Diego Rodriguez, Fred Dust e Peter Coughlan, por discutirem regularmente minhas ideias. Mas *Design Thinking* não existiria sem as contribuições de meus colegas da IDEO e de nossos clientes, tanto no passado quanto no presente. Eles continuam sendo uma infinita fonte de inspiração.

Design Thinking reflete minha jornada de designer a adepto da abordagem. Sem a orientação de algumas pessoas, eu nunca a teria completado. Elas incluem meus pais, que me deram a confiança necessária para entrar na faculdade de arte quando todos os meus amigos escolhiam carreiras muito mais promissoras; Bill Moggridge, que assumiu o significativo risco de me contratar; David Kelley, que confiou sua empresa à minha liderança; David Strong, que tem a paciência de tocar um negócio ao lado de um designer que mal sabe fazer contas (muito menos usar planilhas eletrônicas); e Jim Hackett, cujos conselhos de liderança me proporcionaram uma constante rede de segurança para mim e meus colegas.

Por fim, e o mais importante, tenho o prazer de agradecer à minha família — Gaynor, Caitlin e Sophie. Sua disposição de tolerar minhas frequentes ausências e os muitos fins de semana concentrados diante de meu laptop compõe apenas uma pequena parcela da gratidão que devo a elas.

Tim Brown

Palo Alto, Califórnia, maio de 2009

SUMÁRIO

reintrodução

Há uma cena memorável no clássico *Tempos Modernos*, de Charlie Chaplin, em que o Vagabundo pega uma bandeira vermelha de aviso que caiu da traseira de um caminhão de entrega. Enquanto ele a tremula e grita para chamar a atenção do motorista, uma multidão barulhenta vira a esquina atrás dele, e ele se vê, sem querer querendo, na vanguarda de um movimento revolucionário. Isso não está tão longe da percepção que temos quando olhamos para o que aconteceu na década de publicação da primeira versão de *Design Thinking*. Não inventamos o design thinking — esse mérito é de um pequeno grupo de acadêmicos —, mas, verdade seja dita, estávamos no lugar certo, na hora certa. Quando olhamos para trás, descobrimos que havia um movimento revolucionário atrás de nós.

Simplificando, *Design Thinking* tem duas funções. Primeira, expandir o conceito do design para abarcar os desafios enfrentados pelos negócios e pela sociedade; mostrar como uma abordagem criativa e focada na resolução de problemas e no ser humano propicia a descoberta de soluções novas e mais eficazes. Segunda, o design thinking extrapola as grandes habilidades do designer profissional treinado, sendo disponível para qualquer um que deseja dominar sua mentalidade e seus métodos. Nosso objetivo comum — de designers e adeptos do design thinking — reside em encontrar melhores respostas para os desafios que todos nós enfrentamos. Uma década após a primeira vez que compartilhamos essas ideias, estou mais convencido do que nunca de sua relevância para o mundo contemporâneo.

Nossa jornada na IDEO é de constante descoberta, pois, a cada vez, somos desafiados a enfrentar problemas mais amplos e profundos. Desde a publicação de *Design Thinking*, fomos requisitados a aplicar a abordagem à reforma educacional da América Latina; aos departamentos do governo nos EUA, Oriente Médio e Ásia; a uma sucessão de novas organizações sociais que prestam serviços na África, Índia e Sudeste Asiático; e a startups em todo o mundo, empregando as mais recentes tecnologias digitais, robóticas e biológicas.

Ainda mais notável, a combinação de abordagens que chamamos de design thinking foi adotada por empresas, organizações sociais e instituições acadêmicas de todo canto do mundo. Milhares de estudantes conheceram seus conceitos básicos por meio de escolas de administração e de engenharia, ou de cursos online e kits de ferramentas gratuitos. Esses "graduados em design thinking" agora praticam suas habilidades a nível de inspiração, ideação e implementação. Todos geram impacto social, de grandes ou pequenas proporções.

A evidência desse impacto é patente. Algumas das empresas de tecnologia mais influentes do mundo — Apple, Alphabet, IBM, SAP — tornaram o design o foco de suas operações. A SAP usou o design thinking para lançar produtos de bilhões de dólares em tempo recorde, enquanto financiava o ensino do método em todo o mundo. A IBM o integrou a seus produtos e serviços e desenvolveu a prática para se concentrar em seus clientes corporativos, contratando centenas de designers nesse processo. Há designers nas equipes fundadoras de startups disruptivas do Vale do Silício e de todo o mundo. Sistemas de assistência médica, empresas de serviços financeiros e consultorias de gestão agora empregam regularmente designers, enquanto professores levam o tópico para suas aulas de todos os níveis. Sua metodologia, como meu amigo Roger Martin mostrou, foi adotada até pelos militares. Sem dúvida, o design thinking atingiu sua maturidade.

E, no entanto, não devemos nos apressar em nos vangloriar, pois ainda estamos no começo, e ouvimos, com razão, o que é necessário para que o design thinking tenha um impacto significativo.

Uma primeira pergunta diz respeito ao domínio. À medida que avançar no *Design Thinking*, descobrirá que a abordagem inclui muitos métodos e habilidades, e, como ocorre em qualquer área, há um abismo entre o desempenho de um novato e o de um mestre, com horas de prática. Da mesma forma, equipes novatas, mesmo que tenham até dois mestres, raramente superam aquelas que desenvolveram confiança e familiaridade por meio dos projetos já realizados.

Embora a tecnologia seja útil para acelerar o aprendizado e ampliar o impacto, não há substituto para o domínio. Essa maestria implica obter o que meus colegas Jane Fulton Suri e Michael Hendrix chamam de *sensibilidade do design*. Como escreveram na *Rotman Management*: "A sensibilidade do design consiste na capacidade de explorar qualidades intuitivas, como prazer, beleza, sentido pessoal e repercussão cultural." Aplicar o design de forma intuitiva leva a experiências mais relevantes, que se conectam emocionalmente às pessoas e obtêm maior lealdade dos clientes. Até que tenhamos treinado uma massa crítica de *mestres* em design thinking, estaremos aquém do poder de sua aplicação aos problemas mais desafiadores do mundo. Por isso, encorajo você a não se conformar com a compreensão e a aplicação de seus conceitos, mas a encontrar o próprio caminho para o domínio. Pela minha experiência, esse compromisso proporcionará uma satisfação vitalícia de criatividade.

A segunda questão diz respeito à ética. Cada vez mais, enfrentamos uma reação tecnológica, conforme os modelos de negócios das redes sociais, inteligência artificial e internet revelam seu lado sombrio. Por um lado, o design centrado no homem pode ser um antídoto para o domínio frio da tecnologia e seu viés inerente de substituir ou depreciar a contribuição humana. Por outro, há evidências abundantes de que o design tem sido usado para nos seduzir pelos vícios de redes sociais, serviços de inteligência artificial, jogos para dispositivos móveis e outras tentativas tecnológicas.

O design thinking não é "a mão invisível". Ele é deliberado. Como afirmou o laureado com o Nobel Herbert Simon em seu tratado de 1969, *As Ciências do Artificial*: "Todo mundo usa o design para criar cursos de ação cujo objetivo é transformar dadas situações em favoritas." Se projetamos aplicativos de rede social para ser atraentes e viciantes, é porque desejamos esse resultado. Se não desejamos o que conseguimos, somos designers medíocres. Os adeptos do design thinking são responsáveis por entender os resultados do que projetam e por ter consciência das escolhas que fazem. Estamos em um momento crítico na evolução da tecnologia, no qual vemos seu potencial de substituir a inteligência humana. Este é um momento para a "mão visível" do design fazer escolhas deliberadas sobre como desejamos que a tecnologia sirva à humanidade.

A pergunta final diz respeito à aplicação: para quais problemas devemos direcionar nossa energia? O projeto de inteligência artificial centrada no homem é, certamente, um deles, mas, em geral, acho que muito de nosso esforço foi focado em incrementos e em ideias verdadeiramente inovadoras — e não quero dizer inovações apenas no sentido do Vale do Silício, de novos produtos e tecnologias. À medida que adentramos o século XXI, fica mais claro que a maioria de nossos sistemas sociais não são mais adequados ao objetivo. Eles foram projetados para atender aos requisitos da "primeira era da máquina" e permaneceram inalterados desde o século XIX e o início do século XX.

Qual seria o impacto de aplicarmos com êxito nossas habilidades de design thinking aos verdadeiros "problemas perversos" do século XXI? Como podemos projetar organizações, educação, engajamento civil, sistemas industriais, mercados, assistência médica, transporte, tributação, fé, trabalho e comunidades, tanto físicas quanto virtuais, para serem adequadas para nós, nossos filhos e netos? Esses, acredito, são desafios válidos para os adeptos do design thinking.

Acredito que o design thinking seja ainda mais necessário agora do que era em 2009. Aprendemos muito nesses anos e agora sabemos mais sobre como aplicar com êxito as mentalidades, habilidades e sensibilidade do design. Algumas das empresas que usamos como exemplo seguiram caminhos inesperados. Enquanto algumas criaram um impacto considerável, outras foram menos bem-sucedidas e algumas até fracassaram — resultado inevitável no mundo complexo da inovação e dos negócios. Decidi não julgar esses projetos, mas, em vez disso, deixar que você tire lições de suas jornadas subsequentes.

No entanto, Barry Katz e eu optamos por incluir um capítulo adicional, que usa a última década de nossas experiências na IDEO como uma lente para vermos o progresso que o campo fez e que, talvez, ainda precise fazer. Como na edição original, agradeço imensamente a meus colegas da IDEO, cujo brilho criativo e dedicação para colaborar são as razões que tornam esses exemplos inspiradores para compartilhar. Espero que você considere *Design Thinking* um passo útil em sua própria jornada rumo à mestria — que encontre nele a inspiração para aplicar sua capacidade criativa em prol da resolução de desafios, grandes ou pequenos, da maneira que acredita que melhorará a vida das pessoas a seu redor.

TIM BROWN

São Francisco, 2019

INTRODUÇÃO

o poder do design thinking

um fim às velhas ideias

Praticamente qualquer pessoa que tenha visitado a Inglaterra já viajou pela ferrovia Great Western Railway, a maior realização do grande engenheiro vitoriano Isambard Kingdom Brunel. Eu cresci ouvindo a GWR e, quando ainda era menino na Oxfordshire rural, muitas vezes andava de bicicleta ao longo da linha e esperava que os grandes trens expressos passassem por mim em um estrondo a mais de 160km/h. A viagem de trem é mais confortável hoje (os vagões agora ostentam suspensões e assentos almofadados) e, sem dúvida, o cenário mudou, mas, um século e meio após sua construção, a GWR ainda representa um ícone da Revolução Industrial — e um exemplo do poder que o design tem de alterar o mundo a nosso redor.

Mesmo tendo sido o engenheiro dos engenheiros, Brunel não se interessava exclusivamente pela tecnologia por trás de suas criações. Embora levasse em consideração o design do sistema, insistia em inclinações uniformes, porque queria que os passageiros tivessem a sensação de "flutuar". Construiu pontes, viadutos e túneis para criar não somente um transporte eficiente, mas também a melhor experiência possível. Chegou a imaginar um sistema de transporte integrado que permitiria que o viajante embarcasse em um trem na estação Paddington de Londres e desembarcasse de um navio a vapor em Nova York. Em cada um de seus grandiosos projetos, exibia um talento notável — visionário — para equilibrar aspectos técnicos, comerciais e humanos. Ele não foi apenas um grande engenheiro ou um talentoso designer; Isambard Kingdom Brunel foi um dos primeiros exemplos de *adeptos do design thinking*.

Desde a conclusão da Great Western Railway em 1841, a industrialização acarretou incríveis mudanças. A tecnologia ajudou a tirar milhões de pessoas da pobreza e melhorou o padrão de vida de uma parcela considerável da humanidade. À medida que entramos no século XXI, contudo, estamos cada vez mais cientes do lado negativo da revolução que transformou o modo como vivemos, trabalhamos e nos divertimos. As nuvens fuliginosas de fumaça que antes escureciam o céu de Manchester e Birmingham alteraram o clima do planeta. A onda de produtos baratos que começou a fluir de suas fábricas e oficinas alimentou uma cultura de consumo excessivo e desperdício prodigioso. A industrialização da agricultura nos deixou vulneráveis a catástrofes naturais e provocadas pelo homem. Os inovadores avanços do passado se tornaram os procedimentos de rotina de hoje à medida que empresas em Shenzhen e Bangalore se beneficiam das mesmas teorias de gestão que as do Vale do Silício e Detroit e se veem diante da mesma espiral descendente de comoditização.

A tecnologia ainda tem muito a avançar. A revolução das comunicações possibilitada pela internet aproximou as pessoas e lhes deu a oportunidade de trocar opiniões e gerar novas ideias como nunca havia sido feito antes. As ciências da biologia, química e física se fundiram na forma da biotecnologia e da nanotecnologia para criar a promessa de milagrosos medicamentos e maravilhosos novos compostos. Mas essas espetaculares realizações provavelmente não nos ajudarão a reverter nossa fatídica trajetória. Pelo contrário.

precisamos de novas escolhas

Uma visão puramente tecnocêntrica da inovação é menos sustentável hoje do que nunca e uma filosofia de gestão baseada apenas na seleção de uma entre várias estratégias existentes provavelmente será superada por novos avanços domésticos ou no exterior. Precisamos de novas escolhas — novos produtos que equilibrem as necessidades de indivíduos e da sociedade como um todo; novas ideias que lidem com os desafios globais de saúde, pobreza e educação; novas estratégias que resultem em diferenças que importam e um senso de propósito que inclua todas as pessoas envolvidas. É difícil imaginar outra época em que os desafios que enfrentamos foram tão mais abrangentes do que os recursos criativos disponíveis. Aspirantes a inovadores podem ter participado de uma sessão de "brainstorming" ou aprendido alguns truques e estratagemas, mas essas autoridades temporárias raramente chegam a ter alguma influência no mundo externo na forma de novos produtos, serviços ou estratégias.

Precisamos de uma abordagem à inovação que seja poderosa, eficaz e amplamente acessível, que possa ser integrada a todos os aspectos dos negócios e da sociedade e que indivíduos e equipes possam utilizar para gerar ideias inovadoras que sejam implementadas e que, portanto, façam a diferença. O design thinking, tema deste livro, oferece uma abordagem desse tipo.

Ele começa com habilidades que os designers aprendem ao longo de décadas na busca por relacionar as necessidades humanas com os recursos técnicos disponíveis, considerando as restrições práticas dos negócios. Ao integrar o desejável do ponto de vista humano ao tecnológico e economicamente viável, os designers têm conseguido criar os produtos que usufruímos hoje. O design thinking representa o próximo passo, que é colocar essas ferramentas nas mãos de pessoas que talvez nunca tenham pensado em si mesmas como designers e aplicá-las a uma variedade muito mais ampla de problemas.

O design thinking se beneficia da capacidade que todos nós temos, mas que são negligenciadas por práticas convencionais de resolução de problemas. Não se trata de uma proposta apenas centrada no ser humano; ela é humana por natureza. O design thinking se baseia em nossa capacidade de ser intuitivos, reconhecer padrões, desenvolver ideias que tenham um significado emocional além do funcional, expressar-nos em mídias além de palavras ou símbolos. Ninguém quer gerir uma empresa com base apenas em sentimento, intuição e inspiração, mas fundamentar-se demais no racional e no analítico também pode ser perigoso. A abordagem integrada que reside no centro do processo de design sugere um "terceiro caminho".

nadando contra a corrente

Fui treinado como designer industrial, mas levei muito tempo para perceber a diferença entre *ser* designer e *pensar* como um. Sete anos de faculdade e pós-graduação e 15 anos de prática profissional se passaram antes de eu ter uma ideia concreta de que meu trabalho era mais do que apenas ser um elo em uma cadeia entre o departamento de engenharia de um cliente e o pessoal do marketing.

Os primeiros produtos que projetei como profissional de design foram para um respeitável fabricante de maquinário chamada Wadkin Bursgreen. O pessoal da fábrica convidou um designer industrial jovem e sem experiência comprovada para ajudar a melhorar suas máquinas de carpintaria. Passei um verão criando esboços e modelos de serras circulares com uma aparência melhor e tornos para madeira mais fáceis de usar. Acredito que tenha feito um bom trabalho e, 30 anos mais tarde, ainda é possível encontrar meu trabalho em fábricas. Mas você não vai mais encontrar a empresa Wadkin Bursgreen, que fechou as portas há muito tempo. Como designer, não percebi que era o futuro da indústria da carpintaria que estava em jogo, e não o design de suas máquinas.

Só aos poucos passei a ver o poder do design não como o elo de uma cadeia, mas como o eixo de uma roda. Quando deixei o mundo protegido da faculdade — onde todo mundo parecia igual, agia da mesma forma e falava a mesma língua — e entrei no mundo dos negócios, precisei passar muito mais tempo explicando a meus clientes o que era o design do que, de fato, trabalhando com ele. Percebi que eu estava abordando o mundo a partir de um conjunto de princípios operacionais que era diferente dos deles. A confusão resultante estava prejudicando minha criatividade e produtividade.

Também notei que as pessoas que me inspiravam não eram necessariamente membros do mundo do design: engenheiros como Isambard Kingdom Brunel, Thomas Edison e Ferdinand Porsche, que pareciam ter adotado uma visão de mundo centrada no ser humano, não na tecnologia; cientistas comportamentais como Don Norman, que perguntavam por que os produtos são tão desnecessariamente confusos; artistas como Andy Goldsworthy e Antony Gormley, que pareciam envolver o público em uma experiência que fazia com que ele fizesse parte da obra de arte; líderes de negócios como Steve Jobs e Akio Morita, que criaram produtos singulares e significativos. Percebi que, por trás dos rótulos altivos de "gênio" e "visionário", havia um compromisso básico com os princípios do design thinking.

Anos atrás, durante um dos altos e baixos típicos do Vale do Silício, meus colegas e eu lutávamos para descobrir como manter minha empresa, a IDEO, significativa e útil no mundo. Havia muito interesse em nossos serviços de design, mas também notamos que estávamos cada vez mais sendo solicitados a solucionar problemas que pareciam muito distantes da visão comum de design. Uma instituição de saúde estava nos pedindo para ajudar a reestruturar sua organização; uma empresa de manufatura de um século de idade estava nos pedindo para ajudá-la a entender melhor seus clientes; uma universidade de elite estava nos pedindo para pensar em ambientes de aprendizado alternativos. Estávamos sendo puxados para fora de nossa zona de conforto, mas estávamos empolgados, porque isso nos abria novas possibilidades de fazer maior diferença no mundo.

Começamos a falar sobre essa área expandida como "design com d minúsculo", indo além do *objeto* escultural das revistas de estilo de vida ou de pedestais de museus de arte moderna. Mas essa expressão não era satisfatória. Um dia, eu estava batendo papo com meu amigo David Kelley, professor de Stanford e fundador da IDEO, e ele observou que, sempre que alguém lhe perguntava algo sobre design, ele se via incluindo a palavra "thinking" — pensamento — para explicar seu trabalho. Daí surgiu o termo "design thinking". Agora o uso como forma de descrever um conjunto de princípios aplicáveis a uma ampla variedade de problemas. Eu me converti ao design thinking e, agora, sou um evangelizador.

E não estou sozinho. Hoje em dia, em vez de recrutar designers para tornar uma ideia mais atraente, as empresas mais progressistas os desafiam a criar ideias no início do processo de desenvolvimento. O primeiro papel é tático; baseia-se no que já existe e, em geral, o leva um passo adiante. O último é estratégico; tira o "design" do estúdio e libera seu potencial disruptivo, sua possibilidade de mudar o jogo. Não é por acaso que hoje se acham designers nos conselhos de administração das empresas mais progressistas do mundo. Como um processo mental, o design começou a avançar.

Além disso, os princípios do design thinking são aplicáveis a uma ampla gama de organizações, não apenas a empresas em busca de novos produtos. Um designer competente sempre poderá melhorar a parafernália do ano anterior, mas uma equipe interdisciplinar de adeptos habilidosos soluciona problemas mais complexos. Da obesidade pediátrica à prevenção do crime e mudanças climáticas, o design thinking agora é aplicado a uma gama de desafios com pouca semelhança com os objetos de desejo que ocupam as páginas das belas publicações de luxo das mesas de centro das salas de estar.

As causas subjacentes ao crescente interesse no design são claras. À medida que o foco da atividade econômica do mundo em desenvolvimento foi passando da produção industrial à criação de conhecimento e prestação de serviços, a inovação se tornou uma estratégia de sobrevivência. Além disso, ela não se limita mais ao lançamento de novos produtos físicos, mas inclui novos tipos de processos, serviços, interações, formas de entretenimento e meios de comunicação e colaboração. Esses são exatamente os tipos de tarefas centradas no ser humano nas quais os designers trabalham todos os dias. A evolução natural de *fazer design* a *pensar design* reflete o crescente reconhecimento por parte dos líderes de negócios de que o design se tornou importante demais para ser deixado exclusivamente aos designers.

Design Thinking se divide em duas partes. A primeira é uma jornada por alguns dos importantes estágios do design thinking. Ela não foi elaborada como um manual, porque essas habilidades são mais desenvolvidas na prática. O que espero fazer é proporcionar um quadro contextual que ajudará o leitor a identificar os princípios e práticas que levam a um excelente design thinking. Como sugiro no Capítulo 6, o design thinking floresce em uma rica cultura caracterizada pelo storytelling e, nesse espírito, exploro muitas dessas ideias contando histórias da IDEO e de outras empresas e organizações.

A primeira parte do livro se concentra na aplicação do design thinking aos negócios. No caminho, veremos como tem sido implementado pelas empresas mais inovadoras do mundo, como inspirou soluções revolucionárias e em que situações se sobressai (qualquer livro de negócios que alegue sucesso ininterrupto pertence às prateleiras de "ficção"). A segunda parte propõe um desafio para que todos pensemos "grande". Ao analisar as três amplas áreas de atividade humana — negócios, mercados e sociedade —, espero mostrar como o design thinking pode ser estendido de novas formas para criar ideias à altura dos desafios que todos enfrentamos. Se estiver administrando um hotel, pode ajudá-lo a repensar a própria essência da hospedagem. Se estiver trabalhando para uma instituição filantrópica, a conhecer melhor as necessidades das pessoas a que pretende servir. Se for um capitalista de risco, a vislumbrar o futuro.

outra forma de encarar a questão

Ben Loehnen, meu excelente editor da Harper Business, me disse que um bom livro precisa de um bom sumário. Eu fiz o possível para me adequar a isso. A verdade, contudo, é que vejo as coisas de forma um pouco diferente. A essência do design thinking é explorar diferentes possibilidades, de modo que pensei em começar apresentando ao leitor uma nova maneira de visualizar o conteúdo do livro. Algumas circunstâncias exigem o pensamento linear, mas, na IDEO, muitas vezes, consideramos mais útil visualizar uma ideia utilizando uma técnica com uma longa e rica história, o mapa mental.

O pensamento linear se baseia em sequências; os mapas mentais, em conexões. Essa representação visual me ajuda a ver as relações entre os diferentes tópicos sobre os quais quero falar, dá-me um senso mais intuitivo do todo e me ajuda a exemplificar melhor uma ideia. Pensadores lineares, como Ben, podem usar o sumário tradicional; leitores mais ousados podem virar a página e visualizar *Design Thinking* como um todo em um só lugar. Isso pode instigá-lo a ir direto a uma seção específica, de seu interesse. E ajudá-lo a reconstituir seus passos. O mapa mental também lhe lembra das relações entre diferentes tópicos do design thinking e até ajuda a pensar em tópicos que não foram incluídos no livro, mas que deveriam.

Os adeptos experientes do design thinking podem descobrir que o mapa mental é tudo de que você precisa para entender meu ponto de vista. Espero que, para todos os outros leitores, os 11 capítulos que se seguem proporcionem uma boa compreensão do mundo do design thinking e do potencial que ele tem de nos possibilitar gerar mudanças significativas. Se esse for o caso, espero que você me conte depois.

TIM BROWN

Palo Alto, Califórnia, maio de 2009

PARTE I

o que é design thinking?

CAPÍTULO 1

saindo da zona de conforto,

ou como o design thinking é mais do que estilo

Em 2004, a Shimano, fabricante japonesa líder de peças de bicicleta, vivia uma estagnação em seus segmentos tradicionais de mountain bikes e bicicletas de corrida de alta qualidade nos EUA. A empresa sempre se baseara em nova tecnologia para orientar seu crescimento. Investiu pesado para se adiantar à próxima inovação. Diante do mercado em evolução, parecia prudente arriscar algo novo; assim, a Shimano convidou a IDEO para colaborar.

O que se seguiu foi um exercício de relações entre designer e cliente que assumiu um tom muito diferente do que teria sido algumas décadas ou até mesmo alguns anos antes. A Shimano não nos passou uma lista de especificações técnicas e uma pasta cheia de pesquisas de mercado e nos mandou de volta a nosso escritório para projetar um monte de peças. Em vez disso, unimos forças e exploramos juntos o cenário em evolução do mercado do ciclismo.

Na fase inicial, reunimos uma equipe interdisciplinar de designers, cientistas comportamentais, publicitários e engenheiros para identificar as restrições do projeto. A equipe partiu da ideia de que não deveria focar o segmento superior do mercado. Em vez disso, foi a campo para descobrir por que 90% dos norte-americanos adultos não andavam de bicicleta — embora 90% andassem na infância!

Procurando novas formas de abordar o problema, eles conversaram com todos os tipos de consumidores. E descobriram que quase todas as pessoas tinham memórias felizes de andar de bicicleta na infância, mas se sentiam dissuadidas do ciclismo — pela experiência de varejo (incluindo os intimidadores vendedores em roupas de Lycra que atuavam na maioria das lojas); pela enorme complexidade e custo excessivo das bicicletas, acessórios e roupas especializadas; pelo perigo de andar de bicicleta em estradas e ruas não projetadas para isso; e pelas exigências de manutenção de uma máquina sofisticada que provavelmente só será usada nos fins de semana. Eles observaram que todos os entrevistados pareciam ter uma bicicleta na garagem com um pneu vazio ou a corrente quebrada.

A exploração centrada no ser humano — que procurava saber a opinião de fanáticos por ciclismo, mas também, e o principal, de pessoas que não pertenciam à base de clientes essencial da Shimano — levou à descoberta de que uma categoria nova de ciclismo poderia reconectar os consumidores norte-americanos a suas experiências de infância. Um enorme mercado inexplorado começou a tomar forma.

A equipe de design, inspirada nas antigas bicicletas Schwinn, das quais todos se lembravam, saiu com o conceito do "coasting" — o simples prazer de passear de bicicleta. O coasting atrairia consumidores afastados a uma atividade simples, direta, saudável e divertida. As coasting bikes, construídas mais para o prazer do que para o esporte, não teriam controles no guidão, nenhum cabo passando pela estrutura, nenhum alojamento de marchas de precisão para serem limpas, ajustadas, consertadas ou substituídas. Como as bicicletas de antigamente, os freios seriam acionados pedalando para trás.

As coasting bikes tinham selins estofados confortáveis, guidão vertical, pneus resistentes a perfurações e não precisavam de manutenção. Mas não estamos falando só de uma bicicleta retrô: incorporava uma engenharia sofisticada com transmissão automática que trocava de marcha conforme a bicicleta acelerava ou desacelerava.

Três grandes fabricantes — a Trek, a Raleigh e a Giant — começaram a desenvolver novas bicicletas incorporando os componentes inovadores da Shimano, mas a equipe não parou por aí. Os *designers* poderiam ter concluído o projeto, mas, como *adeptos* holísticos *do design thinking*, seguiram em frente. Criaram estratégias de varejo nos pontos de venda para comerciantes independentes de bicicletas, em parte para reduzir o desconforto que os principiantes sentiam em ambientes de varejo criados para atender aos entusiastas do ciclismo. A equipe desenvolveu uma marca que identificava o coasting como uma maneira de apreciar a vida ("Relaxe. Explore. Vá sem pressa. Vagueie sem destino. Quem chegar primeiro é a mulher do padre!"). Em colaboração com autoridades locais e organizações de ciclismo, a empresa criou uma campanha de relações públicas, incluindo um site que identificava lugares seguros para andar de bicicleta.

Muitas outras pessoas e organizações envolveram-se no projeto à medida que passava da inspiração à ideação e à fase de implementação. De forma interessante, o primeiro problema que os designers esperavam solucionar — a aparência — foi adiado para o último estágio de desenvolvimento, quando a equipe criou um "design de referência" para mostrar o que era possível e inspirar os fabricantes de bicicletas. Um ano após o sucesso do lançamento, sete outros fabricantes haviam se candidatado a produzir as coasting bikes. Um exercício de design se tornou um exercício de design thinking.

três espaços de inovação

Eu gostaria muito de apresentar uma fórmula simples e fácil, que garantisse que todos os projetos terminassem com o mesmo sucesso, mas a natureza do design thinking torna isso impossível. Em contraste com os defensores da administração científica do início do último século, os design thinkers sabem que não existe uma "melhor forma" de agir. Há pontos de partida e pontos de referência úteis ao longo do caminho, mas o *continuum* da inovação pode ser visto mais como um sistema de espaços que se sobrepõem do que como uma sequência de passos ordenados. Podemos pensar neles como a *inspiração*, o problema ou a oportunidade que motiva a busca por soluções; a *ideação*, o processo de gerar, desenvolver e testar ideias; e a *implementação*, o caminho que vai do estúdio de design ao mercado. Os projetos podem percorrer esses espaços mais de uma vez à medida que a equipe lapida suas ideias e explora novos direcionamentos.

A natureza iterativa e não linear da jornada não decorre de desorganização ou indisciplina, mas de o design thinking ser um processo exploratório; quando realizado de modo correto, leva a descobertas inesperadas, e seria tolice não pagar para ver para aonde elas levariam. Muitas vezes, essas descobertas podem ser integradas ao processo, sem interrupção. Em outras, a descoberta motiva a equipe a rever algumas de suas premissas mais básicas. Enquanto testa um protótipo, por exemplo, os consumidores podem nos proporcionar insights que apontam para um mercado mais interessante, mais promissor e, potencialmente, mais lucrativo que se revela a nossos olhos. Insights dessa natureza devem nos inspirar a ajustar ou repensar nossas premissas, em vez de seguir em frente presos ao plano original. Tomando de empréstimo um termo da linguagem da área de informática, essa abordagem deveria ser vista não como uma reinicialização do sistema, mas como uma importante atualização.

O risco desse tipo de abordagem iterativa é que ela parece estender o tempo necessário para levar uma ideia ao mercado, mas essa é uma percepção imediatista. Uma equipe ciente do que está acontecendo não se sente pressionada a dar o próximo passo lógico em um caminho que acabará sendo improdutivo. Vemos muitos projetos mortos pela administração por se tornar claro que as ideias não eram boas o suficiente. Quando um projeto é abortado depois de meses ou até anos, é arrasador tanto em termos financeiros quanto morais. Uma equipe ágil de design thinkers terá elaborado e testado protótipos desde o primeiro dia do projeto e se corrigido no processo. Como dizemos na IDEO: "Falhe muitas vezes para ter sucesso mais cedo."

Pelo fato de ser ilimitado, neutro e iterativo, um processo impulsionado pelo design thinking parece caótico para quem o vivencia pela primeira vez. Mas, ao longo da vida de um projeto, ele passa a fazer sentido e atinge resultados que diferem, de forma visível, dos processos lineares baseados em marcos que definem as práticas dos negócios tradicionais. De qualquer maneira, a previsibilidade leva ao tédio, e o tédio, à perda de talentos. E também leva a resultados que fáceis para os concorrentes copiarem. É melhor assumir uma abordagem experimental: compartilhar processos, incentivar a propriedade coletiva de ideias e permitir que as equipes aprendam com as outras.

Uma segunda forma de pensar nos espaços sobrepostos da inovação é em termos de fronteiras. Para um artista em busca da beleza ou um cientista em busca da verdade, as fronteiras de um projeto parecem restrições indesejadas. Mas a marca de um designer, como dizia o lendário Charles Eames, é a disposição de aceitar as limitações.

Sem restrições, o design não pode ser criado, e o melhor design — um equipamento médico de precisão ou um abrigo de emergência para vítimas de desastres — muitas vezes é projetado com limitações relativamente grandes. Para casos menos extremos, basta olhar para o sucesso da Target ao levar o design para um público mais amplo a um custo significativamente inferior do que o praticado até então. Na verdade, é muito mais difícil para um exímio designer como Michael Graves criar uma coleção de utensílios de cozinha de baixo custo ou para Isaac Mizrahi criar uma linha de roupas *prêt-à-porter* do que criar o design de uma chaleira que será vendida na loja de um museu por centenas de dólares ou um vestido para ser vendido em uma sofisticada butique por milhares de dólares.

A disposição e até a aceitação empolgada das restrições constituem o fundamento do design thinking. O primeiro estágio do processo de design costuma se referir à identificação das restrições mais importantes e à definição de critérios para sua avaliação. As restrições podem ser mais bem visualizadas em função de três critérios sobrepostos para boas ideias: *praticabilidade*, o que é funcionalmente possível num futuro próximo; *viabilidade*, o que provavelmente se tornará parte de um modelo de negócios sustentável; e *desejabilidade*, o que faz sentido para as pessoas.

Um designer competente solucionará todas essas três restrições, mas um *design thinker* os colocará em equilíbrio harmonioso. O popular Nintendo Wii é um bom exemplo do que acontece quando alguém consegue fazer isso. Durante muitos anos, uma verdadeira corrida armamentista de gráficos sofisticados e consoles mais caros vinha impulsionando a indústria dos videogames. A Nintendo

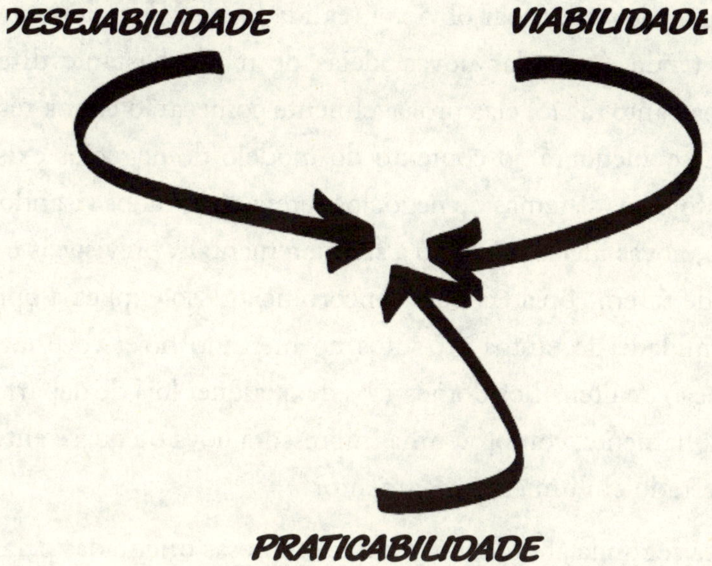

percebeu que seria possível romper esse círculo vicioso — e criar uma experiência mais imersiva — utilizando a nova tecnologia do controle por gestos. Isso implicava menos foco na resolução dos gráficos, o que, por sua vez, levou a um console mais barato e a melhores margens de produto. O Wii atingiu equilíbrio perfeito entre desejabilidade, praticabilidade e viabilidade. Ele criou uma experiência mais envolvente para o usuário e gerou enormes lucros para a Nintendo.

Essa busca por uma coexistência pacífica não implica que todas as restrições sejam iguais; determinado projeto pode ser orientado por tecnologia, orçamento ou outros fatores. Diferentes tipos de organizações podem focar um ou outro aspecto. E também não se trata de um simples processo linear. Equipes de design repensarão todos esses três fatores ao longo da vida de um projeto, mas a ênfase nas necessidades humanas — em oposição a desejos efêmeros ou manipulados — orienta o design thinking a se distanciar do *status quo*.

Apesar de poder soar óbvio, a realidade é que a maioria das empresas tende a abordar novas ideias de modo bastante diferente. Com bastante razão, elas provavelmente começarão com a restrição do que se adequará ao contexto do modelo de negócios existente. Pelo fato de os sistemas de negócios serem elaborados visando a eficiência, novas ideias tenderão a ser incrementais, previsíveis e muito fáceis de serem copiadas pela concorrência. Isso explica a opressiva uniformidade de tantos produtos no mercado hoje; você já andou pela seção de utensílios domésticos de qualquer loja de departamentos ultimamente, comprou uma impressora nova ou quase entrou no carro errado em um estacionamento?

Uma segunda abordagem é a que empresas orientadas pela engenharia, em busca de inovação tecnológica, adotam. Nesse cenário, equipes de pesquisadores descobrem formas de fazer algo e só depois pensam em como a tecnologia pode se adequar a um sistema de negócios e criar valor. Como Peter Drucker mostrou no clássico estudo *Inovação e Espírito Empreendedor*, é muito arriscado basear-se na tecnologia. Poucas inovações técnicas levam a um benefício econômico imediato que justifique os investimentos de tempo e recursos necessários. Isso pode explicar o gradual declínio dos grandes laboratórios de P&D corporativo, como o Xerox PARC e o Bell Labs, que foram incubadoras tão poderosas nos anos 1960 e 1970. Hoje em dia, as empresas restringem suas iniciativas de inovação a ideias que tenham um potencial de negócios de curto prazo. Elas podem estar cometendo um grande erro. Ao se concentrarem na viabilidade de curto prazo, podem estar trocando a inovação pelo incremento.

Por fim, uma organização pode ser orientada pela estimativa dos desejos e necessidades humanas básicas. Por pior que possa parecer, criar produtos sedutores, mas essencialmente absurdos, destinados ao aterro sanitário local — convencendo as pessoas, nas palavras firmes do impertinente designer Victor Papanek: "A comprar coisas das quais não precisam para impressionar vizinhos que não se importam." Mesmo quando as metas são louváveis, contudo — transportar viajantes com segurança ou abastecer com água potável comunidades rurais em países empobrecidos —, o foco primário em um elemento da tríade de restrições, em vez do equilíbrio apropriado entre os três, pode prejudicar a sustentabilidade do programa como um todo.

o projeto

Então os designers aprenderam a solucionar uma, duas ou até as três restrições. Os *design thinkers*, por outro lado, estão aprendendo a navegar nelas e entre elas com criatividade. Eles fazem isso por ter mudado seu foco do *problema* para o *projeto*.

O projeto é o veículo que transporta uma ideia do conceito à realidade. Diferentemente de muitos outros processos com os quais estamos acostumados — de tocar piano a pagar nossas contas —, um projeto de design não é ilimitado e contínuo. Ele tem começo, meio e fim — e são essas restrições que o mantêm com os pés no chão. O fato de o design thinking ser expresso no contexto de um projeto nos força a articular uma meta clara desde o início. Ele cria prazos finais naturais que impõem disciplina e nos dão a oportunidade de avaliar o progresso, fazer correções no meio do caminho e redirecionar as atividades futuras. A clareza, o direcionamento e os limites de um projeto bem definido são vitais para sustentar um alto nível de energia criativa.

Um bom exemplo é o concurso “Máquina de Pedalar Inove ou Morra”. O Google se uniu à fabricante de bicicletas Specialized para criar um concurso de design cujo desafio era usar a tecnologia das bicicletas para mudar o mundo. A equipe vencedora — cinco designers e uma família de defensores entusiastas — entrou tarde no concurso.

Em frenéticas semanas de brainstorming e prototipagem, a equipe identificou um problema premente (1,1 bilhão de pessoas em países em desenvolvimento não têm acesso à água potável limpa), explorou uma série de soluções alternativas (móvel ou estacionário? trailer ou rack bagageiro?) e construiu um protótipo funcional: o Aquaduct, um triciclo feito para filtrar água potável enquanto a transportava, agora percorre o mundo para promover inovação. O sucesso se deve às restrições inflexíveis da tecnologia (propulsão a pedal), orçamento (R$0,00) e prazo final inflexível. A experiência da equipe do Aquaduct é o oposto da encontrada na maioria dos laboratórios acadêmicos ou corporativos, em que o objetivo pode consistir em estender indefinidamente a vida de um projeto de pesquisa — e o fim de um projeto pode apenas significar que ele não receberá mais fundos.

o briefing

O ponto de partida de qualquer projeto é o briefing. Quase como uma hipótese científica, é um conjunto de restrições mentais que servem à equipe de projeto como referência, benchmarks por meio dos quais é possível mensurar o progresso e um conjunto de objetivos a serem atingidos: nível de preços, tecnologia disponível, segmento de mercado e assim por diante. A analogia vai ainda mais longe. Como uma hipótese difere de um algoritmo, um briefing não é um conjunto de instruções ou resposta a uma pergunta não feita. Em vez disso, ele leva em conta a sorte, a imprevisibilidade e os caprichos do destino, já que esse é o âmbito criativo no qual surgem as ideias inovadoras. Se você sabe o que quer, não faz muito sentido procurar.

Quando comecei a trabalhar como designer industrial, recebíamos o briefing em um envelope. Em geral, era um conjunto de parâmetros restrito, que nos deixava com pouca opção além de envolver o produto em um invólucro atraente, cujo conceito básico fora decidido em outro lugar. Uma de minhas primeiras atribuições foi projetar um novo aparelho de fax para um fabricante dinamarquês de eletroeletrônicos. Os aspectos técnicos do produto assumiram a forma de um conjunto de componentes que seriam fornecidos por outra empresa. Sua viabilidade comercial havia sido decidida pela "administração" e o produto se voltava a um mercado já existente.

Até sua desejabilidade já tinha sido, em grande parte, predeterminada por precedentes, já que todo mundo sabia como deveria ser a aparência de um aparelho de fax. Não havia muito espaço de manobra e só me restava fazer o aparelho se destacar entre os aparelhos de outros designers que estavam fazendo o mesmo. Não é surpresa alguma que, à medida que cada vez mais empresas dominavam o jogo, a concorrência entre elas se intensificava. E as coisas não mudaram muito ao longo dos anos. Como um cliente frustrado recentemente lamentou: "Estamos nos matando por alguns décimos percentuais de participação de mercado." O resultado inevitável é o desgaste da margem e do valor.

A comprovação disso tudo é vista em qualquer loja de eletroeletrônicos de consumo, em que, sob o zumbir de lâmpadas fluorescentes, milhares de produtos são organizados nas prateleiras, competindo por nossa atenção e diferenciados por recursos desnecessários, se não incompreensíveis. Iniciativas injustificáveis de estilização, elementos gráficos e embalagem podem chamar a atenção, mas não melhoram a experiência de propriedade e utilização. Um briefing de design abstrato demais deixa a equipe perdida em um nevoeiro. Já um briefing que parte de um conjunto reduzido demais de restrições garante um resultado incremental e, provavelmente, medíocre. Ele transfere para o âmbito do design o que os economistas gostam de chamar de "a corrida para o fundo do poço". Não foi por acaso que seus fundadores chamaram a economia de "a ciência lúgubre".

A arte do briefing eleva os padrões e destaca as empresas excelentes das bem-sucedidas. A Procter & Gamble é um bom exemplo disso. Em 2002, embarcou em uma iniciativa para utilizar o design como fonte de inovação e crescimento. Orientadas pela Chief Innovation Officer (CIO) Claudia Kotchka, todas divisões da P&G passaram a incluir a inovação orientada pelo design nas iniciativas técnicas de P&D pelas quais a empresa era merecidamente famosa.

Karl Ronn, líder de P&D da Divisão de Limpeza Doméstica da P&G, foi um dos primeiros executivos seniores a enxergar o potencial dessa abordagem. Sua meta não era produzir acréscimos incrementais a produtos e marcas existentes, mas inspirar a inovação para gerar crescimento significativo. Essa visão o levou à IDEO com um briefing que era a combinação ideal de liberdade e restrições: reinventar a limpeza do banheiro com ênfase na "limpeza cotidiana". Ronn não chegou com a mais recente tecnologia criada no laboratório e instruiu a equipe a mudar a embalagem. Não nos pediu para aumentar um mercado existente em um ou dois pontos percentuais. Sem restringir demais o briefing, ajudou a equipe a definir metas realistas. Sem fazer com que ele fosse amplo demais, Ronn nos deixou espaço para interpretar o conceito, explorar e descobrir.

À medida que o projeto progredia e novos insights se acumulavam, pareceu aconselhável ajustar o plano acrescentando restrições: um nível de preço revisto; uma restrição de não incluir motores elétricos. Ajustes desse tipo no meio do caminho são comuns e representam uma característica natural de um processo saudável, flexível e dinâmico. As modificações no briefing original ajudaram Ronn a especificar os níveis de custo e complexidade apropriados para o negócio.

Ao mesmo tempo, esses ajustes contínuos do plano ajudaram a orientar a equipe para alcançar o equilíbrio ideal de praticabilidade, viabilidade e desejabilidade. Ao longo de cerca de 12 semanas, esse bem lapidado briefing levou a um número impressionante de 350 conceitos de produto, mais de 60 protótipos e três ideias que foram levadas ao estágio de desenvolvimento. Uma delas — o Mr. Clean Magic Reach, uma ferramenta multifuncional que atendia a todos os critérios definidos — entrou em produção 18 meses mais tarde.

A mensagem é que o design thinking precisa ser praticado nos dois lados da mesa: pela equipe de design, obviamente, mas também pelo cliente. Perdi a conta de quantos clientes chegaram irredutíveis, dizendo: "Crie para nós o próximo iPod", mas já ouvi o mesmo número de designers respondendo (baixinho): "Dê-me o próximo Steve Jobs." A diferença entre um briefing de design com o nível exato de restrições e um briefing vago ou restritivo demais pode ser a diferença entre uma equipe entusiástica gerando ideias revolucionárias e uma equipe entregando versões exaustas de ideias existentes.

equipes inteligentes

O próximo ingrediente é claramente a *equipe de projeto*. Apesar de ser possível trabalhar sozinho (as garagens do Vale do Silício ainda estão cheias de inventores solitários que aspiram tornar-se o próximo Bill Hewlett ou Dave Packard), a complexidade da maioria dos projetos atuais está rapidamente relegando esse tipo de prática à marginalidade. Mesmo nas áreas mais tradicionais do design, o design industrial e gráfico, sem mencionar a arquitetura, há anos a norma tem sido a utilização de equipes. Uma empresa automobilística tem dezenas de designers trabalhando em cada novo modelo. Um novo prédio pode envolver centenas de arquitetos. À medida que o design começa a lidar com uma variedade mais ampla de problemas — e a ascender no processo de inovação —, o designer solitário, sentado sozinho em um estúdio e refletindo sobre a relação entre forma e função, é substituído pela equipe interdisciplinar.

Apesar do fato de que jamais, espero, perderemos o respeito pelo designer como um inspirado criador de formas, atualmente é comum ver designers trabalhando com psicólogos e etnógrafos, engenheiros e cientistas, especialistas em marketing e administração, escritores e cineastas. Todas essas áreas, e muitas outras, têm contribuído há muito tempo para o desenvolvimento de novos produtos e serviços, mas atualmente são reunidas na mesma equipe, no mesmo espaço, utilizando os mesmos processos. À medida que executivos aprendem a conversar com artistas e acadêmicos, transcendendo as fronteiras interdisciplinares (sem mencionar os ocasionais CEO, CFO e CTO), haverá crescente sobreposição nas atividades e responsabilidades.

Costumamos dizer na IDEO que "somos mais inteligentes juntos do que qualquer um de nós" e essa é a chave para liberar o poder criativo de qualquer organização. Pedimos que as pessoas não se limitem a oferecer conselhos especializados em relação a materiais, comportamentos ou software, mas para colaborarem em cada um dos espaços da inovação: inspiração, ideação e implementação. No entanto, é necessário paciência para alocar a um projeto pessoas com diversas formações e vindas de uma multiplicidade de áreas. Isso requer a identificação de pessoas confiantes o suficiente em suas especialidades para se dispor a ir além dela.

Para trabalhar no ambiente interdisciplinar, uma pessoa precisa apresentar pontos fortes em duas dimensões — a pessoa em "forma de T", que ganhou notoriedade com a McKinsey & Company. No eixo vertical, todos os membros da equipe devem ter uma competência profunda para fazer contribuições tangíveis para o resultado. É difícil adquirir essa competência — seja no laboratório de computação, no chão de fábrica ou em trabalho de campo —, mas é fácil identificá-la. Pode ser necessário analisar milhares de currículos para encontrar essas pessoas inigualáveis, mas vale a pena.

Mas não é só isso. Muitos designers que são técnicos, artífices ou pesquisadores competentes lutam para sobreviver no caótico ambiente necessário para solucionar os complexos problemas atuais. Eles podem exercer um valioso papel, porém estão destinados a viver no mundo da execução do design. Já os design thinkers cruzam o "T". Podem ser arquitetos que estudaram psicologia, artistas com diplomas de MBA ou engenheiros com experiência em marketing. Uma organização criativa sempre busca pessoas com a capacidade e — tão importante quanto — a disposição de colaborar em diferentes disciplinas. No final, essa capacidade distingue a mera equipe *multidisciplinar* de uma equipe *interdisciplinar*. Em uma equipe multidisciplinar, cada pessoa defende a própria especialidade, e o projeto se transforma em uma negociação entre os membros da equipe, resultando em concessões a contragosto. Em uma equipe interdisciplinar, são donos das ideias e responsáveis por elas.

equipes de equipes

O design thinking é o contrário de pensar em grupo, mas, de forma paradoxal, ocorre em grupos. O efeito normal da "identidade de grupo", como explicou William H. Whyte aos leitores da *Fortune* em 1952, é suprimir a criatividade das pessoas. Já o design thinking busca liberar a criatividade. Quando uma equipe de design thinkers talentosos, otimistas e colaborativos se reúne, ocorre uma mudança química que pode levar a ações e reações imprevisíveis. Para chegar a esse ponto, contudo, aprendemos que devemos canalizar essa energia de forma produtiva e uma maneira de conseguir isso é abolir uma grande equipe a favor de muitas pequenas equipes.

Apesar de ser comum ver grandes equipes criativas trabalhando, isso ocorre, com frequência, no estágio de implementação do projeto; já o estágio de inspiração requer um grupo pequeno e focado, cujo trabalho é definir o quadro de referência geral. Quando o Chief Designer Tom Matano apresentou o conceito do Miata à liderança da Mazda, em agosto de 1984, foi acompanhado de dois outros designers, um planejador de produto e alguns engenheiros. Quando o projeto se aproximou da conclusão, sua equipe havia crescido para 40 pessoas. O mesmo pode ser dito de qualquer grande projeto arquitetônico, de desenvolvimento de software ou de entretenimento.

Na próxima vez em que alugar um filme, veja os créditos e verifique a fase de pré-produção. Haverá uma pequena equipe, composta por diretor, roteirista, produtor e designer de produção, que desenvolveram o conceito básico. Só depois é que os "exércitos" chegam.

Essa abordagem funciona quando o objetivo é simples e limitado. Diante de problemas complexos, podemos nos ver tentados a aumentar o tamanho da equipe já no início, mas isso costuma levar a uma grande redução de velocidade e eficiência à medida que as comunicações entre a equipe passam a consumir mais tempo do que o processo criativo em si. Existem alternativas? Seria possível preservar a eficácia de pequenas equipes ao mesmo tempo em que problemas mais complexos, no nível do sistema, são solucionados? Está cada vez mais claro que a nova tecnologia — projetada e alocada com sensatez — ajuda a alavancar o poder de pequenas equipes.

A promessa da colaboração eletrônica não deveria ser criar equipes dispersas e cada vez maiores; essa tendência meramente intensifica os problemas políticos e burocráticos que estamos tentando solucionar. Em vez disso, nossa meta deveria ser criar redes interdependentes de pequenas equipes, como tem sido feito pela Innocentive. Qualquer empresa que tenha um problema de P&D pode postar o desafio no Innocentive e ele será exposto a dezenas de milhares de cientistas, engenheiros e designers que podem submeter soluções. Em outras palavras, a internet, caracterizada por redes dispersas, descentralizadas e que e se reforçam mutuamente, é mais o *modelo* do que o meio das novas formas de organização que vêm sendo criadas. Por ser de código aberto e ilimitada, a internet permite que a energia de muitas pequenas equipes seja reunida para solucionar o mesmo problema.

Empresas progressistas agora lidam com um segundo problema, relacionado ao primeiro. À medida que os problemas que confrontamos se tornam cada vez mais complexos — cadeias de suprimento multinacionais e intrincadas; rápidas mudanças em plataformas tecnológicas; o súbito surgimento e desaparecimento de grupos de consumo —, cresce a necessidade de envolver mais especialistas. Esse problema já é bastante difícil quando um grupo está no mesmo lugar, mas se torna ainda mais desafiador quando contribuições críticas são necessárias de parceiros dispersos ao redor do mundo.

Muito empenho foi dedicado para solucionar o problema da colaboração remota. As videoconferências, apesar de inventadas nos anos 1960, só foram popularizadas quando redes de telefonia digital se tornaram viáveis, nos anos 1980. Só recentemente começaram a mostrar sinais de ser um meio eficaz de colaboração remota. O e-mail fez pouco para sustentar o trabalho coletivo em equipe. A internet ajuda a disseminar as informações, mas tem feito pouco para reunir as pessoas. Equipes criativas precisam ser capazes de compartilhar seus pensamentos não apenas verbalmente, mas também visual e fisicamente. Não sou bom em escrever memorandos. Mas me coloque em uma sala em que alguém esteja rabiscando em um quadro branco, outras pessoas estejam escrevendo notas em fotos de Polaroid pregadas à parede e alguém esteja sentado no chão montando um rápido protótipo. Ainda não ouvi falar de uma ferramenta de colaboração remota capaz de substituir a troca de ideias em tempo real.

Até agora, tentativas de inovar o trabalho de grupos remotos têm tido uma compreensão superficial do que motiva equipes criativas e sustenta a colaboração. O foco em tarefas mecânicas, como armazenamento e compartilhamento de dados, ou a condução de uma reunião estruturada, tem sido grande, diferente do foco nas tarefas caóticas de gerar ideias e criar consenso. Recentemente, contudo, temos visto promissores sinais de mudança. O surgimento de sites de relacionamentos demonstra que as pessoas são motivadas a se conectar, a compartilhar e a "publicar", mesmo que não haja uma recompensa imediata. Nenhum modelo econômico poderia ter previsto o sucesso do MySpace e do Facebook. Iniciativas tecnológicas, como os novos sistemas de "telepresença" sendo desenvolvidos pela Hewlett-Packard e a Cisco Systems, representarão um salto quântico em relação a sistemas de videoconferência utilizados atualmente.

Várias ferramentas de menor escala já estão disponíveis. Links de vídeo "sempre ligados" (ou "wormholes") incentivam interações entre membros da equipe em diferentes locais e aumentam o acesso a pessoas com a expertise necessária localizadas em outra cidade, estado ou continente. Esse recurso é importante porque boas ideias não se prendem a programação ou cronograma, e podem definhar e morrer nos intervalos das reuniões semanais. Mensagens instantâneas, blogs e wikis permitem que equipes publiquem e compartilhem insights e ideias de novas formas — com a vantagem de uma dispendiosa equipe de suporte de TI não ser necessária; basta que alguém tenha um filho ou sobrinho adolescente. Afinal, nenhuma dessas ferramentas existia uma década atrás. (A própria internet, como observou o tecnovisionário Kevin Kelly, tem menos de cinco mil dias de idade!) Tudo isso conduz a novos experimentos na colaboração e, em consequência, insights nas interações. Qualquer pessoa que leve a sério o design thinking em uma empresa incentivará o uso desses recursos.

culturas de inovação

O Google tem slides, flamingos cor-de-rosa e dinossauros infláveis em tamanho real. A Pixar tem cabanas na praia. A IDEO irromperá em uma guerra de bolas de papel à mais ligeira provocação.

É difícil não deparar com as evidências das culturas criativas pelas quais essas empresas são famosas, mas esses emblemas de inovação não passam disso: emblemas. Para ser criativo, um lugar não precisa ser maluco, excêntrico e localizado no norte da Califórnia. O pré-requisito é um ambiente — social e espacial — em que as pessoas saibam que podem fazer experimentos, assumir riscos e explorar todas as suas aptidões. Não ajuda muito identificar as mais brilhantes pessoas em forma de T, reuni-las em equipes interdisciplinares e colocá-las em rede com outras equipes se elas forem forçadas a trabalhar em um ambiente que destrói suas criações desde o início. Os espaços físico e psicológico de uma organização funcionam em conjunto para definir a eficácia das pessoas dentro deles.

Uma cultura que acredita que é melhor pedir perdão depois, em vez de permissão *antes*, que recompensa as pessoas pelo sucesso, mas lhes dá permissão para falhar, removeu um dos principais obstáculos à geração de ideias. Se Gary Hamel estiver correto em sua argumentação de que o século XXI favorecerá a capacidade de adaptação e a inovação contínua, faz sentido que as organizações cujo "produto" seja a criatividade cultivem ambientes que a reflitam e a reforcem.

Afrouxar as regras não é permitir que as pessoas ajam como idiotas, mas que sejam pessoas completas — um passo que muitas empresas relutam em dar. Com efeito, a fragmentação de empregados individuais costuma ser um reflexo da fragmentação da própria organização. Tenho observado muitas situações em que os designers, supostamente "criativos", são isolados da empresa. Embora se divirtam em seus estúdios, esse isolamento prejudica as iniciativas criativas da organização em extremos opostos: os designers ficam isolados de outras fontes de conhecimento e expertise, enquanto todos os outros recebem a mensagem desmoralizadora de que pertencem ao mundo das 9h às 18h das roupas formais e ética sóbria dos negócios. Será que a indústria automobilística norte-americana teria reagido mais rápido às mudanças do mercado se designers, profissionais de marketing e engenheiros conversassem à mesma mesa? Talvez.

O conceito de "brincadeira séria" tem uma longa e rica história nas ciências sociais norte-americanas, mas ninguém o compreende melhor em termos práticos do que Ivy Ross. Vice-presidente sênior de design de produtos para meninas na Mattel, Ross percebeu que a empresa dificultava a comunicação e a colaboração entre suas várias áreas. Para resolver esse problema, criou o Platypus — ornitorrinco —, codinome para um experimento de 12 semanas em que participantes de toda a empresa foram convidados a se realocar para um espaço alternativo com o objetivo de criar ideias de produto. "Outras empresas têm desenvolvedores isolados", declarou Ross à *Fast Company*. "Nós temos o platypus. Eu consultei a definição no dicionário, que dizia: 'uma mistura incomum de diferentes espécies.'"

Com efeito, o elenco não poderia ser mais variado: pessoas de finanças, marketing, engenharia e design. O único requisito era se comprometer em período integral por três meses. Como muitas nunca haviam participado do desenvolvimento de produtos e poucas tinham treinamento criativo, as duas primeiras semanas do programa foram um "campo de treinamento de criatividade". Lá, assistiam a palestras de vários especialistas sobre tudo, inclusive desenvolvimento infantil e psicologia de grupo, e foram expostas a uma série de novas habilidades, incluindo improviso, brainstorming e prototipagem.

Durante as outras 10 semanas do programa, exploraram novas possibilidades de brincadeiras para meninas e saíram com uma série de conceitos inovadores de produtos. No final, estavam prontas para vender suas ideias à administração. Apesar de se localizar à sombra da matriz da empresa em El Segundo, Califórnia, o Platypus criou um espaço que questionava as regras corporativas. Ross reunia novas equipes e as colocava em um ambiente elaborado para permitir que as pessoas realizassem experimentos de modo que nunca fariam em seus cargos. Como previu, muitos que passaram pelo programa Platypus voltaram a seus respectivos departamentos decididos a aplicar as práticas e ideias que aprenderam. Eles descobriram, contudo, que a cultura da eficiência para a qual voltavam dificultava isso. Vários ficavam frustrados. Alguns acabaram saindo da empresa.

Claramente, não basta injetar pessoas selecionadas em um ambiente especializado projetado para ornitorrincos ou outras criaturas que gostam de assumir riscos. Elas podem, de fato, liberar sua imaginação criativa, mas também deve haver um plano para reinseri-las na organização. Claudia Kotchka compreendeu essa necessidade quando criou para a Procter & Gamble o Clay Street Project — o nome de um prédio no centro de Cincinnati no qual equipes de projeto podem fugir das distrações do dia a dia e pensar como designers. A teoria por trás do Clay Street é que uma divisão — produtos para cabelos ou animais de estimação, por exemplo — aloca fundos e pessoal para cada projeto e as equipes que geram ideias particularmente promissores são incentivadas a orientá-las ao longo dos estágios de execução e lançamento. Esse foi o ambiente de intensas atividades no qual a obsoleta marca Herbal Essences foi transformada em uma nova variedade de produtos de sucesso. As pessoas que passam pelo Clay Street voltam a seus departamentos com novas habilidades e novas ideias que podem aplicar com a carta branca da empresa.

como a utilização de um espaço real ajuda no processo

Embora pareça abstrato, o design thinking é uma mentalidade *incorporada* — a equipes e projetos, com certeza, mas também a espaços físicos de inovação. Em uma cultura de reuniões e marcos, é difícil sustentar os processos exploratórios e iterativos do processo criativo. Felizmente, há medidas tangíveis que podemos adotar para nos assegurar de que as instalações façam o que deveriam fazer: *facilitar*!

A IDEO aloca "espaços de projeto" reservados a uma equipe pela duração do projeto. Em um espaço, um grupo pensa sobre o futuro do cartão de crédito; ao lado, uma equipe trabalha em um aparelho para prevenir trombose venosa profunda em pacientes internados; e outra equipe planeja um sistema de distribuição de água potável para a Índia rural, para a Bill and Melinda Gates Foundation. Os espaços de projeto são grandes, para que os materiais de pesquisa, fotos, storyboards, conceitos e protótipos fiquem disponíveis o tempo todo. A visibilidade simultânea desses materiais de projeto nos ajuda a identificar padrões e incentiva a síntese criativa muito mais rapidamente do que quando esses recursos ficam guardados em pastas, cadernos ou arquivos de PowerPoint. Um espaço de projeto bem projetado, ampliado por um site ou wiki do projeto para ajudar a manter os membros da equipe em contato quando estiverem em campo, pode aumentar significativamente a produtividade de uma equipe ao sustentar melhor colaboração entre seus membros e melhor comunicação com parceiros externos e clientes.

Esses espaços são tão integrados a nosso processo criativo que os cedemos, sempre que possível, a nossos clientes. A Procter & Gamble construiu o Gym em Cincinnati, um laboratório de inovação que as equipes de P&D usam para impulsionar seus projetos e avançar mais rápido para a fase de protótipos tangíveis. A Steelcase construiu seu Learning Center em Grand Rapids, uma instalação de aprendizagem corporativa utilizada como espaço para o design thinking.

Em qualquer dia, salas de equipe e espaços de projeto do centro podem ser reservados por empregados fazendo cursos de técnicas de gestão, por clientes aprendendo como os produtos da empresa incentivam a colaboração ou por líderes seniores para discutir a estratégia da empresa. Essas ideias também chegaram ao domínio da educação superior. O Stanford Center for Innovations in Learning (SCIL), uma equipe da IDEO que trabalha com especialistas de pesquisa educacional do SCIL, desenvolveu vários andares de espaços adaptáveis e reconfiguráveis. Devido à natureza experimental do design thinking, a flexibilidade é vital a seu sucesso. Como Dilbert demonstrou, espaços padronizados produzem ideias padronizadas.

Há uma importante lição aqui sobre os desafios de mudar de uma cultura de hierarquia e eficiência para uma de riscos e exploração. As pessoas que conseguem fazer essa transição com sucesso provavelmente se tornarão mais envolvidas, mais motivadas e mais produtivas do que nunca. Elas chegarão mais cedo para o trabalho e sairão mais tarde devido à enorme satisfação que sentem dando forma a novas ideias e concretizando-as no mundo. Uma vez que vivenciarem essa sensação, poucas pessoas estarão dispostas a abrir mão dela.

Ao longo de um século solucionando problemas com criatividade, os designers desenvolveram ferramentas para ajudá-los a transitar no que chamei de "os três espaços da inovação": inspiração, ideação e implementação. Meu argumento é que essas habilidades agora precisam ser disseminadas nas organizações. Em particular, o design thinking precisa se mover "para cima", aproximando-se dos executivos que tomam as decisões estratégicas. Hoje em dia, o design é importante demais para ser deixado para os designers.

É desconcertante para aqueles com suados diplomas de design imaginarem-se trabalhando fora do estúdio, da mesma forma que os gestores podem achar estranho pensar como designers. Mas isso deve ser visto como o resultado inevitável de uma área que atingiu a maturidade. Os problemas que confrontaram os designers no século XX — projetar um novo objeto, criar um novo logo, colocar uma nova e assustadora tecnologia em uma caixa atraente ou pelo menos inócua — não são os que definirão o século XXI. Se quisermos lidar com o que Bruce Mau chamou de "gigantesca mudança", que parece caracterizar nossa época, todos precisamos pensar como designers.

Da mesma forma que convido as empresas a incorporarem design em seu DNA organizacional, quero convidar os designers a darem continuidade à transformação da prática do design. Sempre haverá um lugar em nosso vertiginoso mundo para o artista, o artesão e o inventor solitário, mas as mudanças sísmicas que ocorrem em todos os setores demandam uma nova prática de design: colaborativa mas de uma forma que intensifica, em vez de enfraquecer, os poderes criativos das pessoas; focada, mas ao mesmo tempo flexível e reativa a oportunidades inesperadas; concentrada não apenas na otimização dos componentes sociais, técnicos e de negócios de um produto, mas também em atingir equilíbrio harmonioso. A próxima geração de designers precisará se sentir tão à vontade na sala do conselho de administração quanto se sentem no estúdio ou na oficina, e deverão começar a analisar todos os problemas — do analfabetismo de adultos ao aquecimento global — como um problema de *design*.

CAPÍTULO 2

convertendo necessidade em demanda,

ou colocando as pessoas em primeiro lugar

Anos atrás, na fase de pesquisa para um projeto de sistemas de telefonia de escritório, entrevistamos uma agente de viagens que criara um "jeitinho" eficaz para fazer conferências telefônicas. Em vez de lutar com o complexo sistema telefônico da empresa, ela discava para cada pessoa em um telefone diferente e organizava os receptores dos aparelhos ao redor da mesa — "Judy", de Minneapolis, ficava a sua esquerda; "Marvin", de Tampa, ficava a sua direita; e, juntos, os três descobriam a melhor sequência de um complicado itinerário de viagem. Os engenheiros de software que trabalharam na interface provavelmente recorreriam ao clamor padrão: "Leia o manual." Para os design thinkers, contudo, os comportamentos nunca são certos ou errados, mas são sempre significativos.

O trabalho do designer, para tomar de empréstimo uma maravilhosa frase de Peter Drucker, é: "Converter necessidade em demanda." Parece simples: basta descobrir o que as pessoas querem e dar isso a elas. Mas, se é tão fácil, por que não vemos mais histórias de sucesso como o iPod? Ou o Prius, a MTV e o eBay? A resposta, eu sugeriria, é que os seres humanos precisariam voltar ao centro da história. Precisamos aprender a colocar as pessoas em primeiro lugar.

Muito tem sido escrito sobre "design centrado no ser humano" e sua importância para a inovação. Devido a haver tão poucas histórias convincentes, contudo, é hora de perguntarmos por que é tão difícil identificar uma necessidade e elaborar uma resposta. O problema básico é que as pessoas são tão engenhosas em se adaptar a situações inconvenientes que, muitas vezes, nem chegam a perceber que estão fazendo isso: elas se sentam com seus cintos de segurança, anotam senhas na mão, penduram jaquetas em maçanetas e prendem as bicicletas com correntes em bancos de parque. Henry Ford sabia disso quando observou: "Se eu perguntasse a meus clientes o que eles queriam, teriam respondido 'um cavalo mais rápido'." É por isso que técnicas tradicionais como focus group e levantamentos, que, na maioria dos casos, apenas perguntam às pessoas o que elas querem, raramente levam a importantes insights. As ferramentas de pesquisas de mercado convencional podem ser úteis para indicar melhorias incrementais, mas nunca levarão a insights revolucionários capazes de mudar paradigmas que nos deixam de queixo caído e nos perguntando como é que ninguém pensou nisso antes.

Nossa verdadeira meta, então, não é atender às necessidades expressas criando uma impressora mais rápida ou um teclado mais ergonômico; esse é o trabalho dos designers. É ajudar as pessoas a articularem as necessidades latentes que podem nem saber que têm; e esse é o desafio dos design thinkers. Como deveríamos lidar com esse desafio? Quais são as ferramentas de que dispomos para nos levar de modestas melhorias incrementais aos grandes saltos de insights capazes de mudar o jogo? Neste capítulo, gostaria de me concentrar em três elementos mutuamente complementares de qualquer programa de design de sucesso. Eu os chamarei de *insight*, *observação* e *empatia*.

insight: aprendendo com a vida alheia

O insight é uma das principais fontes de design thinking e, em geral, não provém do âmbito dos dados quantitativos que mensuram o que já temos e nos dizem o que já sabemos. O ponto de partida é sair pelo mundo e observar as experiências de pessoas que usam o transporte público para ir ao trabalho, jovens entusiastas do skate e enfermeiros, à medida que improvisam no dia a dia. A psicóloga Jane Fulton Suri, uma das pioneiras da pesquisa de fatores humanos, fala da miríade de "atos por reflexo" que as pessoas realizam no dia a dia: o dono de uma loja que usa um martelo como calço; o executivo que cola etiquetas de identificação nos cabos de computador embaixo da mesa. As pessoas que consomem nossos produtos, os clientes de nossos serviços, os ocupantes de nossos prédios ou usuários de nossas interfaces raramente nos dirão o que fazer. Contudo, seu comportamento nos dá dicas úteis de suas necessidades não atendidas.

O design é um empreendimento criativo, mas não em um sentido misterioso ou romântico. Segundo um paradigma analítico, calculamos o número que está faltando (qualquer pessoa, como eu, que tenha se arrastado pela álgebra no ensino médio sabe o quanto isso intimida!). Em um paradigma de *design*, contudo, a solução não está guardada a sete chaves esperando para ser descoberta, mas reside no trabalho criativo da equipe. O processo criativo gera ideias e conceitos. Esse processo tem mais chances de ser acionado ao se observarem as estranhas práticas de um carpinteiro amador ou os detalhes incongruentes na oficina de um mecânico do que com a contratação de consultores especializados ou a solicitação para que pessoas "estatisticamente medianas" respondam a um levantamento ou preencham um questionário. A fase do insight que ajuda a lançar um projeto é, portanto, tão crítica quanto a fase posterior, de engenharia, e devemos coletar esses insights onde quer que os encontremos.

A evolução do *design* ao *design thinking* é a história da evolução da criação de produtos à análise da relação de pessoas e produtos, e, depois, da relação entre as pessoas. Com efeito, um impressionante avanço realizado nos últimos anos tem sido a migração de designers para solucionar problemas sociais e comportamentais, como desenvolver a disciplina para levar um tratamento médico até o fim ou trocar junk food por comida saudável. Quando os Centros para Controle e Prevenção de Doenças procuraram a IDEO com o desafio de lidar com a endemia de obesidade infantojuvenil, agarramos a oportunidade de aplicar essas práticas de pesquisas qualitativas a um problema social no qual poderíamos fazer a diferença. Em busca de insights, uma equipe de especialistas em fatores humanos procurou Jennifer Portnick, do Feeling Good Fitness, em São Francisco.

Jennifer sonhava ser instrutora da Jazzercise, mas, gordinha, não preenchia o requisito da franqueadora: os instrutores aparentarem estar "em forma". Ela argumentou que "em forma" e "grande" não são incompatíveis e persistiu em uma batalha jurídica que chamou a atenção do mundo e levou a Jazzercise a abandonar sua política discriminatória em relação a peso. A história de Portnick inspirou inúmeras pessoas — de todos os tamanhos e de ambos os sexos — que enfrentaram discriminação devido a características adquiridas ou herdadas. A mesma história inspirou os design thinkers, embora por outras razões. Por ter conseguido sucesso nas margens da curva de distribuição normal, ela estava em posição de ajudar a equipe de design a elaborar o problema por uma nova e reveladora perspectiva. Partir da premissa de que todos os gordos querem ser magros, de que o peso é inversamente proporcional à felicidade ou que ser grande implica falta de disciplina, tudo isso envolve prejulgar o problema.

O exemplo de Jennifer proporcionou mais insights sobre o problema da obesidade na juventude do que um enorme volume de dados estatísticos. E o que facilita a busca pelo insight — versus a busca por dados quantitativos — é que ele está em toda parte e é de graça.

observação: vendo o que as pessoas não fazem, escutando o que não dizem

Entre no escritório de qualquer uma das principais consultorias de design do mundo, e a primeira pergunta será: "Cadê todo mundo?" Naturalmente, passa-se muito tempo em estúdios de protótipos, espaços de projeto e diante de computadores, mas muito mais tempo é passado em campo com as pessoas que se beneficiam de nosso trabalho. Apesar de clientes de supermercados, executivos e crianças em idade escolar não serem as pessoas que nos pagarão ao final do projeto, no fim das contas, são nossos clientes. A única forma de conhecê-los é procurá-los onde moram, trabalham e se divertem. Da mesma forma, todos os projetos que realizamos envolvem um intenso período de observação. Observamos o que as pessoas fazem (e não fazem) e ouvimos o que dizem (e não dizem). Isso requer prática.

Não é simples decidir a quem observar, quais técnicas de pesquisa empregar, como fazer inferências úteis das informações coletadas ou quando iniciar a síntese que nos direciona para uma solução. Como qualquer antropólogo diria, a observação se baseia na qualidade, e não na quantidade. As decisões afetam os resultados. Faz sentido para uma empresa familiarizar-se com os hábitos de consumo das pessoas que moram no centro de seu mercado atual, já que elas comprovarão a validade de uma ideia em grande escala — uma roupinha de outono para a Barbie, ou um componente do ano que vem no carro do ano passado. Se nos concentrarmos na massa de pessoas do centro da curva de distribuição, contudo, temos mais chances de confirmar o que já sabemos do que de aprender algo novo e surpreendente. Para obter insights nesse nível, precisamos nos voltar aos extremos, aos locais em que esperamos encontrar usuários "radicais", que vivem, pensam e consomem de forma diferenciada — um colecionador que tem 1.400 Barbies, ou um ladrão profissional de carros.

Pode ser irritante acompanhar obsessivos, compulsivos e outros excêntricos, embora isso torne a vida mais interessante. Felizmente, nem sempre é necessário recorrer a extremos como esses. Anos atrás, quando a empresa suíça Zyliss contratou a IDEO para projetar uma linha de utensílios de cozinha, a equipe começou estudando crianças e chefs profissionais — dois grupos que não constituíam seu mercado-alvo. Justo por essa razão, contudo, ambos os grupos geraram insights úteis. Uma menina de 7 anos lutando para usar um abridor de latas iluminava questões de controle físico que os alunos aprenderam a disfarçar. Os atalhos utilizados por um chef de restaurante levaram a insights inesperados na limpeza da cozinha, em virtude das demandas excepcionais que tinha em relação a seus utensílios de cozinha. As preocupações exageradas das pessoas nas margens levaram a equipe a abandonar a ortodoxia do "kit de cozinha" e criar uma linha de produtos unida por uma língua de design comum, mas com o cabo ou a empunhadura certa para cada ferramenta. Em consequência, as batedeiras de ovos, as espátulas e os cortadores de pizza da Zyliss continuam desaparecendo das prateleiras.

a reviravolta comportamental

Embora em sua maioria as pessoas consigam se treinar para se tornar observadoras sensíveis e habilidosas, algumas empresas passaram a confiar apenas em profissionais experientes que orientam todos os estágios do processo; com efeito, uma característica impressionante da prática do design nos dias de hoje é o número de cientistas sociais altamente treinados que optaram por carreiras fora da academia. Um punhado de economistas entrou no governo após a Primeira Guerra Mundial e alguns sociólogos se aventuraram no setor privado, na esteira da Segunda Guerra Mundial, mas sempre foram vistos com reservas pelos colegas da academia. Hoje em dia, contudo, algumas das pesquisas mais criativas nas ciências comportamentais estão sendo patrocinadas por empresas que levam o design thinking a sério.

No campus da Intel em Beaverton, Oregon, uma ambiciosa equipe de pesquisadores liderada por Maria Bezaitis utiliza ferramentas de observação lapidadas nas ciências sociais acadêmicas para estudar uma variedade de questões que afetarão os negócios da empresa não ao final do trimestre atual, mas daqui a 10 anos: o futuro do dinheiro digital; como garotas adolescentes usam a tecnologia para proteger sua privacidade; padrões de vida nas ruas das metrópoles multinacionais emergentes; a ascendente comunidade de pessoas que moram em "casas radicais", como trailers. Os psicólogos, antropólogos e sociólogos do People and Practices Research Group de Bezaitis se espalharam pelo mundo, em busca de insights nas transformações culturais que podem ou não continuar sendo fenômenos locais.

Por que um fabricante de chips do Vale do Silício patrocinaria cientistas sociais para estudar pessoas e práticas no Leste Europeu ou na África Ocidental? Porque hoje quase metade da população mundial tem acesso à internet. A Intel sabe que precisará estar pronta quando os próximos 50% entrarem no ambiente online.

A Intel dificilmente é o único líder do setor comprometido com o princípio de extrair insights de observações e usá-las para inspirar ofertas futuras. Na verdade, todo o campo de pesquisa "UX", ou design da experiência do usuário, explodiu nos últimos anos e adicionou ao kit de ferramentas do designer uma impressionante variedade de ferramentas quantitativas e qualitativas. Empresas como IBM, Microsoft, Google e SAP reconheceram que, no final de seus produtos tecnológicos mais exóticos, existe um ser humano cujas necessidades, preferências e entendimento determinam seu sucesso ou fracasso. E entre empresas orientadas para o consumidor — Uber e Airbnb; LinkedIn e Facebook; FitBit e Netflix — pesquisadores qualificados de UX estão em alta demanda.

Há afinidades profissionais entre cientistas sociais acadêmicos e os que trabalham no setor privado — têm os mesmos diplomas, leem os mesmos periódicos e participam das mesmas conferências —, mas também há diferenças. Os acadêmicos são motivados por um objetivo científico, enquanto pesquisadores como Bezaitis e Chipchase, pelas implicações práticas de longo prazo de suas descobertas. O que têm em comum, no entanto, é o profissionalismo de seu trabalho, ligado à pesquisa de tendências, caça a frio e pesquisa sazonal no mercado, como Little League faz com o beisebol profissional.

O próximo estágio nesse *continuum* é representado por uma nova estirpe de etnógrafos que trabalham com as restrições do cronograma de um projeto. Diferente da teorização acadêmica ou da aglomeração de cientistas sociais nas unidades de pesquisa da Intel ou da Microsoft, essas pessoas trabalham melhor em equipes de projeto interdisciplinares, que podem incluir designers, engenheiros e profissionais de marketing. Suas experiências compartilhadas se tornarão fontes essenciais de geração de ideias ao longo da vida do projeto.

Tive muitas oportunidades de observar esse modelo de prática etnográfica com meus colegas da IDEO. Em um projeto para a ONG The Community Builders, a maior construtora sem fins lucrativos de moradia pública de baixa renda e renda mista nos EUA, reunimos uma equipe composta por um antropólogo, um arquiteto e um especialista em fatores humanos. Juntos, entrevistaram construtoras, planejadores, autoridades municipais, empreendedores locais e prestadores de serviços, mas não pararam por aí. Os insights ocorreram quando a equipe se organizou para passar a noite com três famílias de diferentes níveis de renda e diferentes trajetórias, que moravam em Park Duvalle, uma comunidade de renda mista em Kentucky.

Essa abordagem se mostrou ainda mais importante em um projeto no qual a equipe estava desenvolvendo um kit de ferramentas para ajudar ONGs a implementar um design centrado no ser humano para atender às necessidades de lavradores de subsistência na África e na Ásia. Dessa vez, com os parceiros da International Development Enterprises, passaram a noite em vilas de lavradores na Etiópia e no Vietnã. Com o tempo, conquistaram a confiança das pessoas que tendiam a desconfiar, e com razão, da visita de antropólogos ou assistentes humanitários chegando em utilitários resplandecentes, o que levou a uma atmosfera de abertura, empatia e respeito mútuo.

Embora pesquisadores de ciência comportamental em empresas como Intel, Nokia e IDEO sejam profissionais, em algumas ocasiões faz sentido "recrutar" clientes para que realizem o árduo trabalho de conduzir as observações. Não hesitamos em colocar um Pocket PC nas mãos de Alan G. Lafley, CEO da Procter & Gamble, e enviá-lo para coletar insights na pitoresca Telegraph Avenue, em Berkeley.

Lafley é famoso por sua impaciência com CEOs que se satisfazem em observar o mundo do alto das salas executivas ou das janelas escuras de uma limusine corporativa e por sua disposição de realizar incursões nos locais onde seus clientes vivem, trabalham e fazem compras. Sem dúvida, essa perspectiva constitui a base de seu pronunciamento de que "o marketing de massa está morto".

Em outras ocasiões, são nossos clientes que assumem a liderança e nos indicam onde procurar insights. No decorrer de um projeto para agilizar o atendimento em prontos-socorros, conduzido com o Institute for Healthcare Improvement (IHI) e a Robert Wood Johnson Foundation, um membro do grupo do IHI comentou sobre sua experiência nas 500 milhas de Indianápolis. Um carro de corrida soltando fumaça parou em um pit stop onde uma equipe de profissionais treinados com equipamentos de última geração já estava de prontidão, avaliou a situação e realizou todos os reparos necessários em questão de segundos. Basta alterar algumas palavras e você terá uma descrição exata do pronto-socorro de um hospital. Também analisamos ambientes reais e pronto-socorro e observamos médicos e enfermeiros em ação, mas observar situações "análogas" — um pit stop nas 500 milhas de Indianápolis, o corpo de bombeiros da vizinhança, um pátio de recreio de uma escola de ensino fundamental durante o intervalo — nos arrancará do quadro de referências que torna tão difícil enxergar o contexto mais amplo.

empatia: na pele dos outros

É possível passar dias, até meses conduzindo pesquisas desse tipo, mas, no final, não teremos muito mais do que cadernos de campo, vídeos e fotografias, a menos que criemos conexão com as pessoas que estamos observando. Chamamos isso de "empatia", o que talvez constitua a distinção mais importante entre o pensamento acadêmico e o design thinking. Não estamos tentando gerar um novo conhecimento, testar uma teoria ou validar uma hipótese científica — esse é o trabalho de nossos colegas nas universidades e parte indispensável de nosso cenário intelectual compartilhado. A missão do design thinking é traduzir observações em insights, e, estes insights, em produtos e serviços para melhorar a vida das pessoas.

A empatia nos leva a pensar nas pessoas como pessoas, e não como ratos de laboratório ou desvios-padrão. Se formos "tomar emprestada" a vida dos outros para inspirar novas ideias, precisamos começar reconhecendo que seus comportamentos aparentemente inexplicáveis representam diferentes estratégias para lidar com o mundo confuso, complexo e contraditório no qual as pessoas vivem. O mouse de computador, desenvolvido na Xerox PARC, nos anos 1970, era um intrincado aparato técnico inventado por engenheiros para ser utilizado por engenheiros. Para eles, fazia todo sentido desmontar o mouse e limpá-lo no fim do dia. Mas, quando a jovem Apple Computer nos pediu para ajudá-la a criar um computador "para as pessoas comuns", aprendemos a primeira lição sobre o valor da empatia.

Um designer — ou engenheiro ou publicitário — que faz generalizações com base nos próprios padrões e expectativas limitará as oportunidades. Um homem de 30 anos não tem as mesmas experiências de vida que uma mulher de 60 anos. Um abastado californiano tem pouco em comum com um lavrador que mora no subúrbio de Nairóbi. Um talentoso e consciente designer industrial que acaba de chegar ao escritório depois de um revigorante passeio em sua mountain bike pode não estar preparado para projetar um simples utensílio de cozinha para a avó que está sofrendo de artrite reumatoide.

Construímos essas pontes de insights por meio da *empatia*, ver o mundo através dos olhos dos outros, compreendê-lo por meio das experiências alheias e senti-lo por suas emoções. Em 2000, Robert Porter, presidente e CEO do SSM DePaul Health Center, em Saint Louis, procurou a IDEO com uma visão. Porter tinha visto o episódio do programa *Nightline*, da ABC, no qual Ted Koppel nos desafiou a reprojetar o carrinho de supermercado norte-americano *em uma semana* e queria conversar sobre as implicações de nosso processo para uma nova ala do hospital. Mas também tínhamos uma visão e vimos a oportunidade para um novo e radical processo de "codesign", que uniria designers e profissionais da área médica em um projeto comum. Desafiamos a nós mesmos a começar no que talvez seja o mais exigente de todos os ambientes hospitalares: o pronto-socorro.

Com base em sua expertise em estudos etnográficos de tecnologia e sistemas complexos, Kristian Simsarian, um dos principais membros da equipe, dedicou-se a observar a experiência dos pacientes. Haveria uma forma melhor de fazer isso do que dar entrada em um hospital e passar pela experiência do pronto-socorro, do cadastro aos exames, como se fosse um paciente? Fingindo ter machucado o pé, Kristian se colocou na pele de um paciente. Ele viu, em primeira mão, como o processo de cadastro era confuso. Vivenciou a frustração de ser instruído a esperar, sem nem ser informado sobre o que deveria esperar ou por quê. Passou pela ansiedade de ser levado em uma cadeira de rodas por um funcionário não identificado ao longo de um corredor anônimo, passando por intimidadoras portas duplas e entrando na sala de pronto-socorro, marcada por um ruído constante e indefinido, além de luzes ofuscantes que afetam a visão.

Todos temos esse tipo de experiências em primeira pessoa e pela primeira vez — comprar o primeiro carro, sair do aeroporto em uma cidade que nunca visitamos, avaliar as instalações de um asilo para um parente. Nessas situações, vemos todos os detalhes com precisão porque nada nos é familiar e não caímos na rotina que torna o cotidiano administrável. Com uma câmera escondida sob sua camisola hospitalar, Kristian filmou a experiência de um paciente de forma que nenhum cirurgião, enfermeiro ou motorista poderia ter feito.

Quando Kristian retornou de sua missão secreta, a equipe viu o vídeo sem edições e identificou várias oportunidades de melhorar a experiência do paciente. Mas fizeram uma descoberta maior. Enquanto enfrentavam o tédio da espera, vendo placas acústicas no teto, corredores idênticos e áreas de espera descaracterizadas, ficava cada vez mais claro que esses detalhes, e não a eficiência do pessoal ou a qualidade das instalações, eram fundamentais para a nova história que queriam contar. O tédio esmagador do vídeo inseriu a equipe de design na experiência de Kristian — e, por extensão, do paciente — da falta de individualidade do processo hospitalar. Ele acionou, em todos, o misto de enfado e ansiedade decorrente de uma situação na qual ficamos perdidos, mal informados e sem controle da situação.

A equipe percebeu que duas narrativas discordantes se desenrolavam: o hospital via a "jornada do paciente" em termos de verificação dos dados do plano, priorização e alocação. O paciente vivenciava a experiência como uma situação já estressante que ficava ainda pior. A partir dessas observações, a equipe concluiu que o hospital precisava equilibrar seus interesses com um interesse empático em relação ao lado humano da equação. Esse insights tornou-se a base de um extenso programa de "codesign" em que os designers da IDEO trabalharam com o pessoal do hospital DePaul para explorar centenas de oportunidades, a fim de melhorar a experiência do paciente.

A ida de Kristian ao pronto-socorro expôs uma representação da experiência do paciente com várias camadas de interpretação. No nível mais óbvio, vemos o ambiente físico: o que ele vê e o que toca; observamos o pronto-socorro como um lugar intenso e apinhado de gente, que oferece aos pacientes poucos indicativos do que está acontecendo; sentimos os espaços apertados e os corredores estreitos, e observamos as interações estruturadas e as improvisadas. Inferimos que as instalações do pronto-socorro — talvez, com razão — são projetadas em função dos requisitos de quem trabalha lá, não do conforto do paciente. Os insights levam a novos insights à medida que detalhes físicos aparentemente insignificantes se acumulam. Uma segunda camada de compreensão é menos física do que cognitiva. Ao vivenciar a jornada do paciente, a equipe obteve pistas importantes que ajudaram a traduzir os insights em oportunidades.

Como um paciente vê a situação? Como as pessoas que acabaram de chegar transitam pelo espaço físico e social? O que é confuso? Essas questões são essenciais para identificar as necessidades *latentes*, que podem ser críticas, mas que as pessoas podem não ser capazes de articular. Ao atingirmos um estado de empatia com pacientes ansiosos chegando a um pronto-socorro (ou viajantes exaustos chegando a um Hotel Marriott ou passageiros frustrados fazendo check-in em um balcão da Amtrak), somos capazes de imaginar melhor como a experiência poderia ser melhorada. Algumas vezes, utilizamos esses insights para enfatizar o novo. Outras vezes, faz sentido fazer o contrário, voltando-nos para o corriqueiro e familiar.

A compreensão cognitiva do corriqueiro e do familiar desempenhou uma função crítica quando Tim Mott e Larry Tesler, trabalhando na interface gráfica original com o usuário no Xerox PARC, nos anos 1970, propuseram a metáfora da área de trabalho. O conceito transformou o computador, de uma amedrontadora nova tecnologia útil só para cientistas em uma ferramenta voltada a tarefas de escritório e até domésticas. E ainda era válida três décadas mais tarde, quando a startup Juniper Financial pediu que a IDEO a ajudasse a ponderar se os bancos ainda precisavam de prédios, cofres e caixas.

Ao abordar o território desconhecido dos serviços bancários online, começamos tentando entender melhor a mentalidade das pessoas em relação a seu dinheiro. Esse exercício se provou extremamente desafiador, já que não é possível observar o processo *cognitivo* de alguém pensando sobre o dinheiro da forma como podemos observar o processo *comportamental* de alguém pagando uma conta ou sacando dinheiro em um caixa eletrônico. A equipe se decidiu pela técnica de solicitar que participantes selecionados "desenhassem seu dinheiro" — não os cartões de crédito nas carteiras ou os talões de cheque nas bolsas, mas a maneira como o dinheiro fazia parte de sua vida.

Uma participante — a chamamos de "A Guia" — desenhou casinhas no estilo *Banco Imobiliário*, representando sua família, plano de aposentadoria e propriedades alugadas, já que seu foco era a segurança de longo prazo. Outra — "A Espectadora" —, uma pilha de dinheiro de um lado e um monte de produtos do outro. Com uma sinceridade cativante, explicou à equipe: "Ganho dinheiro e compro coisas." A

Espectadora estava concentrada em sua situação financeira no dia a dia e quase não se planejava para o futuro. Partindo de experimentos cognitivos desse tipo, a equipe de pesquisadores, estrategistas e designers desenvolveu uma análise sutil de mercado que ajudou a Juniper a identificar seu mercado-alvo e desenvolver um serviço eficaz no mundo emergente dos serviços bancários online.

Uma terceira camada — além do funcional e do cognitivo — entra em cena quando começamos a trabalhar com ideias com as quais as pessoas se importam em nível emocional. A compreensão emocional é essencial nesse nível. O que seu público-alvo sente? O que os afeta? O que os motiva? Partidos políticos e agências publicitárias têm explorado as vulnerabilidades emocionais das pessoas durante décadas, mas a "compreensão emocional" pode ajudar as empresas a transformar seus clientes não em adversários, mas em defensores.

O Palm Pilot foi uma invenção inteligente e conquistou amplos elogios. Jeff Hawkins, seu criador, começou com o insight de que o rival de um pequeno dispositivo móvel não era o laptop, capaz de agregar todas as funções possíveis, mas a agenda de papel que, muitos ainda carregamos no bolso da camisa ou na bolsa. Quando começou a trabalhar no Palm, em meados dos anos 1990, Jeff decidiu resistir ao senso comum e criar um produto que fazia *menos* do que o possível. Não importava que seus engenheiros de software fossem capazes de incluir recursos de planilhas eletrônicas, gráficos coloridos e um controle remoto para o portão da garagem. Melhor fazer bem poucas coisas, contanto que fossem certeiras: uma agenda de endereços, uma de compromissos e uma lista de afazeres. Ponto.

A primeira versão do assistente digital pessoal Palm foi um sucesso entre os usuários dos últimos avanços tecnológicos, mas nada no desinteressante e volumoso pedaço de plástico cinza estimulava a imaginação do público em geral. Buscando essa qualidade elusiva, Jeff se uniu a Dennis Boyle, da IDEO, e trabalharam em um novo design, que apelasse não apenas para o nível *funcional*, como também para o *emocional*. A interface quase não foi alterada, mas as características físicas do dispositivo — o que os designers chamam de "fator da forma" — foram revistas.

Primeiro, ele precisava ser fino o suficiente para caber sem problemas em um bolso ou bolsa — se ainda pudesse ser visto no bolso, Dennis enviava sua equipe de volta às pranchetas. Em segundo lugar, precisaria ter uma aparência despojada, elegante e sofisticada. A equipe foi atrás de uma técnica de estampagem em alumínio utilizada por fabricantes japoneses de câmeras e encontrou uma bateria recarregável que até os fornecedores de baterias duvidavam que pudesse funcionar. O desenvolvimento adicional valeu o esforço. O Palm V começou a ser vendido em 1999 e as vendas decolaram para mais de seis milhões de unidades. Isso abriu o mercado de assistentes digitais pessoais portáteis não devido a nível baixo de preço, maior funcionalidade ou inovação técnica. O elegante Palm V fazia tudo que prometia, mas sua aparência sofisticada e profissional atraía, em nível emocional, um grupo totalmente novo de consumidores.

além do indivíduo

Se estivéssemos interessados apenas em entender o consumidor individual como uma ideia, poderíamos parar por aqui; aprendemos a observá-lo em seu habitat natural e desenvolver insights de seus comportamentos; aprendemos que devemos demonstrar empatia, e não esmiuçar a vida das pessoas com o frio distanciamento dos estatísticos. Mas acontece que nem a empatia pelo indivíduo é suficiente. O conceito preponderante dos designers em relação a "mercados" continua sendo o conjunto de muitos indivíduos. Raramente se estendem a como os grupos interagem uns com os outros. Os design thinkers aprofundaram esse conceito, a partir da premissa de que o todo é maior do que a soma de suas partes.

Com o crescimento da internet, ficou claro que devemos estender nossa compreensão às interações sociais das pessoas nos grupos e às interações entre os próprios grupos. Praticamente qualquer serviço online — incluindo sites de relacionamentos sociais, ofertas de telefonia celular e o amplo mundo dos jogos online — requer entendimento das dinâmicas interações dentro de grupos maiores e entre eles. O que as pessoas estão tentando atingir como indivíduos? Quais efeitos de grupo, como "hordas inteligentes" ou "economias virtuais" estão se formando? E como o fato de pertencer a uma comunidade online afeta o comportamento das pessoas, uma vez que elas voltam ao mundo prosaico de átomos, proteínas e tijolos? É difícil imaginar criar alguma coisa hoje em dia sem tentar compreender os efeitos de grupo. Até mesmo uma cadeira.

Quando a Steelcase, enorme fabricante de móveis de escritório, conversa com os clientes para planejar os ambientes de trabalho ideais, seus designers usam análises de rede para entender quem na empresa interage com quem e quais departamentos, funções ou até indivíduos deveriam mudar de lugar. Só após esse processo faz sentido pensar em mesas, unidades de armazenamento e cadeiras ergonômicas. Podemos usar abordagens similares ao projetar sistemas para facilitar a colaboração dentro e entre escritórios. Limitar-se a pedir que as pessoas relatem como passam o tempo no trabalho ou com quem se comunicam resulta em imprecisão. Mesmo com as melhores intenções, a memória das pessoas não é perfeita e suas respostas provavelmente refletirão o que acham que deveria ser a resposta correta. Ferramentas como videoetnografia (em que câmeras filmam o comportamento do grupo ao longo de determinado período) e análise de interação de computador ajudam a coletar dados mais precisos sobre as interações dinâmicas entre pessoas e grupos.

Um segundo grupo de considerações tem nos forçado a rever as noções de como nos conectar com os consumidores: as diferenças culturais — um tema que passou de piadas sem graça sobre o "politicamente correto" para o centro de nossas preocupações à medida que nos deparamos com a realidade de uma sociedade saturada pela mídia e globalmente interconectada. Sem dúvida, as observações em primeira pessoa de um pronto-socorro de Kristian Simsarian teriam gerado um conjunto totalmente diferente de insights se tivessem ocorrido na África Subsaariana, e não em um subúrbio dos EUA.

Essa realidade macula ainda mais a imagem idealizada do designer como a fonte de uma expertise profissional que pode ser ensinada na faculdade, lapidada na prática profissional e universalmente exportada a qualquer pessoa que precise de um abajur ou uma câmera digital melhor. Dedicar tempo para entender uma cultura pode abrir novas oportunidades de inovação. Isso pode nos ajudar a descobrir soluções universais que tenham relevância além de nossa própria cultura, mas sempre terão origem na empatia.

O movimento do insight à observação e à empatia nos conduz, por fim, à questão mais intrigante: se as culturas são tão diversificadas e se a imagem do século XX da "horda incontrolável" deu lugar à descoberta, no século XXI, da "sabedoria da multidão", como explorar essa inteligência coletiva para liberar o pleno potencial do design thinking? O designer não pode ser visto como um intrépido antropólogo, aventurando-se em uma cultura alienígena para observar nativos com objetividade. Precisamos inventar uma nova e radical forma de colaboração que turve as fronteiras entre criadores e consumidores. Não é uma questão de "nós contra eles", nem de "nós em nome deles". Para o design thinker, deve ser "nós *com* eles".

No passado, o consumidor era visto como o objeto de análise ou, pior, como o desafortunado alvo de estratégias predatórias de marketing. Agora, pensamos em uma colaboração cada vez mais profunda não apenas entre membros de uma equipe de design, como também entre a equipe e o público que ela visa atingir. Como Howard Rheingold tem comprovado em seus estudos das "hordas inteligentes" e Jeff Howe tem demonstrado por meio do "crowdsourcing" (formalmente, "design participativo distribuído"), novas tecnologias propõem formas promissoras de desenvolver essa conexão.

Estamos em meio a uma importante mudança em como pensamos no papel dos consumidores no processo de design e desenvolvimento. No começo, as empresas concebiam produtos e recrutavam exércitos de publicitários para vendê-los às pessoas — muitas vezes, explorando seus temores e vaidades. Aos poucos, isso começou a gerar uma abordagem mais sutil que envolvia se voltar para as pessoas, observando sua vida e experiências e utilizando esses insights para inspirar novas ideias. Hoje em dia, estamos começando a ir além até mesmo desse modelo "etnográfico", aproximando-nos de abordagens inspiradas por novos conceitos e tecnologias — e baseadas neles.

Minha colega Jane Fulton Suri chegou a explorar o próximo estágio da evolução do design na medida em que ele migra de designers criando *para* as pessoas para as pessoas criando *por si sós*, por meio da aplicação de conteúdo gerado por usuários e inovação de código aberto. A ideia de que "todo mundo é designer" seduz, mas a capacidade dos consumidores de gerar ideias revolucionárias — em oposição a replicar ideias com mais eficiência e menor custo — está longe de ser comprovada. A Mozilla, com o Firefox, seu navegador da internet, é uma das poucas empresas que conseguiram construir uma marca significativa utilizando uma abordagem de código aberto.

Essas limitações não significam que o conteúdo dos usuários não é interessante ou que talvez não se torne a "próxima grande ideia". Argumenta-se que o conteúdo dos usuários apresenta resultado em um nível de envolvimento e participação muito maior no mundo da música do que jamais se viu durante o reinado vertical da mídia de massa. Pode ser, mas até os mais zelosos defensores do design de código aberto admitirão que ele não produziu um Mozart, um John Lennon ou um Miles Davis. Pelo menos, ainda não.

Por enquanto, as maiores oportunidades estão no espaço intermediário entre a ideia do século XX de que as empresas criavam produtos e os clientes os consumiam passivamente e a visão futurista segundo a qual os consumidores projetarão tudo sozinhos. Esse espaço é um nível mais elevado de *colaboração* entre criadores e consumidores, obscurecendo as fronteiras entre empresas e indivíduos. As pessoas, em vez de ser rotuladas como "consumidores", "clientes" ou "usuários", agora são participantes do processo de criação; as organizações, de forma similar, devem ficar à vontade com o desgaste da fronteira entre o patenteado e o público, entre as organizações e as pessoas cuja felicidade, conforto e bem-estar lhes dão o sucesso.

Vemos por toda parte evidências de estratégias inovadoras visando melhorar essa colaboração. Em uma iniciativa financiada pela União Europeia para analisar formas como a tecnologia digital fortalece a estrutura social, Tony Dunne e Bill Gaver, do Royal College of

Art de Londres, desenvolveram um conjunto de "sondas culturais" — diários, câmeras baratas — para idosos que moravam em pequenas cidades documentarem os padrões de seu cotidiano. Em setores voltados à cultura jovem — videogames, roupas esportivas —, atualmente é bastante comum para os desenvolvedores trabalharem com jovens entusiastas da tecnologia em todos os estágios do processo de desenvolvimento, da elaboração do conceito aos testes. A Sweat Equity Enterprises de Nova York (o termo se refere a contribuir com tempo e empenho a um projeto, em oposição ao "financial equity", ou dinheiro) trabalha com empresas tão diversificadas quanto a Nike, a Nissan e a Radio Shack para desenvolver novos produtos em colaboração com estudantes de ensino médio que moram na área central da cidade. As empresas patrocinadoras coletam insights de vanguarda "na rua" (uma fonte de certa forma mais confiável de criatividade do que os andares executivos), enquanto, ao mesmo tempo, fazem um duradouro investimento em relação a educação e oportunidades para uma juventude urbana com poucos recursos.

Uma das técnicas que desenvolvemos na IDEO para ajudar o consumidor-designer envolvido na criação, avaliação e desenvolvimento de ideias é o "grupo de 'não foco'", no qual reunimos vários consumidores e especialistas em um workshop para explorar novos conceitos em torno de determinado tópico. Enquanto os focus groups tradicionais reúnem um grupo aleatório de pessoas "medianas" que são observadas, literal ou figurativamente, por trás de vidros espelhados, o "grupo de 'não foco'" identifica indivíduos singulares e os convida a participar de um exercício de design ativo e colaborativo.

Em uma ocasião memorável — analisávamos novos conceitos para calçados femininos —, convidamos uma consultora especializada em cores, uma guia espiritual que conduzia iniciados descalços em uma trilha de carvão em brasa, uma jovem mãe que amava botas de couro que iam até as coxas e uma motorista de limusine cujo uniforme era acentuado por um par de sapatos de salto agulha escandalosamente sedutores. Desnecessário dizer que esse grupo se comprovou extremamente eloquente em relação às conexões emocionais entre sapatos, pés e condição humana. Quando elas foram "soltas" de volta a São Francisco, já haviam inspirado um empolgante portfólio de ideias. Embora gavetas nos saltos para esconder itens secretos e saliências direcionadas aos principais pontos da acupuntura não terem sobrevivido, os insights nas quais as ideias se basearam nos instigaram a pensar no que as pessoas *realmente* desejam dos sapatos.

Em um dia de outono de 1940, o designer industrial Raymond Loewy recebeu em seu escritório a visita de George Washington Hill, o presidente da American Tobacco Company e uma das figuras mais pitorescas do mundo corporativo norte-americano. Hill ofereceu a Loewy US$50 mil se ele conseguisse melhorar o pacote do Lucky Strike — uma aposta que Loewy prontamente aceitou — e, ao sair, voltou-se a Loewy e perguntou quando ficaria pronto. "Ah, não sei, em uma bela manhã de primavera posso sentir vontade de desenhar o pacote do Lucky e você o terá em questão de horas. Ligo quando isso acontecer."

Hoje em dia, não sentimos mais que devemos esperar pacientemente que algum insight magnífico nos arrebate. A inspiração sempre envolve um elemento de sorte, mas, como Louis Pasteur observou em um famoso discurso de 1854: "A sorte só favorece a mente preparada". Certos temas e variações — técnicas de observação, princípios de empatia e tentativas de transcender o individual — podem ser vistos como formas de preparar a mente do design thinker para encontrar o insight: do aparentemente corriqueiro ao bizarro, dos rituais do cotidiano às excepcionais interrupções desses rituais, e do mediano ao extremo. Esse insight não pode ser codificado, quantificado nem mesmo definido — pelo menos, ainda não —, o que o torna a parte mais difícil, mas também a mais empolgante, do processo de design. Não existe um algoritmo que nos revele de onde ele vem e quando nos arrebatará.

CAPÍTULO 3

uma matriz mental,

ou "esse pessoal não tem nenhum processo!"

Uma maneira de difundir o design thinking por toda a empresa é incluir os clientes na experiência. Fazemos isso não apenas para lhes dar a emoção de espreitar os bastidores, mas também porque constatamos que, invariavelmente, obtemos resultados muito melhores quando o cliente está a bordo conosco e participando. Mas que fique claro: a experiência pode ser uma confusão! Imagine um amante do teatro que é convidado aos bastidores para testemunhar o caos que precede até a mais perfeita apresentação — ajustes de última hora no figurino, adereços espalhados por toda parte, Hamlet à porta do palco fumando um cigarro enquanto Ofélia bate papo ao celular… ou, como ouvimos uma cliente lamentar em uma ligação desesperada para o escritório: "Esse pessoal não tem processo!"

Semanas mais tarde, ela se tornou evangelizadora, promovendo o design thinking em sua empresa — uma organização fria e respeitada, renomada por sua estrutura, disciplina e processo. Mas, como em todas as epifanias, é nesse ponto que o trabalho árduo começa. Uma coisa é testemunhar o poder do design e até participar dele; outra é incorporá-lo na forma de pensar e desenvolvê-lo pacientemente na estrutura de uma organização. Aqueles que passaram longos anos na faculdade de design ainda têm dificuldade de se livrar de premissas profundamente enraizadas sobre como as coisas devem ser feitas. Pessoas com formações mais metódicas podem temer que os riscos sejam altos demais e a margem de erro seja perigosamente escassa.

Qual é a melhor forma de orientar visitantes recém-chegados nesse novo e desconhecido território? Embora não haja um verdadeiro substituto para a prática, acredito que eu possa transmitir uma ideia da experiência do design thinking — algumas referências para se localizar, talvez, na falta de um mapa completo.

No Capítulo 1, expliquei que a equipe de design transita por três espaços sobrepostos no decorrer de um projeto: um de *inspiração*, no qual insights são coletados de todas as fontes possíveis; um de *ideação*, no qual esses insights são traduzidos em ideias; e um de *implementação*, no qual as melhores ideias são desenvolvidas em um plano de ação concreto e elaborado. Mais uma vez, estamos falando de "espaços" sobrepostos, e não de estágios sequenciais de uma metodologia inflexível. Raramente, os insights surgem de acordo com uma programação ou um cronograma, e as oportunidades devem ser aproveitadas, por mais que se apresentem em momentos inconvenientes.

O processo de design passa por períodos nebulosos de experimentação aparentemente desestruturada e lampejos de clareza, em que a Grande Ideia se recusa a tomar forma, e longos períodos em que a atenção se volta aos detalhes. Essas fases são diferentes, e é importante — no mínimo, para o moral da equipe — reconhecer que elas têm *sensações* específicas e demandam estratégias específicas.

Um de nossos designers mais estafados chegou a criar um gráfico do estado de espírito do projeto que previa com bastante precisão como a equipe se sentiria em diferentes fases do projeto:

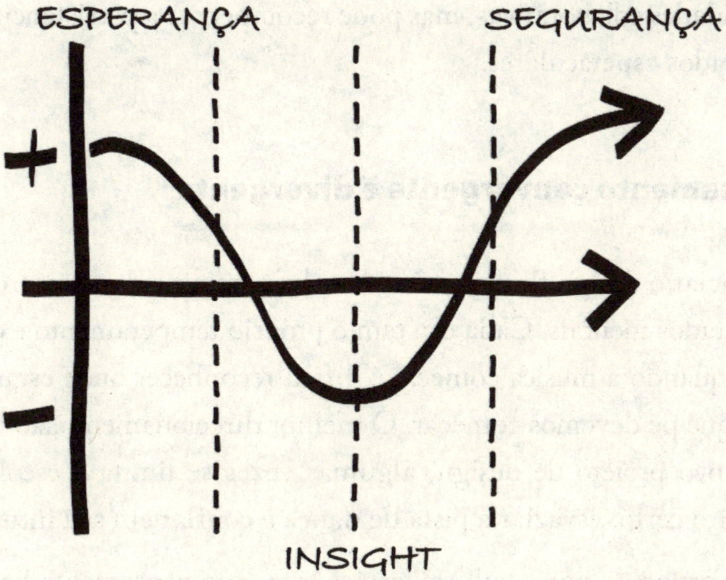

Quando uma nova equipe se aventura em campo para coletar informações, está bastante otimista. O processo de síntese — organização dos dados e busca de padrões — pode ser frustrante, porque decisões importantes parecem se basear em desconfianças sem fundamento. Então as coisas começam a acontecer. O processo de ideação se torna mais tangível e novos conceitos tomam forma. O processo atinge o ápice quando a equipe começa a produzir protótipos. Mesmo que a aparência não seja boa, que não funcionem bem ou tenham recursos demais ou de menos, os protótipos são indicativos tangíveis e visíveis de progresso. Mais cedo ou mais tarde, chegando-se a um consenso sobre a ideia, a equipe de projeto se estabiliza em um otimismo pragmático pontuado por momentos de extremo pânico. As fases aterrorizantes nunca somem totalmente, mas o design thinker experiente sabe o que esperar e não se deixa abater por crises emocionais. O design thinking raramente é um salto gracioso; ele testa nossa solidez emocional e desafia nossas habilidades colaborativas, mas pode recompensar a persistência com resultados espetaculares.

pensamento convergente e divergente

Vivenciar o design thinking é se envolver em uma dança entre quatro estados mentais. Cada um tem o próprio temperamento e estilo, mas, quando a música começa, é difícil reconhecer onde estamos e com que pé devemos começar. O melhor direcionamento, ao lançar um novo projeto de design, algumas vezes se limita a escolher o parceiro certo, esvaziar a pista de dança e confiar em sua intuição.

Incorporada nossa cultura, está a ênfase no pensamento baseado em lógica e dedução; o psicólogo Richard Nisbett, que estuda abordagens à resolução de problemas em culturas ocidentais e orientais, sugeriu a existência de uma "geografia do pensamento". Independentemente de o problema residir no domínio da física, economia ou história, os ocidentais aprendem a pegar uma série de informações, *analisá-las* e *convergir* para uma única resposta. Em algumas ocasiões, conformamo-nos com a melhor resposta — em oposição à resposta correta — ou que podemos ser forçados a escolher entre alternativas igualmente convincentes. Pense na última vez em que você e cinco amigos precisaram decidir onde jantar. O pensamento coletivo tende a convergir na direção de um único resultado.

O pensamento convergente é uma forma prática de decidir entre alternativas. No entanto, *não* é tão bom na investigação do futuro e na criação de novas possibilidades. Pense em um funil, em que a abertura mais larga representa um amplo conjunto de possibilidades iniciais e a pequena saída representa a solução convergente. Essa é a

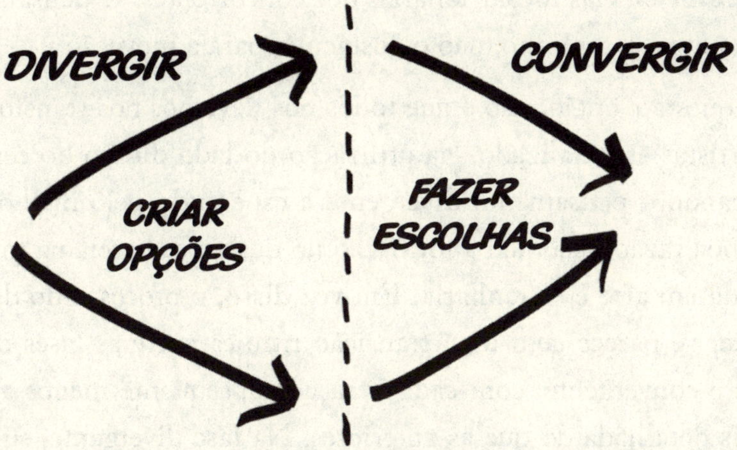

forma mais eficiente de encher um tubo de ensaio ou de se aproximar de um conjunto de soluções mais específicas.

Se a fase convergente da resolução de problemas nos aproxima das soluções, o objetivo do pensamento divergente é multiplicar as opções. Pode se tratar de diferentes insights no comportamento do consumidor, visões alternativas de novas ofertas de produto ou escolhas entre formas alternativas de se criarem experiências interativas. Ao testar ideias concorrentes comparando-as, são maiores as chances de o resultado ser mais ousado, mais criativo e mais atraente. De acordo com Linus Pauling: "Para ter uma boa ideia, você antes precisa ter muitas" — ele ganhou dois Prêmios Nobel.

Mas também precisamos ser realistas. Mais escolhas implicam mais complexidade, o que pode dificultar a vida — especialmente para aquelas pessoas cujo trabalho é controlar orçamentos e monitorar cronogramas. A tendência natural da maioria das empresas é restringir os problemas e as escolhas a favor do óbvio e do incremental. Embora essa tendência possa ser mais eficiente no curto prazo, no longo prazo torna a organização mais conservadora, inflexível e vulnerável a ideias revolucionárias dos concorrentes. O pensamento divergente é o caminho, não o obstáculo, para a inovação.

A questão, então, não é que todos nós devemos nos transformar em artistas especializados na utilização do lado direito do cérebro praticando o pensamento divergente e esperando pelo melhor; há uma boa razão pela qual a formação no design se baseia na mesma medida em arte e engenharia. Em vez disso, o processo do design thinker se parece com uma transição rítmica entre as fases divergente e convergente, com cada iteração subsequente menos ampla e mais detalhada do que as anteriores. Na fase divergente, surgem novas opções. Na fase convergente, o que ocorre é o oposto: é o momento de *eliminar opções* e *fazer escolhas*. Pode ser doloroso abandonar uma ideia antes promissora, e é nesse ponto que as habilidades diplomáticas dos líderes do projeto são testadas com frequência. William Faulkner, quando questionado sobre o que considerava a parte mais difícil de escrever, respondeu: "Matar suas ideias mais queridas."

análise e síntese

Os designers adoram reclamar da "insinuação de detalhes", da proliferação de funções desnecessárias que acrescentam custos e complexidade a produtos que poderiam ser simples (o controle remoto de televisão original da RCA, de 1958, tinha só um botão; o meu tem 44). Os design thinkers, por sua vez, precisam ficar atentos ao que pode ser chamado de "insinuação de categorias". Mesmo assim, preciso incluir dois termos adicionais na discussão: *análise* e *síntese*, que são os complementos naturais ao pensamento divergente e convergente.

Sem formas analíticas de pensamento, não administraríamos grandes empresas nem orçamentos domésticos. Os designers também, independentemente de analisarem placas de sinalização em um estádio ou alternativas a PVCs carcinógenos, usam ferramentas analíticas para decompor problemas complexos, a fim de compreendê-los. O processo criativo, contudo, baseia-se na síntese, o ato coletivo de juntar as partes para criar ideias completas. Uma vez que os dados foram coletados, é necessário analisá-los e identificar padrões. A análise e a síntese são igualmente importantes e cada uma desempenha papel essencial no processo de criar opções e fazer escolhas.

Os designers conduzem as pesquisas de muitas formas: coletando dados etnográficos em campo; conduzindo entrevistas; analisando patentes, processos de produção, fornecedores e terceiros. Eles podem ser vistos fazendo anotações, fotos, vídeos, gravando conversas e sentados em aviões. Eles também olham a concorrência. A coleta de dados e fatos leva a um acúmulo de informações que pode ser desconcertante. Mas e agora? Em algum momento, a equipe deve se sentar e mergulhar em um intenso período de síntese — algumas vezes, ao longo de algumas horas; outras vezes, ao longo de uma semana ou mais —, começar a se organizar, interpretar e montar esses vários conjuntos de dados para formar uma história coerente.

A síntese, o ato de extrair padrões de grandes volumes de informações não processadas, é um ato criativo; os dados não passam disso — dados — e os fatos *nunca* falam por si. Às vezes, os dados são técnicos — se a tarefa for um equipamento médico sofisticado, por exemplo; em outras, podem ser comportamentais, por exemplo, se o problema for incentivar as pessoas a começar a usar lâmpadas fluorescentes compactas para poupar energia. De qualquer forma, podemos pensar no designer como um talentoso contador de histórias, cuja habilidade é mensurada por sua capacidade de elaborar uma narrativa cativante, coerente e verossímil. Não é por acaso que, hoje, escritores e jornalistas trabalham lado a lado com engenheiros mecânicos e antropólogos culturais em equipes de design.

Uma vez que a "matéria-prima" foi sintetizada em uma narrativa coerente e inspiradora, uma síntese é acionada. Não é raro para um briefing de projeto conter metas aparentemente conflitantes — baixo custo e alta qualidade, para dar um exemplo óbvio, ou um cronograma apertado aliado ao interesse em uma tecnologia ainda não testada. Pode haver a tendência, sob circunstâncias desse tipo, de simplificar o processo e reduzi-lo a um conjunto de especificações ou uma lista de características. Fazer isso quase invariavelmente significa sacrificar a integridade do produto no altar da conveniência.

Essas são as sementes do design thinking — um movimento contínuo entre processos divergentes e convergentes, por um lado, e entre o analítico e o sintético, por outro. Mas isso está longe de ser o fim da história. Como qualquer jardineiro confirmará, mesmo as sementes mais resistentes, jogadas em solo rochoso ou árido, definharão. O solo precisa ser preparado. O foco da atenção deve ser deslocado para cima, de equipes e indivíduos a empresas. Podemos pensar nisso como uma transição da organização do design ao design das organizações.

uma atitude de experimentação

Os melhores coreógrafos da dança entre pensamento divergente e convergente, por um lado, e análise detalhada e senso crítico sintético, pelo outro, foram Charles e Ray Eames, a parceria de design mais criativa que os EUA já produziram. Em seu lendário escritório no Washington Boulevard, 901, em Venice, Califórnia, os Eames e seus colaboradores conduziram uma série de experimentos de design por quatro décadas cobrindo todas as áreas imagináveis: criaram cadeiras de compensado que se tornaram sinônimos do modernismo norte-americano; projetaram a famosa Case Study House N° 8, no Pacific Palisades; e produziram exibições em museus e filmes educacionais. Nem sempre visível nos projetos acabados, contudo, está a metódica experimentação por trás deles. Qual é a lição que podemos aprender com isso? É necessário conceder a uma equipe criativa o tempo, o espaço e o orçamento para cometer erros.

Indivíduos, equipes e organizações que dominaram a matriz mental do design thinking têm em comum uma atitude básica de experimentação. Eles são abertos a possibilidades, atentos a novos rumos e sempre dispostos a propor novas soluções. Já nos anos 1960, durante a formação do Vale do Silício, Chuck House, então um ambicioso jovem engenheiro da Hewlett-Packard, quase perdeu o emprego. Seguindo um palpite, ignorou uma norma corporativa e montou em segredo um pequeno laboratório experimental para desenvolver um tubo de raios catódicos de tela grande. O projeto secreto se tornou o primeiro monitor de computação gráfica comercial, utilizado para transmitir vídeos espaciais, inclusive as imagens de Neil Armstrong pisando pela primeira vez na Lua, o primeiro monitor de transplante de um coração artificial do Dr. Michael DeBakey e inúmeras outras aplicações. Chuck acabou sendo promovido a diretor de engenharia corporativa da HP, com uma sala ao lado da sala do próprio David Packard, que proibiu a interdição de pesquisas futuras, e uma "Medalha de Desacato" na parede. As coisas mudaram. Ele agora lidera a Media X na Stanford University, uma colaboração entre o setor privado e a academia que reúne pesquisadores de tecnologia com empresas focadas em avanços técnicos e a inovação. Hoje, empresas como o Google e a 3M são famosas por incentivar cientistas e engenheiros a alocar até 20% do tempo a experimentos pessoais.

A tolerância ao risco se liga à cultura de uma organização, bem como com sua estratégia de negócios. Alguns argumentariam que um clima de exploração ilimitada incentiva o desperdício perdulário de recursos: a política de Mao Tsé-Tung durante o Grande Salto Adiante, na Chamada Campanha das Cem Flores, acabou em completo desastre. Mas, em comparação com o ambiente hermeticamente lacrado da China revolucionária, a economia globalizada de hoje sem dúvida está vivenciando um "grande salto adiante". Em uma organização que incentiva a experimentação, haverá projetos destinados a um beco sem saída e outros que os guardiães da memória institucional preferem evitar falar a respeito (você se lembra do Apple Newton?). Mas ver iniciativas como essas como "esbanjadoras", "ineficientes" ou "redundantes" pode ser sintoma de uma cultura focada na eficiência em detrimento da inovação e de uma empresa correndo o risco de cair em uma espiral descendente de incrementalismo.

Não é por acaso que nos últimos anos os designers têm acompanhado as descobertas da nova ciência do biomimetismo — a ideia de que a natureza, com sua curva de aprendizado de 4,5 bilhões de anos, pode ter algo a nos ensinar sobre coisas como adesivos não tóxicos, estruturas mínimas, isolamento térmico eficiente ou aerodinâmica otimizada. A desconcertante variedade envolvida em um ecossistema saudável não passa de um exercício de experimentação

— teste algo novo e veja o que dá certo. É bem possível que tenhamos de começar a imitar a natureza não no nível molecular, mas sistêmico, de empresas e organizações. Um excesso de zelo experimental seria arriscado demais — as empresas não gostam de cronogramas estendidos ou sistemas biológicos, e seus líderes seriam negligentes se escolhessem não exercitar o que poderia ser chamado — Darwin que me desculpe — de "design inteligente". É necessária uma mistura criteriosa de experimentação de baixo para cima e orientação de cima para baixo.

É muito fácil especificar as regras para essa abordagem, mas muito difícil aplicá-las:

1. As melhores ideias surgem quando o ecossistema organizacional como um todo — não apenas os designers e engenheiros, ou a administração — tem espaço para experimentação.
2. As pessoas mais expostas a fatores externos dinâmicos (novas tecnologias, mudanças na base de clientes, ameaças e oportunidades estratégicas) são as mais aptas e motivadas para reagir.
3. Não se devem favorecer ideias com base em quem as gerou. (Repita em voz alta.)
4. As ideias que criam um burburinho devem ser favorecidas. Na verdade, as ideias devem gerar alguma agitação, ainda que sutil, antes de receber apoio organizacional.
5. As habilidades de "jardinagem" da liderança sênior devem ser usadas para cultivar, aparar e colher ideias. Os administradores as chamam de "tolerância ao risco". Eu chamo de "experimentação de cima para baixo".

6. Um propósito universal deve ser articulado de modo que a organização tenha um senso de direcionamento e os inovadores não sintam a necessidade de supervisão constante.

Essas regras se aplicam a quase todas as áreas de inovação. Juntas, elas se asseguram de que as sementes da criatividade individual criem raízes — mesmo que seja nos corredores de um supermercado.

John Mackey, CEO da Whole Foods Market, aplicou essa ideia de experimentação de baixo para cima à empresa desde a sua fundação, em 1980. Atualmente a maior varejista de alimentos naturais e orgânicos do mundo, a Whole Foods organiza os empregados de cada loja em pequenas equipes e os incentiva a testar melhores formas de atender aos clientes. Essas experimentações podem incluir diferente ideias de mostruário ou produtos selecionados para atender às necessidades dos clientes locais. Cada loja pode ter a própria identidade local. Os gerentes são incentivados a compartilhar as melhores ideias, de forma que se propaguem pela empresa, em vez de permanecerem restritas ao âmbito local. Esse tipo de iniciativa não soa tão revolucionário, mas o que Mackey fez desde o nascimento da empresa — começou com um único mercado em Austin, Texas, e um total de 19 funcionários — foi certificar-se de que todos os empregados compreendam, valorizem e possam contribuir para a visão geral da empresa. Essas ideias atuam como faróis orientadores para as inovações localizadas que ocorrem por toda a organização.

Todas as histórias que contei têm uma moral, e a moral desta história é: não permita que os resultados da experimentação de baixo para cima se dissipem em ideias não estruturadas ou planos não levados a cabo. Algumas empresas disponibilizam caixas de sugestões com a intenção de se beneficiar da criatividade de baixo para cima da organização. Esse tipo de iniciativa tende a fracassar, deixando a administração se perguntando por que empregados mal-agradecidos jogam café nas caixas de sugestões deixadas no refeitório ou enviam mensagens ofensivas online. Na melhor das hipóteses, geram ideias incrementais. Com mais frequência, não levam a nada, por não haver um mecanismo transparente para analisar, selecionar ou implementar as sugestões. É necessário um profundo envolvimento por parte do topo da pirâmide corporativa, o que será recompensado com melhores ideias da base. Qualquer experimento promissor deve ter a chance de contar com apoio organizacional na forma de um projeto sustentado pelos recursos apropriados e orientado por metas claras.

Existe um teste simples para isso, embora eu admita que leva algum tempo para se acostumar a ele: quando recebo um memorando escrito em termos cautelosos pedindo permissão para tentar alguma coisa, vejo-me igualmente cauteloso. Mas, quando sou abordado de surpresa no estacionamento por um grupo de pessoas hiperativas disputando entre si para me explicar o incrível projeto no qual estão trabalhando, sou imediatamente contagiado por essa onda de energia. Alguns desses projetos não levarão a nada. Energia será desperdiçada (o que quer que isso signifique) e dinheiro será perdido (nós sabemos exatamente o que isso significa). Mas, mesmo nesses casos, vale a pena ponderar sobre o antigo ditado: nas palavras de meu compatriota Alexander Pope (na época em que os design thinkers pensavam melhor em latim): *Errare humanum est, perdonare divinum* — "Errar é humano, perdoar é divino".

uma cultura de otimismo

A contraparte óbvia para uma atitude de experimentação é uma atmosfera de otimismo. Algumas vezes, a situação do mundo torna difícil sustentar isso, mas o fato é que a curiosidade não prospera em organizações que ficaram céticas. As ideias são sufocadas antes de terem a chance de florescer. As pessoas dispostas a assumir riscos são forçadas a sair. Líderes promissores evitam projetos com resultados incertos temendo que sua participação possa prejudicar suas chances de progredir na empresa. As equipes de projeto são nervosas, desconfiadas e tendem a tentar adivinhar o que a administração "realmente" quer. Mesmo quando a liderança deseja promover a inovação radicalmente diferente e a experimentação, ela descobrirá que ninguém está disposto a se expor sem permissão — o que, em geral, significa derrota antes mesmo de começar a lutar.

Sem otimismo — a crença inabalável de que as coisas podem ser melhores —, a disposição de experimentar será continuamente frustrada até morrer. O incentivo positivo não requer fingir que todas as ideias terão a mesma prioridade. A liderança continua sendo responsável por analisar criteriosamente as ideias, o que inspirará segurança se as pessoas sentirem que suas ideias foram ouvidas com justiça.

Para colher o poder do design thinking, indivíduos, equipes e organizações inteiras precisam cultivar o otimismo. As pessoas precisam acreditar que têm o poder (pelo menos que suas equipes o têm) de criar novas ideias que atenderão a necessidades não satisfeitas e que terão impacto positivo. Quando Steve Jobs voltou à Apple, no verão de 1997, depois de ser rejeitado pelo próprio conselho de administração, encontrou uma empresa desmoralizada que havia distribuído seus recursos por não menos que 15 plataformas de produtos. Essas equipes, na verdade, competiam para sobreviver. Com toda a ousadia pela qual é conhecido, Jobs cortou as ofertas da empresa de 15 para quatro: um computador de mesa e um laptop para profissionais e um computador de mesa e um laptop para "todos os outros usuários". Todos os empregados sabiam que o projeto no qual estavam trabalhando representava nada menos que um quarto dos negócios da Apple e que o projeto não seria eliminado por um contador inspecionando o balanço patrimonial. O otimismo decolou, o moral deu uma guinada de 180 graus e o resto da história todo mundo sabe. Otimismo requer segurança, e segurança se desenvolve com base em confiança. E confiança, como sabemos, é uma via de duas mãos.

Para descobrir se uma empresa é otimista, experimental e permissiva em relação aos riscos, basta usar os sentidos: procure um panorama exuberante em uma desordem caótica, em vez de minúsculas baias em tons bege ou cinza perfeitamente organizadas. Escute explosões de risadas ruidosas, em vez da constante monotonia de conversas sem energia. Como a IDEO tem muitos projetos na indústria alimentícia, emprega cientistas alimentares e mantém uma cozinha industrial, muitas vezes consigo sentir o cheiro da empolgação no ar. Em geral, mantenha-se alerta aos pontos nos quais todos os elementos se encontram, porque é lá que as novas ideias se originam. Adoro fugir para os laboratórios e observar o trabalho de membros de uma equipe construindo protótipos com Legos ou representando uma cena de improviso para explorar uma nova interação visando melhorar algum serviço. Acima de tudo, adoro quando me deixam assistir a uma sessão de brainstorming.

brainstorming

Os professores de faculdades de administração gostam de escrever artigos eruditos sobre o valor do brainstorming. Eu os incentivo (afinal, alguns de meus melhores amigos são professores, e isso os mantém ocupados e fora de meu caminho). Alguns levantamentos sustentam que pessoas motivadas geram ideias em tempo equivalente se trabalharem sozinhos. Outros, que o brainstorming é tão essencial para a criatividade quanto se exercitar para um coração saudável. Como costuma ser o caso, há um quê de verdade em ambos.

Os questionadores têm um bom argumento: um gestor bem-intencionado, que reúne um grupo de pessoas que não se conhecem, céticas e inseguras, e lhes dá um problema complexo para solucionar por meio de uma sessão de brainstorming, terão menos ideias viáveis do que se cada uma tivesse sido instruída a refletir individualmente sobre o problema. O brainstorming, ironicamente, é uma forma estruturada de romper com a estrutura. Requer prática.

Como no futebol, o brainstorming também tem regras. Elas definem o jogo no qual uma equipe de jogadores pode apresentar um desempenho de alto nível. Sem regras, não há estrutura para a colaboração de um grupo, e uma sessão de brainstorming se degenerará em uma metódica reunião ou um vale-tudo improdutivo com muita gente falando e pouca gente ouvindo. Toda organização tem as próprias variações das regras de brainstorming (da mesma forma que toda família parece ter a própria versão do Scrabble ou do Banco Imobiliário). Na IDEO, temos salas exclusivas para nossas sessões de brainstorming e as regras estão escritas nas paredes: Adie as críticas. Incentive ideias malucas. Mantenha-se concentrado no tópico. E, eu diria, a mais importante delas: "Tome por base as ideias dos outros." É uma regra que está lado a lado com "Não matarás" e "Honra teu pai e tua mãe", já que assegura que cada participante desenvolva a última ideia apresentada e a passe adiante para que ela não se perca.

Recentemente, trabalhamos em um produto infantil para a Nike. Embora tivéssemos talentosos designers de brinquedos, algumas vezes faz sentido contratar consultores especializados para nos ajudar. Então, esperamos até a sessão de desenhos animados da manhã de domingo chegar ao fim e convidamos um grupo de crianças de 8 a 10 anos para nos visitar em nossos estúdios em Palo Alto. Depois de aquecê-las com suco de laranja e rabanadas, separamos os meninos e as meninas em salas diferentes, demos a eles algumas instruções e os deixamos nas salas por cerca de meia hora. Quando coletamos os resultados, a diferença entre os dois grupos era impressionante.

As meninas tinham tido mais de 200 ideias, enquanto os meninos mal chegaram a 50. Os meninos, nessa idade, têm mais dificuldade de se concentrar e escutar — atributos essenciais para a autêntica colaboração. As meninas eram o oposto. Felizmente, não cabe a mim decidir se essa disparidade resulta de herança genética, normas culturais ou ordem de nascimento, mas posso dizer que o que vimos nesses brainstormings comprovou o poder de se basear nas ideias dos outros. Os meninos, ansiosos por expressar suas ideias, não ouviam as dos colegas; as meninas conduziam uma conversa animada, mas, ao mesmo tempo, *serial*, em que cada ideia se relacionava à anterior e se tornava um trampolim para a próxima. Elas estimulavam umas às outras e obtinham ideias melhores como resultado.

O brainstorming não é necessariamente a melhor técnica para gerar ideias e não cabe na estrutura de todas as empresas. Mas demonstra seu valor quando a meta é abrir uma ampla variedade de ideias. Outras abordagens são importantes para fazer escolhas, mas não há nada melhor do que uma boa sessão de brainstorming para criá-las.

pensamento visual

Os profissionais de design passam anos aprendendo a desenhar. A prática do desenho não é tão adequada para ilustrar ideias, o que pode ser feito com simples aplicativos de computador. Em vez disso, os designers aprendem a desenhar para expressar suas ideias. Palavras e números são úteis, mas só o desenho revela tanto as características funcionais de uma ideia quanto seu conteúdo emocional. Para esboçar com precisão uma ideia, é necessário tomar decisões que podem ser evitadas até pela linguagem mais precisa; é necessário lidar com questões estéticas que não podem ser solucionadas nem pelo cálculo matemático mais elegante. Independentemente de a tarefa em questão ser um secador de cabelo, um final de semana no campo ou um relatório anual, os desenhos forçam a tomada de decisões.

O pensamento visual tem várias formas. Não devemos supor que se restringe à ilustração. Na verdade, nem é necessário saber desenhar. Em novembro de 1972, relaxando em um restaurante em Honolulu, após um longo dia de conferência, dois bioquímicos pegaram um guardanapo e esboçaram uns desenhos de bactérias fazendo sexo. Anos mais tarde, Stanley Cohen estava em um avião para Estocolmo para receber seu Prêmio Nobel, enquanto Herbert Boyer entrava com sua Ferrari vermelha no estacionamento da Genentech.

Todas as crianças desenham. Em algum ponto no processo de se tornarem adultos lógicos e verbalmente orientados, desaprendem. Especialistas em solução criativa de problemas como Bob McKim, fundador do programa de design de produtos da Stanford, ou o prolífico inglês Edward de Bono, dedicaram grande parte de sua energia criativa a mapas mentais, matrizes 2 × 2 e outras estruturas visuais que ajudam a explorar e descrever ideias de formas valiosas.

Quando expresso uma ideia com desenhos, obtenho resultados diferentes de quando o faço com palavras e chego a eles mais rápido. Preciso ter um quadro branco ou um bloco de desenho por perto sempre que estou conversando sobre ideias. Travo se não consigo expressar a ideia visualmente. Os cadernos de anotação de Leonardo da Vinci são notórios (ninguém menos que Bill Gates comprou o Codex Leicester para sua coleção particular quando foi leiloado, em 1994), mas Leonardo não usava esses cadernos só para elaborar suas ideias. Muitas vezes, ele parava na rua para esboçar algo que queria entender: um emaranhado de plantas; um gato enrolado dormindo ao sol; um redemoinho de água entrando em um bueiro. Além disso, estudiosos analisando seus esboços mecânicos destruíram o mito de que todos os desenhos representavam suas próprias invenções. Como qualquer consumado design thinker, Leonardo da Vinci usava suas habilidades de desenho para desenvolver as ideias alheias.

com ou sem Post-its

A maioria das pessoas já conhece a história do humilde Post-it: o Dr. Spencer Silver, um cientista que trabalhava na 3M nos anos 1960, inventou um adesivo com propriedades curiosas. Seu empregador, com bastante razão, não via utilidade para "microesferas copolímeros elastoméricas inerentemente pegajosas", isto é, cola que não gruda, e não o incentivou. Só quando um de seus colegas, Art Fry, começou a usar os adesivos para impedir seus marcadores de caírem do livro de hinos da igreja que uma utilização plausível foi encontrada para as pequenas notas amarelas. Atualmente, o Post-it é um produto de bilhões de dólares e um dos ativos mais valiosos da 3M.

O Post-it se destaca como uma lição concreta de como a timidez organizacional ameaça matar uma excelente ideia. Mas essas pequenas notas adesivas, encontradas em toda parte, também se provaram uma importante ferramenta de inovação. Enfeitando as paredes dos espaços de projeto, ajudaram incontáveis design thinkers primeiro a representar seus vários e amplos insights e depois a organizá-las em padrões reconhecíveis. O Post-it, em toda a sua glória, incorpora a transição da fase divergente, que constitui a fonte de nossa inspiração, à fase convergente, que representa o mapa para nossas soluções.

As técnicas do design thinker que descrevi — brainstorming, pensamento visual — contribuem para o processo *divergente* de *criar* opções. Mas acumular opções não passa de um exercício se não progredirmos para a fase *convergente* de *fazer* escolhas, crucial para que o projeto passe de um exercício estimulante de geração criativa de ideias a uma resolução. Justamente por essa razão, contudo, isso pode constituir uma das tarefas mais difíceis que um design thinker pode enfrentar. Dada a oportunidade, toda equipe de design divergirá por tempo indeterminado. Sempre haverá uma ideia mais interessante logo adiante e, enquanto houver orçamento, eles continuarão em busca da melhor ideia. É nesse ponto que uma das ferramentas mais simples disponíveis para a convergência entra em ação: o Post-it.

Quando todos se reúnem para uma revisão de projeto, é necessário haver um processo para selecionar as ideias mais fortes e mais promissoras. Os storyboards ajudam — painéis que ilustram, quase como histórias em quadrinhos, a sequência de eventos que um usuário vivencia ao fazer check-in em um hotel, abrir uma conta bancária ou utilizar um aparelho eletrônico que acabou de comprar. Às vezes, ajuda criar cenários alternativos. No entanto, mais cedo ou mais tarde, será necessário um consenso — e isso não se atingido por meio de discussões ou um decreto executivo. É interessante contar com alguma ferramenta para extrair a intuição do grupo e é nesse ponto que nada consegue vencer um generoso suprimento de notas Post-it. Na IDEO, costumamos submeter ideias ao "teste da borboleta".

Inventado por Bill Moggridge, um brilhante design thinker e um dos pioneiros do design no Vale do Silício, o teste da borboleta é um processo não científico, mas eficaz, para extrair insights críticos de um grande volume de dados. Imagine que, no final de uma fase de profunda pesquisa, inúmeras sessões de brainstorming e infinitos protótipos, uma parede esteja coberta de ideias promissoras. Cada participante recebe um pequeno número de pequenos adesivos coloridos para serem colados nas ideias que eles acham que deveriam ter continuidade. Os membros da equipe passeiam pelo espaço inspecionando o painel de ideias e, em pouco tempo, fica claro quais delas atraíram o maior número de "borboletas". Naturalmente, todos os tipos de questões vêm à tona, incluindo política e personalidades, mas é necessário passar por isso para se chegar a um consenso. Dar e receber. Concessões e combinação criativa. Vários elementos entram em cena para atingir o resultado final. O processo não diz respeito à democracia, mas a maximizar a capacidade das equipes de convergir para as melhores soluções. É um processo caótico, mas funciona bem e pode ser adaptado às peculiaridades de muitas organizações.

Não quero que esta seção seja um anúncio da 3M. O Post-it, que incentiva as pessoas a traduzirem um pensamento efêmero, reposicioná-lo ou rejeitá-lo, é só uma entre várias ferramentas para lidar com um fato comum a todo projeto de design: o prazo final. Embora todos estejamos sujeitos a prazos, o tempo todo, na fase divergente e exploratória do design thinking, os prazos assumem um nível adicional de importância. Eles se referem ao processo, e não às pessoas. O prazo final é o ponto fixo no horizonte em que tudo para e a avaliação final tem início. Esses pontos podem parecer arbitrários e importunos, mas um líder de projeto experiente sabe como utilizá-los para transformar opções em decisões. Não é sensato ter um prazo final todos os dias, pelo menos nas primeiras fases de um projeto. E também não é aconselhável estendê-lo por mais seis meses. É necessário haver um bom nível de discernimento para decidir quando uma equipe atingirá um ponto no qual sugestões, reflexões, redirecionamentos e seleção da administração provavelmente terão mais valor.

Ainda não encontrei um cliente que dissesse: "Leve o tempo de que precisar." Todos os projetos têm limitações: de ordem tecnológica, de recursos ou conhecimento. Mas o calendário é a maior restrição de todas, porque nos leva de volta aos fundamentos. Como observou Ben Franklin, o primeiro e mais intrépido design thinker dos EUA, em uma carta para um jovem comerciante: "Tempo é dinheiro."

Deixei para o final a ferramenta mais poderosa do design thinking. Não é o projeto auxiliado por computador (CAD), a prototipagem rápida nem a produção no exterior, mas aquela internet de redes neurais, empática, intuitiva e capaz de fazer processamento paralelo, reconhecimento de padrões que todos nós temos entre as orelhas. Pelo menos por enquanto, é nossa capacidade de elaborar conceitos complexos funcionalmente relevantes e emocionalmente ressonantes que diferencia os seres humanos até mesmo das máquinas mais sofisticadas. Enquanto não houver um algoritmo que nos diga como transformar possibilidades divergentes em uma realidade convergente ou detalhes analíticos em um todo sintético, esse talento garantirá que talentosos design thinkers tenham seu lugar no mundo.

As pessoas podem se ver dissuadidas de se aventurar no turbulento mundo do design thinking por várias razões. Podem achar que a criatividade é um talento que só os designers mais célebres possuem, que é melhor se limitar a visitar museus de arte moderna para contemplar as cadeiras e lâmpadas que projetaram. Ou supor que se trata de uma habilidade reservada a um grupo fechado e místico de profissionais treinados — afinal, contratamos "designers" para fazer tudo, de cortar nosso cabelo a decorar nossa casa. Outras, menos reverentes ao culto do design, podem confundir o domínio de ferramentas — incluindo as qualitativas, do brainstorming, pensamento visual e storytelling — com a capacidade de chegar a uma solução de design. E ainda há as que podem sentir que, sem um quadro de referência ou metodologia precisa, são incapazes de decifrar o que está acontecendo. Essas pessoas têm mais chance de abandonar o barco quando o moral da equipe afundar, como invariavelmente acontece ao longo da vida de um projeto. O que as pessoas podem não entender é que o design thinking não é uma arte, não é uma ciência nem uma religião. Basicamente, é a capacidade do pensamento *integrativo*.

Como reitor da aclamada Rotman School of Management da University of Toronto, Roger Martin lida com os maiores líderes empresariais do mundo e, em particular, vê a capacidade comum a muitos de manter várias ideias em tensão para chegar a novas soluções. Em *Integração de ideias*, baseado em mais de 50 entrevistas, Martin argumenta: "Os pensadores que exploram ideias opostas para criar soluções têm uma vantagem fundamental sobre os que só levam em consideração um modelo por vez." Os pensadores integradores sabem ampliar o escopo das questões relevantes ao problema. Resistem à lógica "isso ou aquilo", a favor de "isso e aquilo", e veem relações não lineares e multidirecionais como inspiração, não de contradição.

Na opinião de Martin, os líderes de maior sucesso "recebem o caos de braços abertos". Permitem a complexidade, pelo menos enquanto buscam soluções, porque ela é a fonte mais confiável de oportunidades criativas. Em outras palavras, as características dos bons líderes de gestão correspondem àquelas que atribuo aos bons design thinkers. Isso não é coincidência e não implica que a "mente integradora" seja uma recompensa exclusiva de vencedores da loteria genética. As habilidades de um excelente design thinker — a capacidade de identificar padrões no caos de informações complexas; de sintetizar novas ideias a partir de fragmentos; de sentir empatia em relação a pessoas diferentes de nós mesmos — podem ser aprendidas.

Um dia, talvez, os neurobiólogos consigam nos plugar a um scanner de ressonância magnética e identificar quais partes do cérebro são acionadas quando aplicamos o pensamento integrador. Isso pode facilitar a elaboração de estratégias para ensinar as pessoas a pensarem melhor. Pelo menos por enquanto, nossa tarefa não é saber o que acontece em nosso cérebro, mas encontrar meios de expressar essa forma de pensar, para a compartilhar com as pessoas e, finalmente, ser traduzida em estratégias concretas.

CAPÍTULO 4

construindo para pensar,

ou o poder da prototipagem

O Lego deu início a minha carreira como design thinker. No início dos anos 1970, quando eu tinha 9 ou 10 anos, a Inglaterra estava passando por mais uma de suas recessões periódicas e os mineradores de carvão haviam esperado até o inverno para entrar em greve. Isso significava que não havia carvão para as usinas de eletricidade, o que significava eletricidade insuficiente para atender à demanda, o que, por sua vez, significava blecautes regulares. Decidido a fazer minha parte, usei todo o meu estoque de Lego e construí uma grande lanterna usando algumas peças que brilhavam no escuro. Orgulhosamente, entreguei a lanterna a minha mãe para que ela tivesse luz suficiente para fazer meu jantar. Eu havia construído meu primeiro protótipo.

Aos 10 anos, eu já tinha aprendido o poder da prototipagem com base em anos de estudo intensivo. Eu havia passado horas usando Legos e Meccano (que os norte-americanos conhecem como Erector Sets) para criar um mundo repleto de foguetes espaciais, dinossauros e robôs de todos os tamanhos e formatos imagináveis. Como qualquer outra criança, eu estava pensando com as mãos, usando objetos físicos como um trampolim para minha imaginação. Essa transição do físico ao abstrato e de volta ao físico é um dos processos mais fundamentais por meio dos quais exploramos o universo, liberamos nossa imaginação e abrimos a mente para novas possibilidades.

A maioria das empresas está cheia de pessoas que deixaram de lado essas atividades infantis e passaram a questões mais importantes, como elaborar relatórios e preencher formulários, mas um aspecto costuma impressionar as pessoas que visitam uma organização que usa o design thinking: como no quarto de qualquer criança, protótipos são vistos por toda parte. Dê uma espiada em um espaço de projeto e você verá protótipos por todo lado. Percorra os corredores e verá protótipos sendo utilizados para contar histórias sobre projetos passados. Você verá ferramentas de prototipagem que vão de estiletes e fita crepe a sofisticados sistemas de corte a laser de US$50 mil. Independentemente do orçamento e das instalações, a prototipagem será a essência do local.

Frank Lloyd Wright afirmou que sua experiência na infância com blocos de montar — desenvolvidos por Friedrich Froebel nos anos 1830 para ajudar crianças a aprender os princípios da geometria — instigou sua paixão criativa: "Os blocos de madeira... estão em meus dedos até hoje", escreveu em sua autobiografia. Charles e Ray Eames, uma das mais importantes equipes de prototipagem de todos os tempos, utilizavam protótipos para explorar e lapidar ideias, algumas vezes ao longo de muitos anos. O resultado foi nada menos que a reinvenção dos móveis do século XX. Questionados por um admirador curioso se ele criara a icônica *chaise longue* de Eames em um lampejo de criatividade, Charles respondeu: "Sim, algo como um lampejo de 30 anos."

Como a abertura à experimentação é a essência de qualquer organização criativa, a prototipagem — a disposição de seguir adiante e testar alguma hipótese construindo o objeto — é a melhor evidência de experimentação. Podemos pensar em um protótipo como um modelo terminado de um produto prestes a ser fabricado, mas esse conceito começa a ser aplicado muito antes no processo. Ele precisa incluir estudos que podem parecer toscos e simples e inclui mais do que apenas objetos físicos. Além disso, não é necessário ser designer industrial para adotar o hábito da prototipagem: executivos de serviços financeiros, vendedores do varejo, administradores de hospital, planejadores urbanos e engenheiros de transporte podem e devem participar desse componente essencial do design thinking, como veremos. David Kelley chama a prototipagem de "pensar com as mãos" e a compara com o pensamento abstrato orientado por especificações e planejamento. Ambos têm seu valor e cada qual tem sua melhor aplicação, mas um deles é mais eficaz para criar novas ideias e levá-las adiante.

nas coxas

Apesar de parecer que desperdiçar tempo valioso em esboços, modelos e simulações atrasará o trabalho, a prototipagem gera resultados com mais rapidez. Parece paradoxal: não leva mais tempo *construir* uma ideia do que *pensar* em uma? Talvez, mas só para aqueles poucos sortudos que conseguem pensar na ideia certa da primeira vez. A maioria dos problemas é complexa, e uma série de experimentos iniciais costuma ser a melhor forma de decidir entre vários direcionamentos possíveis. Quanto mais rapidamente tornamos nossas ideias tangíveis, mais cedo poderemos avaliá-las, lapidá-las e identificar a melhor solução.

A Gyrus ACMI posiciona-se na vanguarda da instrumentação cirúrgica e é líder no desenvolvimento de técnicas cirúrgicas minimamente invasivas. Em 2001, a IDEO começou a trabalhar com a Gyrus para desenvolver um novo instrumento voltado para a cirurgia de delicados tecidos nasais. Logo no início do projeto, a equipe se reuniu com seis cirurgiões otorrinolaringologistas para saber como o procedimento era realizado, os problemas com os instrumentos existentes e quais recursos poderiam desejar em um novo sistema. Um dos cirurgiões, utilizando termos vagos e gesticulando desajeitadamente, descreveu como poderia ser um equipamento com a empunhadura de uma pistola. Depois que eles saíram, um de nossos designers pegou uma caneta de quadro branco e uma lata de filme 35mm e os colou com fita adesiva a prendedores de roupas que estavam por perto, apertando o prendedor de roupa como se fosse um gatilho. Aquele protótipo rudimentar estimulou a discussão, inúmeras reuniões, videoconferências, tempo de compras e passagens de avião. Custo do protótipo em termos de mão de obra e materiais: R$0 (conseguimos resgatar a caneta).

Da mesma forma que pode acelerar um projeto, a prototipagem permite a exploração de muitas ideias paralelamente. Os protótipos iniciais devem ser rápidos, rudimentares e baratos. Quanto maior for o investimento em uma ideia, mais as pessoas se apegam a ela. O investimento excessivo em um protótipo refinado tem duas consequências indesejáveis: em primeiro lugar, uma ideia pode se aproximar demais da concretização — ou até, na pior das hipóteses, ser levada até o fim. Em segundo lugar, o próprio processo de prototipagem cria a oportunidade de descobrir novas e melhores ideias a custo mínimo. Os designers de produto podem utilizar materiais baratos e de fácil manipulação: cartolina, espuma, madeira e até objetos e materiais que encontram por aí — qualquer coisa que possam colar, grampear ou unir com fita adesiva para criar uma aproximação concreta das ideias. O primeiro e mais genial protótipo da IDEO foi criado quando a empresa era composta de oito designers desmazelados apinhados em um estúdio no andar de cima de uma loja de roupas femininas na University Avenue, em Palo Alto. Douglas Dayton e Jim Yurchenco colaram a esfera de uma embalagem de desodorante roll-on na base de uma manteigueira de plástico. Não demorou muito para a Apple Computer entregar seu primeiro mouse.

saber a hora de parar

Os protótipos só devem consumir o tempo, o empenho e o investimento necessários para gerar feedbacks úteis e levar uma ideia adiante. Quanto maiores forem a complexidade e o custo, mais "acabado" ele pode aparentar e menos chances seus criadores terão de se beneficiar de um feedback construtivo — eles podem nem querer ouvir. A meta da prototipagem não é criar um modelo funcional. É dar forma a uma ideia para conhecer seus pontos fortes e fracos e identificar novos direcionamentos para a próxima geração de protótipos mais detalhados e lapidados. O escopo de um protótipo deve ser limitado. O objetivo dos protótipos iniciais deve ser decidir se uma ideia tem ou não valor funcional. Mais cedo ou mais tarde, os designers precisam apresentar o protótipo aos possíveis usuários do produto final para obter seu feedback. Nesse ponto, as qualidades superficiais do protótipo podem demandar um pouco mais de atenção, de forma que os consumidores potenciais não se distraiam com bordas mal-acabadas ou detalhes não solucionados. A maioria das pessoas, por exemplo, terá dificuldade de visualizar como uma máquina de lavar roupa feita de papelão funcionará.

Hoje em dia, alguns avanços tecnológicos bastante impressionantes estão disponíveis para os designers para criar protótipos rapidamente e em um nível extremamente elevado de fidelidade, incluindo sistemas ultraprecisos de corte a laser, ferramentas de design auxiliado por computador e equipamentos que funcionam como impressoras 3-D. Algumas vezes, eles são bons demais, como descobrimos quando um executivo da Steelcase, confundindo um modelo de espuma incrivelmente detalhado com o produto final, destruiu um protótipo de US$40 mil de uma cadeira Vecta sentando-se nele. Mas toda a tecnologia do mundo pode levar a nada se for utilizada para criar protótipos refinados demais, detalhados demais e cedo demais. "A prototipagem suficiente" significa escolher o que queremos saber e chegar à decisão de fazer isso ser o foco de nossas explorações. Um designer experiente sabe a hora de parar.

prototipagem de coisas intangíveis

A maioria dos protótipos imagináveis até este ponto se refere a produtos físicos — coisas que machucam se você tropeçar nelas ou derrubá-las. As mesmas regras se aplicam quando o desafio é um serviço, uma experiência virtual ou até mesmo um sistema organizacional.

Qualquer coisa tangível que nos permita explorar uma ideia, avaliá-la e levá-la adiante é um protótipo. Eu vi sistemas sofisticados de injeção de insulina que nasceram como Legos. Eu vi modelos de interfaces de software feitos de Post-it muito antes de uma única linha de código ser escrita. Eu vi novos conceitos de serviços bancários representados diante de clientes na forma de esquetes, em um cenário de "balcões" — um tipo de material de papelão muito forte, muito leve e muito barato — montadas com fita crepe. Em cada um desses casos, uma ideia recebeu expressão por meio de recursos apropriados para ser apresentada às pessoas e coletar feedback.

A indústria cinematográfica usa essa prática há bastante tempo. Lá no passado, quando o cinema era pouco mais que uma versão filmada do teatro, era viável ir de um roteiro diretamente para as filmagens. Mas, à medida que os diretores ficavam cada vez mais ambiciosos — e o público, cada vez mais exigente —, passaram a incluir várias câmeras e efeitos especiais. O storyboard surgiu como uma forma de mapear o filme antes das gravações para se certificar de que todas as cenas fossem ponderadas e que o diretor não chegasse à sala de edição só para descobrir que um ângulo ou cena crucial estava faltando ou era, de alguma forma, insatisfatória. À medida que a indústria ficava cada vez mais sofisticada, especialmente devido ao trabalho pioneiro no desenvolvimento da animação do Walt Disney Studios, o storyboard assumiu um papel ainda mais importante. Ele se tornou uma ferramenta de prototipagem que permitia que os animadores se certificassem de que a história fosse consistente antes do início do trabalho mais detalhado. Hoje em dia, com efeitos especiais digitais sofisticados e caros dominando uma parcela tão grande de Hollywood, os cineastas adotaram storyboards com base em computador e "animatics" para testar os movimentos em uma cena antes de seguirem em frente.

Técnicas tomadas de empréstimo da indústria cinematográfica e de outros setores criativos sugerem como é possível criar protótipos para experiências não concretas. As opções incluem cenários, uma forma de storytelling em que alguma situação futura potencial é descrita utilizando palavras e imagens. Poderíamos, por exemplo, inventar um personagem que se adequasse a um conjunto de fatores demográficos de nosso interesse — uma profissional divorciada com dois filhos pequenos, por exemplo — e desenvolver um cenário verossímil em torno de sua rotina diária para "observar" como ela poderia utilizar o carregador de um veículo elétrico ou uma farmácia online.

Quando as comunicações Wi-Fi ainda estavam engatinhando, a Vocera desenvolveu um cenário em vídeo para demonstrar como empregados poderiam utilizar um "crachá de comunicações" controlado por voz para se manter conectados com os colegas em qualquer lugar dentro da área de cobertura da rede da empresa. O curta-metragem percorreu a *via crucis* de uma equipe de suporte de TI fictícia e foi muito mais eficaz para explicar o conceito a investidores potenciais do que um briefing técnico ou uma série de slides de PowerPoint. A Sony usou a mesma técnica quando estava desenvolvendo seus primeiros conceitos online, no início dos anos 1990. Uma equipe de design criou cenários em torno da vida de adolescentes de Tóquio para mostrar como eles poderiam utilizar novos tipos de salas de jogos online para jogar videogames interativos ou cantar karaokê juntos. Nos primeiros anos da Web, ficções plausíveis como essas ajudaram a administração a visualizar como a internet poderia se tornar a base de novos serviços e modelos de negócios.

Outro grande valor dos cenários é que eles nos forçam a manter as pessoas no centro da ideia, nos impedindo de nos perder em detalhes mecânicos ou estéticos. Eles nos fazem lembrar o tempo todo de que não estamos lidando com coisas, mas com o que o psicólogo

Mihaly Csikszentmihalyi chama de "*transações entre* pessoas e coisas". A prototipagem dá forma a uma ideia, permitindo-nos aprender com ela, avaliá-la em relação a outras e melhorá-la.

Uma simples estrutura de cenário útil no desenvolvimento de novos serviços é a "jornada do cliente". Essa estrutura mapeia os estágios pelos quais um cliente imaginário passa, do início ao final de uma experiência de serviço. O ponto de partida pode ser imaginário ou pode resultar diretamente de observações de pessoas comprando uma passagem aérea ou decidindo instalar ou não painéis solares no telhado de casa. De qualquer forma, o valor de descrever uma jornada do cliente é que isso esclarece os pontos de interação entre o cliente e o serviço ou marca. Cada um desses "pontos de contato" indica uma oportunidade de proporcionar valor aos clientes potenciais de uma empresa.

Alguns anos atrás, a Amtrak começou a estudar oportunidades de melhorar o transporte na Costa Oeste Norte-americana oferecendo um serviço de trem de alta velocidade entre Boston, Nova York e Washington, D.C. Quando a Amtrak convidou a IDEO para participar no que viria a se tornar o projeto Acela, o foco se reduzira aos trens — mais especificamente, ao design dos assentos. Depois de incontáveis dias viajando de trem com clientes, a equipe criou uma simples jornada do cliente que descrevia todo o processo de viagem. A jornada, para a maioria dos clientes, era composta de 10 passos, que incluíam chegar à estação, encontrar um lugar para estacionar, comprar as passagens, localizar a plataforma e assim por diante. O insight que se provou mais instigante foi descobrir que os passageiros só se sentavam no trem no estágio oito — a maior parte da experiência de viajar de trem, em outras palavras, não envolvia o trem.

A equipe concluiu que cada um dos passos anteriores representava uma oportunidade de criar uma interação positiva, oportunidades que passariam despercebidas se eles tivessem se concentrado apenas no design dos assentos. É verdade que essa abordagem tornou o projeto muito mais complexo, mas isso é normal na transição do design ao design thinking. Pode não ser fácil conciliar os vários interesses que entram em jogo ao ir de Washington a Nova York, mas a Amtrak conseguiu fazer isso e criou uma experiência mais completa e satisfatória para seus clientes. Apesar dos inúmeros e notórios problemas com trilhos, sistemas de freios e assentos de metal, a Acela se provou um serviço popular. A jornada do cliente foi o primeiro protótipo nesse processo.

representando papéis

Se brincar com Legos é um jeito infantil de "aprender com as mãos", e estruturas de isopor e equipamentos de corte de precisão orientados por computadores são seu equivalente para designers adultos, qual seria a contraparte no caso da inovação em serviços — a experiência que uma pessoa pode ter em um banco, uma clínica ou no Departamento de Trânsito? Nossos consultores mais confiáveis são crianças. Assim que duas ou três crianças se veem juntas, começam a representar: elas se tornam médicos e enfermeiras, piratas, alienígenas ou personagens da Disney. Sem precisar receber instruções, envolvem-se em longas representações repletas de enredos, com subtópicos complexos. Pesquisas sugerem que essa forma de brincar não apenas é divertida, como também ajuda a instituir roteiros internos que nos orientam quando atingimos a idade adulta.

A TownePlace Suites, uma marca de hotel para longas estadias, de propriedade da Marriott, atende a viajantes a negócios, como consultores em longos projetos, que podem precisar se ausentar de casa por mais do que apenas algumas noites e querem se sentir mais à vontade do que costuma ser o caso em hotéis tradicionais. Eles costumam passar mais tempo trabalhando no quarto, ficam o final de semana hospedados e podem explorar a vizinhança sozinhos. A Marriott queria repensar a experiência extremamente específica desses viajantes.

Normalmente, um dos problemas com o design arquitetônico é que a prototipagem em tamanho real é praticamente impossível, por ser dispendiosa demais. Em vez disso, uma equipe criativa de "designers de espaço" alugou um antigo depósito em uma perigosa área do distrito de Bayview em São Francisco, onde construíram com placas de isopor uma maquete em tamanho real do lobby de entrada e um quarto típico. A maquete não pretendia ser um mostruário das qualidades estéticas do espaço. Em vez disso, ela servia como o cenário no qual os designers, a equipe do cliente, um grupo de empregados do hotel e até "clientes" poderiam representar diferentes experiências de serviço e explorar as melhores opções em espaço e tempo reais. Todos os visitantes eram incentivados a incluir Post-its ao protótipo e sugerir alterações. O processo levou a uma série de inovações que incluíram guias de viagem personalizados com informações locais customizados para clientes frequentes e suas necessidades específicas, bem como um enorme mapa em uma parede do lobby no qual os hóspedes poderiam utilizar pontos magnéticos para marcar restaurantes atrativos ou outros locais de seu interesse — uma espécie de "guia de viagem de código aberto". Esse espaço em tamanho real para que as pessoas atuassem segundo o que lhes vinha à cabeça proporcionou à equipe de design um rico conjunto de ideias para serem testadas. Além disso, eles puderam ter uma noção muito melhor da utilidade das ideias. Nenhum levantamento, por mais detalhado que fosse, ou simulação virtual teria atingido o mesmo resultado.

Aprender a se sentir à vontade representando ideias potenciais é naturalmente importante para qualquer pessoa que esteja contemplando uma abordagem experiencial à prototipagem — Ivy Ross, da Mattel, chegou ao ponto de ensinar a novos recrutas do programa Platypus como utilizar técnicas de teatro de improviso nas duas primeiras semanas da sessão. Conhecer alguns fundamentos — por exemplo, como se basear nas ideias dos outros "atores" e estar disposto a evitar críticas — aumenta as chances de sucesso da prototipagem colaborativa em tempo real. O teatro amador de um protótipo experiencial pode parecer uma grande bobagem. As pessoas precisam ter um pouco de confiança para se liberar, relaxar e explorar uma ideia por meio da improvisação.

prototipagem em campo

A maior parte da prototipagem ocorre entre quatro paredes, por motivos óbvios. Muitas vezes, é necessário proteger a confidencialidade de ideias e limitar sua exposição de forma que a concorrência (e, algumas vezes, a administração) não saiba o que está acontecendo. Empresas tradicionais podem organizar focus groups ou workshops de demonstração, e empresas mais de vanguarda como a Electronic Arts costumam convidar jogadores para testar seus jogos durante o desenvolvimento. Ambientes controlados como esses funcionam bem na avaliação das características funcionais de um produto: Ele funciona? Ele quebrará se cair? As peças se encaixam bem? Uma pessoa comum conseguirá encontrar o botão para ligar e desligar? Na verdade, esses costumam ser aspectos de um produto que podem ser testados pelos próprios membros da equipe de projeto. As coisas, no entanto, se complicam no caso de serviços e, em especial, no caso de serviços baseados em complexas interações sociais. A telefonia móvel, por exemplo, se baseia em interações intangíveis de usuários uns com os outros e com o próprio sistema. As ideias complexas dos dias de hoje requerem protótipos que possam ser liberados em campo para ver como sobrevivem e se adaptam.

Quando a T-Mobile, empresa alemã de telefonia celular, começou a explorar formas de criar grupos sociais por meio de telefones celulares, acreditava que redes sociais de pessoas com interesses similares poderiam utilizar os telefones não apenas para se manter em contato, como também para compartilhar fotos e mensagens, fazer planos, sincronizar agendas e facilitar uma centena de outras interações de maneira muito mais prática do que um PC. Seria possível criar cenários e storyboards para descrever as ideias da T-Mobile e criar simulações para rodar nos telefones. Mas a dimensão social do problema teria sido negligenciada. A única forma de evitar isso era lançar um protótipo de serviço. A equipe de design carregou dois protótipos em alguns telefones da Nokia e os entregou a pequenos grupos de usuários na Eslováquia e na República Tcheca.

Em menos de duas semanas, ficou claro qual dos dois protótipos era mais atraente e por quê. A ideia vencedora — ajudar os usuários a construir redes de relacionamentos sociais em torno de eventos de suas agendas — surpreendeu a equipe, que vinha favorecendo a ideia alternativa — ajudar as pessoas a criarem agendas telefônicas compartilhadas. Ao lançar os protótipos, a equipe não apenas coletou evidências reais de como o novo serviço poderia ser utilizado, como também evitou levar adiante uma ideia menos promissora. A inovadora metodologia apresentou apenas um problema: no final do período de testes, vários usuários se recusaram a devolver o telefone.

Outra forma emergente de "prototipagem em campo" envolve a utilização de mundos virtuais como o Second Life ou redes de relacionamentos sociais como o MySpace e o Facebook. As empresas podem aprender com os consumidores sobre marcas ou serviços propostos antes de se comprometer com grandes investimentos. Um exemplo de sucesso é a rede de hotéis Starwood, que lançou um protótipo tridimensional gerado por computador da marca planejada Aloft no mundo virtual do Second Life, em outubro de 2006.

Ao longo dos nove meses que se seguiram, hóspedes bombardearam a Starwood com sugestões sobre tudo, do layout em geral até instalar rádios nos chuveiros e repintar o lobby com tons terrosos. Quando feedback suficiente foi coletado, a Starwood fechou o hotel virtual para "reforma". Na reabertura, realizou-se uma ciberfesta de gala com avatares badalados dançando no lobby, flertando no bar e conversando ao redor da piscina. E o que você faz com um dispendioso protótipo virtual quando a verdadeira construção tem início? A Starwood doou sua simulação abandonada ao grupo online de empowerment de jovens, a TakingITGlobal.

A marca Aloft, da Starwood, queria conquistar uma clientela jovem, urbana, em voga e familiarizada com a tecnologia — justamente o tipo que pode ser encontrado andando pelas ruas do Second Life. Mas as vantagens da prototipagem virtual fazem também outras empresas, mais conservadoras, terem mais chances de começar a realizar experimentos com ela. A prototipagem virtual permite que empresas atinjam rapidamente clientes potenciais e obtenham feedback de pessoas em vários locais diferentes. As interações são fáceis e, à medida que cada vez mais dessas empresas começam a explorar o potencial de prototipagem das redes de relacionamentos sociais online, ficaremos cada vez mais competentes em sua avaliação. Como qualquer veículo de prototipagem, contudo, há limitações. Os mundos virtuais como o Second Life se baseiam em avatares que representam clientes, mas não temos ideia de como as pessoas realmente são. Isso pode ser arriscado, já que as coisas nem sempre são o que aparentam ser.

cuidando da própria vida

Uma coisa é falar sobre a prototipagem de objetos físicos e até de serviços intangíveis, mas os desafios mais abstratos da prototipagem, como o design de novas estratégias de negócios, novas ofertas e até de novas organizações, também têm papel relevante. Os protótipos podem concretizar uma ideia abstrata de modo que toda uma organização possa compreender e se envolver.

Em 2004, a HBO, famosa pela criação de séries como *Os Sopranos* e *Sex and the City*, percebeu que o cenário da televisão estava mudando. Ela havia conquistado a dominância na TV a cabo ao oferecer conteúdo premium, mas a empresa podia ver que novas plataformas como a televisão pela internet, telefonia móvel e vídeo sob demanda estavam destinadas a ganhar importância. A HBO queria saber qual seria o impacto dessas mudanças.

Depois de um longo processo de pesquisa e observação do consumidor, surgiu uma estratégia baseada na criação de conteúdo que se espalharia por todas as novas plataformas tecnológicas: PCs, laptops, telefones celulares e Internet Protocol Television (IPTV). A HBO — concluímos — deveria estar disposta a perder sua identificação com a TV a cabo e se tornar "tecnologicamente agnóstica", levando conteúdo aos clientes quando estes quisessem e onde estivessem. Em vez de produzir um programa de televisão e depois pensar no que fazer com DVDs ou conteúdo móvel, os programas seriam criados com esses outros canais em mente, desde o início. Sabíamos que esse ambicioso plano contestava algumas premissas fundamentais. Era necessário que a HBO não apenas desenvolvesse uma compreensão mais profunda de como o público se relaciona com o veículo, como também destruísse as fronteiras de alguns dos arraigados silos existentes dentro da própria empresa.

Para criar uma visão atraente da experiência do cliente, a equipe de projeto construiu protótipos e os instalou em um corredor no décimo quinto andar da matriz da HBO em Nova York. Isso permitiu que os executivos seniores vissem, em primeira mão, como os clientes poderiam interagir com o conteúdo de televisão ao qual seria possível acessar de diferentes dispositivos. Para a fundamentação técnica e analítica, eles construíram um mapa futuro que ocupava toda uma parede e mostrava os elementos de tecnologia, negócios e cultura que a empresa confrontaria à medida o programa progredisse. Ao percorrer o ambiente que criamos no décimo quinto andar, Eric Kessler, vice-presidente de marketing, entendeu a ideia: "Não se trata do futuro da HBO On Demand. Mas do futuro da HBO."

O protótipo projetava a gestão da HBO no futuro de forma convincente e realista, ajudando-os a visualizar tanto as oportunidades quanto os desafios que estavam por vir. Quando a HBO começou a conversar com a Cingular (atualmente, AT&T Wireless) para oferecer conteúdo premium de televisão em plataforma móvel, o protótipo do décimo quinto andar ajudou a chegar a um consenso.

a prototipagem de uma organização

A HBO ilustra a necessidade de pensar com as mãos mesmo ao trabalhar no nível da estratégia de negócios, e o mesmo se aplica ao design das próprias organizações. As instituições devem evoluir com os ambientes. Apesar de a "reorganização" de empresas ter se tornado um clichê na cultura dos negócios, constitui um dos problemas de design mais complexos e decisivos que qualquer empresa pode enfrentar, embora raramente seja acompanhada por qualquer uma das características básicas do bom design thinking. Reuniões são conduzidas sem qualquer brainstorming; organogramas são elaborados sem qualquer evidência de pensamento com as mãos; planos são elaborados e diretrizes são instauradas sem o benefício da prototipagem. Eu não sei se a IDEO poderia ter salvado a indústria automobilística norte-americana, mas teríamos começado com placas de isopor e uma pistola de cola quente.

É verdade que a prototipagem de novas estruturas organizacionais é um processo difícil. Pela própria natureza, elas são suspensas em teias interligadas. Não é possível alterar uma unidade sem afetar as outras partes da organização. A prototipagem com a vida das pessoas também é uma proposição delicada, pelo fato de haver, com razão, menos tolerância ao erro. Mas, apesar dessa complexidade, algumas instituições adotaram a abordagem do design à mudança organizacional.

A implosão das pontocoms no fim dos anos 2000 criou um buraco negro cujo epicentro foi a região da Baía de São Francisco. Sótãos estilosos foram abandonados por todo o "Desfiladeiro da Multimídia" de São Francisco, deixando para trás apenas cadeiras Aeron e iMacs coloridos; os outdoors de US$100 mil ao mês ao longo da Highway 101, o principal corredor que cruzava o Vale do Silício, se esvaziaram; aspirantes a empreendedores voltaram para a faculdade a fim de tirar seus diplomas. A IDEO, que vinha trabalhando com novas startups enquanto ajudava empresas mais tradicionais a entrar na nova era da internet, recebeu um grande golpe. Pela primeira vez em nossa história, fomos forçados a apertar os cintos. Eu fui convocado para voltar do Reino Unido, onde estava conduzindo as operações europeias da IDEO, para assumir a liderança deixada por David Kelley, que, com seu maravilhoso senso de timing, decidira sair da empresa apenas alguns minutos (pelo menos foi o que pareceu) antes da explosão da bolha eletrônica, para se concentrar em sua vida acadêmica, na Stanford. Coube a mim supervisionar a transição para a IDEO 2.0.

Vindo de uma empresa que se vangloriava de que jamais cresceria além de 40 empregados (de forma que pudéssemos trancar a porta da frente, entrar em um ônibus escolar e ir para a praia), tínhamos nos expandido quase 10 vezes e, apesar de nos esforçarmos para preservar uma estrutura organizacional horizontal, esse crescimento foi traduzido em 350 carreiras, pacotes de benefícios e sonhos a serem realizados. Os riscos eram elevados e não tínhamos uma rede de segurança, então decidi fazer o que os designers fazem: reuni uma equipe e lançamos um projeto. Qual era o briefing? Reinventar a empresa.

Depois de passar as duas décadas anteriores criando um processo de design centrado no ser humano para nossos clientes, teria sido estranho se não aplicássemos o processo a nós mesmos. Então foi justamente o que fizemos. Durante a "Fase 1", a equipe do projeto se espalhou pelo cenário, conversando com designers em cada um de nossos escritórios, nossos clientes, nossa rede de colaboradores e até nossos concorrentes para entender como a área estava evoluindo e quais eram nossos pontos fracos e fortes. Essas conversas levaram a uma série de workshops e nossos primeiros protótipos, que assumiram a forma de um aglomerado de "grandes ideias" que traduziam o futuro como o imaginávamos. Uma delas foi a ideia do "design com d minúsculo" — utilizar o design como uma ferramenta para melhorar a qualidade de vida em todos os níveis, em oposição a criar *objetos* de arte que decoram os pedestais de museus de arte e as capas de revistas de estilo de vida.

Outra foi a ideia que chamamos de "Uma IDEO", a noção de que nosso futuro dependia da atuação não como estúdios independentes, mas como uma rede única e interconectada. Uma terceira ideia foi abandonar nosso modelo original de "estúdio" — que refletia o modo como os designers são organizados — e substituí-lo por uma nova e pioneira estrutura de "práticas globais" elaborada para refletir o modo como o próprio mundo se organiza: a "Prática de Saúde" se concentraria em projetos variando de equipamentos médicos de precisão para a Medtronic a pacotes educacionais para a GlaxoSmithKline; o "Zero20", nas necessidades de crianças, desde o nascimento até o fim da adolescência; outras práticas se concentrariam em software interativo, experiências do consumidor, o design de "espaços inteligentes" e até a transformação organizacional. Nesse ponto, sentimos que estávamos prontos para levar nossos protótipos a campo. Ou, para ser mais preciso, trouxemos o campo aos protótipos.

Decidimos organizar um evento global, quc, pela primeira vez desde que nos expandimos além de nossa base no Vale do Silício, reuniria todos os empregados da IDEO em um único local: engenheiros mecânicos seniores de Boston, designers gráficos recém-contratados de Londres, marqueteiros de São Francisco, especialistas em fatores humanos de Tóquio e até nossa adorada recepcionista Vicky, de Palo Alto, se reuniram na região da Baía para dar vida ao que logo começamos a chamar de IDEO 2.0. Discursar diante daquele público de 350 companheiros, colegas e mentores no lançamento do evento continua sendo o ponto alto de minha carreira. Mal sabia eu que dar o pontapé inicial era a parte fácil do processo.

O lançamento — três dias de palestras, seminários, workshops, dança e uma versão em massa do novo jogo de computador Pong com 350 jogadores simultâneos — foi um enorme sucesso. O ano seguinte, contudo, foi um dos mais difíceis de minha vida. À medida que os protótipos se revelavam, aprendemos que uma história precisa ser repetida várias vezes antes que as pessoas entendam como essa história se aplica a elas e muitas outras vezes antes de mudarem seu comportamento. Aprendemos que as equipes de liderança que tiveram sucesso com pequenos grupos locais podiam não conseguir projetar suas ideias facilmente em sete locais diferentes. Aprendemos que designers visionários acostumados com uma plena autonomia criativa não se adaptavam alegremente à ideia de práticas orientadas pelo mercado.

Reprojetamos a IDEO porque queríamos que a organização permanecesse flexível, ágil, relevante e reativa ao novo ambiente global que estava se formando. Cinco anos mais tarde, duas das sete práticas originais deixaram de existir, uma nova foi acrescentada e outra foi remodelada, e seu nome foi mudado duas vezes para repercutir melhor com os clientes potenciais. Em se tratando de organizações, a mudança constante é inevitável e tudo é um protótipo. Nos momentos mais difíceis, nos esforçamos para manter em mente que um protótipo de sucesso não é algo que funciona de forma impecável, mas que nos ensina algo — sobre nossos objetivos, nossos processos e nós mesmos.

Existem muitas abordagens à prototipagem, mas elas compartilham um aspecto inigualável e paradoxal: eles nos desaceleram para nos acelerar. Ao alocarmos tempo para criar protótipos de nossas ideias, evitamos erros custosos, como permitir complexidade demais cedo demais e nos agarrar a uma ideia fraca por tempo demais.

Escrevi que todos os design thinkers, independentemente de terem treinamento formal em qualquer uma das disciplinas design, transitam em três "espaços de inovação". Como os design thinkers continuarão a "pensar com as mãos" ao longo da vida de um projeto — visando alcançar maior exatidão à medida que o projeto for se aproximando da conclusão —, a prototipagem é uma das práticas que permitem que eles ocupem simultaneamente todos esses três âmbitos.

A prototipagem é sempre *inspiracional* — não no sentido de uma obra de arte aperfeiçoada, mas justamente o contrário: por inspirar novas ideias. A prototipagem deve ter início no começo da vida de um projeto e esperamos que os protótipos sejam numerosos, rapidamente executáveis e bastante rudimentares. Cada um deles tem o objetivo de desenvolver uma ideia "só o suficiente" para permitir que a equipe aprenda algo e siga em frente. Nesse nível relativamente baixo de resolução, quase sempre é melhor que os membros da equipe façam os próprios protótipos e não os terceirizem. Os designers podem demandar uma oficina de modelismo plenamente equipada, mas os *design thinkers* podem "construir" protótipos no refeitório, em uma sala de conselho de administração ou em um quarto de hotel.

Uma forma de motivar a prototipagem nos primeiros estágios é estabelecer uma meta: ter um protótipo pronto ao final da primeira semana ou até mesmo no primeiro dia. Uma vez que expressões tangíveis começam a surgir, fica fácil experimentá-las e solicitar feedback interno, da administração, e externo, de clientes potenciais. De fato, uma das medidas de uma organização inovadora é o tempo médio para chegar ao primeiro protótipo. Em algumas organizações, esse trabalho pode levar meses ou até anos — a indústria automobilística é um exemplo revelador disso. Nas organizações mais criativas, isso pode ocorrer dentro de alguns poucos dias.

No espaço de ideação, construímos protótipos para desenvolver nossas ideias visando nos assegurar de que elas incorporem os elementos funcionais e emocionais necessários para atender à demanda do mercado. À medida que o projeto avança, o número de protótipos cairá enquanto a resolução de cada um aumenta, mas o objetivo continua o mesmo: ajudar a refinar uma ideia e melhorá-la. Se a precisão necessária nesse estágio exceder as habilidades da equipe, pode ser interessante recorrer à ajuda de especialistas externos — marqueteiros, videógrafos, escritores ou participantes, dependendo do caso.

No terceiro espaço de inovação, nos concentramos na *implementação*: transmitir uma ideia com clareza suficiente para ser aceita por toda a organização, comprovando-a e mostrando que ela funcionará em seu mercado-alvo. Também nesse caso, o hábito da prototipagem desempenha papel essencial. Em diferentes estágios, o protótipo pode servir para validar a "parte de uma parte": os elementos gráficos em um monitor, o braço de uma poltrona ou um detalhe na interação entre um doador de sangue e um voluntário da Cruz Vermelha. À medida que o projeto se aproxima da conclusão, os protótipos tendem a ser mais completos. Eles provavelmente serão caros e complexos e podem ser iguais ao produto ou ao serviço final. Nesse ponto, você, que tem uma boa ideia em mãos, ainda não sabe o quão boa ela é.

O McDonald's é uma empresa famosa pela aplicação do processo de prototipagem em cada um dos espaços de inovação. No espaço *inspiracional*, os designers utilizam esboços, rápidos modelos ou maquetes e cenários para explorar novos serviços, ofertas de produto e experiências do cliente. Eles podem ser mantidos em segredo ou mostrados à administração ou aos consumidores para obter feedback nos primeiros estágios de desenvolvimento. Para cultivar o espaço da *ideação*, o McDonald's construiu uma sofisticada instalação de prototipagem no prédio de sua matriz no subúrbio de Chicago, onde equipes de projetos podem configurar todos os tipos de utensílios de cozinha, tecnologias de ponto de venda e layouts de restaurantes para testar novas ideias. Quando uma nova ideia está quase pronta para a *implementação*, muitas vezes é testada na forma de um piloto em restaurantes selecionados.

CAPÍTULO 5

de volta à superfície,

ou o design das experiências

Viajo entre São Francisco e Nova York com frequência demais, mas gosto disso. Vindo da Grã-Bretanha, Nova York representa Estados Unidos icônicos para mim. Ela foi a primeira cidade norte-americana que visitei e sempre sinto uma pontada de empolgação diante da perspectiva de um retorno. Não faz muito tempo, contudo, a viagem de avião precisava ser tolerada. A soma total de aviões velhos, espaços apertados, comida horrível, péssimos sistemas de entretenimento, horários pouco práticos e serviço indiferente destruía o que deveria ser a incomparável mágica de voar.

Em 2004, ainda abalada com os ataques de 11 de Setembro, a United Airlines lançou um novo serviço no trajeto São Francisco – Nova York, chamado p.s. ("Premium Service"), que tentava solucionar alguns desses problemas. Com um único golpe, a United saltou à frente dos concorrentes. A maior parte da cabine dos 757s foi convertida à classe executiva, já que a maioria dos passageiros nesse trajeto são viajantes a negócios. O espaço para as pernas foi significativamente ampliado, mas a nova configuração também criou a sensação de uma cabine espaçosa. A United melhorou as refeições e proporcionou DVD players personalizados a seus passageiros da classe executiva.

Essas melhorias ajudaram a diferenciar o p.s. da United dos concorrentes, mas um aspecto do novo serviço que particularmente transformou a experiência para mim foi o fato de o espaço adicional ter alterado minha experiência de embarque. Agora, eu não apenas tinha espaço suficiente para guardar minhas coisas sem incomodar os outros passageiros, como também aquele horrível intervalo de 20 ou 30 minutos entre o embarque e a decolagem se transformara em uma experiência social. Em quase todos os voos, eu me via batendo papo com meus vizinhos, sem passageiros impacientes tentando passar pelos apinhados corredores ou espaços entre as poltronas. Mesmo antes de as portas serem fechadas e nossas poltronas serem "retornadas à posição vertical", a United conseguiu fazer do embarque uma experiência social que definia minhas expectativas para o restante do voo. O efeito final reforçou a empolgação e ansiedade que sinto quando viajo. A experiência cria vínculo com minhas emoções, e não apenas com minha agenda.

Incorporado a minha experiência com as frequentes viagens a negócios, está um dos desafios mais complexos diante de qualquer organização comprometida com os princípios do design thinking: quando nos sentamos em um avião, fazemos compras no supermercado ou fazemos check-in em um hotel, não apenas estamos realizando uma tarefa, como também estamos tendo uma experiência. Essa tarefa pode ser comprometida se a experiência não for projetada com a mesma ponderação que um bom engenheiro dedica a um produto ou um bom arquiteto a um prédio. Este capítulo se volta ao design de experiências, analisando três temas que tornam as experiências significativas e memoráveis: em primeiro lugar, atualmente vivemos no que Joseph Pine e James Gilmore batizaram de "economia da experiência", em que as pessoas passam do consumo passivo à participação ativa. Em segundo lugar, as melhores experiências não são definidas na matriz corporativa, mas proporcionadas na hora por prestadores de serviço. E, em terceiro lugar, a implementação é tudo. Uma experiência deve ser tão primorosamente elaborada e projetada com tanta precisão quanto qualquer outro produto.

uma boa ideia já não é mais suficiente

A inovação tem sido definida como "uma boa ideia bem executada". É um bom começo. Infelizmente, ênfase demais é dada à primeira metade dessa proposição. Tenho visto inúmeros exemplos de boas ideias que nunca conseguiram se firmar devido à execução insatisfatória. A maioria nem chega ao mercado e aquelas que chegam acabam apinhando os estoques de lojas de eletroeletrônicos e supermercados.

Novos produtos ou serviços podem ser fadados ao fracasso por todo tipo de razões: qualidade inconsistente, marketing apático, distribuição não confiável ou determinação de preços pouco realista. Mesmo quando todos os indicadores e os elementos dos negócios forem adequados, contudo, uma ideia mal executada tem muitas chances de fracassar. O problema pode residir no design físico do produto — grande demais, pesado demais, complexo demais. De forma similar, os pontos de contato para um novo serviço — o espaço de varejo ou a interface do software — pode não atingir os consumidores. Trata-se de falhas de design e normalmente podem ser consertadas. Cada vez mais, contudo, as ideias fracassam porque as pessoas exigem mais delas do que um desempenho confiável em um pacote aceitável. Os componentes de um produto devem se encaixar para criar uma excelente experiência. E essa é uma proposição muito mais complicada.

Foram elaboradas muitas explicações para esse novo nível de expectativa elevada. Entre as mais convincentes, está a análise de Daniel Pink sobre o que pode ser chamado de a psicodinâmica da afluência. Em *A revolução do lado direito do cérebro*, Pink argumenta que, quando nossas necessidades mais básicas são satisfeitas — como já é o caso da maioria das pessoas nas sociedades ocidentais afluentes —, tendemos a partir em busca de experiências significativas e emocionalmente satisfatórias. Basta observarmos o crescimento desproporcional das economias de serviços — entretenimento, serviços bancários, cuidados médicos — em relação à manufatura. Além disso, esses serviços em si foram muito além das necessidades básicas: filmes de Hollywood, videogames, restaurantes sofisticados, educação continuada, ecoturismo e viagens para fazer compras cresceram acentuadamente nos últimos anos. Seu valor reside na ressonância emocional criada.

A Walt Disney Company pode representar o exemplo mais claro de um negócio baseado em experiências e não deveríamos presumir que isso se limita ao entretenimento. As experiências são mais profundas e mais significativas. Elas implicam participação ativa, não consumo passivo, o que pode ocorrer em vários níveis diferentes. Sentar-se com sua filha de 3 anos enquanto ela canta junto com *A pequena sereia* é uma experiência que vai muito além do entretenimento. Uma visita em família à Disneylândia pode ser bastante estressante — a comida é terrível, as filas são longas demais e seu filho menor pode cair no choro quando fica sabendo que é pequeno demais para entrar no Space Mountain —, mas a maioria dos visitantes se lembra do passeio como uma das melhores experiências da vida familiar.

O verdadeiro significado da "economia da experiência", portanto, não se baseia no entretenimento. A hierarquia de valor que eles descrevem em seu influente livro — indo de commodities, passando por produtos e serviços até chegar a experiências — corresponde a uma mudança fundamental na forma como vivenciamos o mundo, do basicamente funcional ao basicamente emocional. Ao ver essa transição, muitas empresas agora investem em proporcionar experiências. Parece que os benefícios funcionais, por si sós, deixaram de ser suficientes para atrair clientes ou criar distinção de marca para retê-los.

do consumo à participação

A Revolução Industrial criou não apenas consumidores, como também uma sociedade de consumidores. A enorme escala necessária para sustentar a economia da industrialização levou à padronização não apenas dos produtos, mas também dos serviços associados a eles. Isso resultou em enormes benefícios à sociedade, incluindo preços mais baixos, melhor qualidade e padrões de vida mais elevados. A desvantagem foi que, com o tempo, o papel dos consumidores passou a ser quase totalmente passivo.

Os reformistas ingleses que inventaram o design moderno no fim do século XIX estavam bem cientes disso. Eles previram um mundo em que uma enxurrada de produtos baratos saindo aos borbotões das fábricas da Grã-Bretanha deixaria de ter qualquer conexão com os trabalhadores que os produziam ou qualquer significado para o público que os comprava. William Morris, uma exuberante personalidade por trás do Arts and Crafts Movement na Inglaterra, foi o mais articulado porta-voz em defesa da visão de que a Revolução Industrial levou a um mundo de riquezas inimagináveis, mas desprovidas de sentimento, paixão e profundo envolvimento humano: "Pense a respeito!", trovejou ele no fim da vida. "Tudo isso para acabar com uma pilha de livros contábeis dentro de um prédio de concreto?"

Romântico assumido, Morris acreditava que a industrialização separou a arte da utilidade, abrindo um abismo entre "trabalho útil e labuta inútil", contaminando o ambiente natural em prol da busca por bens e degradando o que deveria ter sido uma celebração da capacidade humana de usufruir os frutos de nosso trabalho. Morris faleceu em 1896, sentindo que fracassara em sua missão de reconciliar as aplicações aparentemente contraditórias dos objetos e das experiências. Ele lamentava que seus colegas artífices haviam se tornado meramente "uma enfadonha pequena aristocracia trabalhando com muita habilidade para os muito ricos". Contudo, eles acabaram involuntariamente influenciando a teoria do design no século XX.

Hoje em dia, ainda temos dificuldade de criar experiências significativas em meio à grande abundância de produtos — hoje informacionais, tanto quanto industriais — que ameaçam nos consumir mesmo enquanto nós os consumimos. Lawrence Lessig, professor de direito e fundador do Stanford Center for Internet and Society, pode se surpreender ao se ver comparado com William Morris, mas, em suas tentativas de assumir o controle de nossas energias criativas na era da Grande Mídia, tem dado continuidade à campanha de Morris contra a Grande Indústria, partilhando da mesma grandiosa tradição de utilizar o design como uma ferramenta de reforma social.

Em um fluxo contínuo de livros, palestras e discursos online, Lessig tem demonstrado como passamos de um mundo pré-industrial, no qual a maioria de nós era composta de produtores, para um mundo industrial no qual nos tornamos essencialmente consumidores de mídia de produção em massa — uma reversão que pode ser vista em muitos setores. Diferentemente de seu predecessor vitoriano, contudo, que olhava para trás na direção de uma visão irremediavelmente idealizada de artífices medievais produzindo os próprios bens, Lessig olha para frente, para uma era digital pós-industrial em que, mais uma vez, poderemos criar nossas próprias experiências.

Lessig usa o exemplo da música para mostrar como estamos retomando a participação ativa em nossas experiências, saindo do consumo passivo do fim do século XX. Antes da invenção do rádio e do fonógrafo, os compositores vendiam suas composições às editoras, as quais, por sua vez, as vendiam na forma de partituras a clientes que as executavam — em casa, em reuniões familiares e assim por diante. Com o surgimento das novas tecnologias de transmissão, paramos de *tocar* música em casa à noite e começamos a *ouvi-la*: primeiro, em nossos rádios e fonógrafos e, mais tarde, em estéreos, microsystems e walkmans.

Com o surgimento da música digital e da internet, contudo, muito mais pessoas voltaram a produzir música, em vez de meramente consumi-la. Agora, dispomos de ferramentas de software que nos permitem baixar música da Web, criar mixes, amostras e mash-ups e redistribuir os resultados. Aplicativos, como a Garage Band da Apple, permitem-nos criar música sem necessidade de treinamento formal ou mesmo a capacidade de tocar instrumentos, de forma que, agora, até crianças de 7 anos podem compor músicas exclusivas para slides de PowerPoint que elas criam para apresentar seus trabalhos escolares.

As campanhas de William Morris e Lawrence Lessig, separadas por um século, um oceano e outra revolução tecnológica, indicam as mudanças que precisaremos promover como designers de experiências. Da mesma forma que a Web 1.0 bombardeou os clientes potenciais com informações, ao passo que a Web 2.0 se concentra em envolvê-los, agora as empresas sabem que não podem mais tratar as pessoas como consumidores passivos. Vimos nos capítulos anteriores como a transição ao design participativo está se tornando rapidamente a norma no desenvolvimento de novos produtos. O mesmo se aplica às experiências.

O design tem o poder de enriquecer nossa vida, envolvendo nossas emoções por meio de imagens, formas, texturas, cores, sons e aromas. A natureza intrinsecamente centrada no ser humano do *design thinking* aponta para o próximo passo: podemos utilizar nossa empatia e conhecimento das pessoas para projetar experiências que criem oportunidades para o envolvimento e a participação ativa.

engenharia de experiências

Embora a Disney possa ser o exemplo mais poderoso de experiências em grande escala — a Disneylândia em Anaheim tem a capacidade de receber facilmente 100 mil visitantes em um único dia —, atualmente vemos um número crescente de marcas cuja proposição também se baseia em experiências participativas. A indústria alimentícia talvez nos ofereça o exemplo mais extremo de uma categoria sendo transformada tanto na produção quanto no ponto de distribuição. Ao longo dos anos 1950 e 1960, na Europa e nos Estados Unidos, mercadinhos locais começaram a desaparecer, substituídos por supermercados baratos, porém, sem vida. A motivação para reduzir preços — por meio de processos industriais como embalagens, conservantes químicos, refrigeração, armazenamento e transporte de longa distância — não apenas excluiu grande parte da qualidade natural do alimento, como também desumanizou uma experiência essencialmente próxima às origens da sociedade humana. A crescente popularidade de feiras de produtores, agricultura comunitária, o movimento slow-food e uma cada vez mais difundida literatura variando de *Em defesa da comida*, de Michael Pollan, a *Animal, Vegetable, Miracle*, de Barbara Kingsolver, sugere que os consumidores estão ávidos por uma experiência diferente de compra de alimentos.

Já vimos a popularidade da Whole Foods Market, um dos varejistas de maior sucesso dos Estados Unidos. A Whole Foods Market continua a crescer não apenas devido ao mercado crescente de produtos orgânicos, mas também porque entende a importância da experiência. Cada detalhe das lojas — os mostruários de produtos frescos, as amostras grátis, a abundância de informações sobre a preparação e o armazenamento dos alimentos, a variedade de produtos de "estilo de vida saudável" — foi elaborado para nos atrair, para nos convidar a passar mais tempo nas lojas e *participar*. Em sua principal loja, em Austin, Texas, a Whole Foods chegou a conduzir experimentos permitindo que os clientes cozinhem.

As marcas de experiência elevam as expectativas no que se refere a envolver-se com o cliente em todas as oportunidades possíveis. A Virgin America é uma marca de experiência, como atesta seu site, suas interações de serviço e sua propaganda, o que se reflete em nossa experiência de check-in e no serviço de bordo. Já a United não é uma marca de experiência. Embora o serviço p.s. possa ser excelente, nenhum outro aspecto da companhia aérea reforça o fato de que a empresa se volta às experiências. Os experimentos são abundantes, contudo, e podemos encontrá-los em alguns locais inesperados.

A famosa Mayo Clinic em Rochester, Minnesota, é uma marca de experiência com uma natureza totalmente diferente da Whole Foods Market, da Virgin America ou da Disney. Como muitos excelentes hospitais, a Mayo é mundialmente conhecida pela expertise de seu pessoal e pela competência de seus médicos no tratamento de doenças complexas. Uma forma pela qual a instituição se diferencia dos concorrentes, contudo, é a maneira como estendeu sua reputação de pesquisas de ponta à inovação ao redor da experiência do paciente.

Em 2002, uma equipe de médicos liderada pelos Drs. Nicholas La-Russo e Michael Brennan, presidente do Conselho e presidente-associado do Conselho do Departamento de Medicina, respectivamente, procurou a IDEO com uma ideia para um laboratório de experiências na clínica. Seria possível construir um ambiente — uma ala inteira do hospital existente — em que novas abordagens aos cuidados dos pacientes pudessem ser concebidas, visualizadas e validadas? Utilizando um conjunto de princípios que poderiam ter sido tirados de um guia prático para o design thinking, adaptamos nosso processo a uma metodologia para "Ver, Planejar, Agir, Refinar, Comunicar" e os incorporamos ao inovador SPARC Innovation Program, implementado em 2004. Levamos nosso processo à Mayo Clinic e o deixamos lá.

O laboratório do SPARC é um estúdio de design em um hospital clínico (o antigo departamento de urologia, para ser exato) no qual designers, estrategistas de negócios, profissionais da medicina e saúde *e pacientes* trabalham em estreito contato para desenvolver ideias voltadas para melhorar a experiência entre paciente e prestador de serviços. Ele funciona, em parte, como uma clínica experimental e, em parte, como uma consultoria independente de design para outras unidades do hospital. Meia dúzia de projetos costuma ser conduzida simultaneamente na SPARC — de repensar a tradicional sala de exames à prototipagem da interface de um quiosque de check-in eletrônico. O trabalho do pessoal do SPARC e de seus colaboradores parece destinado a transformar a experiência do paciente em toda a instituição.

Da Disneylândia à Mayo Clinic, experiências podem ser criadas nos setores mais divertidos aos mais sérios. O exemplo do SPARC sugere que o design thinking pode não apenas ser aplicado a produtos e experiências, como também ser estendido ao próprio processo de inovação.

mudar ou não mudar comportamentos

Muitos gestores de branding frustrados (ou políticos, ou defensores de uma vida mais saudável) desabafaram dizendo que, se os consumidores (ou eleitores ou pacientes) pudessem mudar de comportamento, tudo ficaria bem. Infelizmente, é difícil fazer as pessoas mudarem até nas melhores circunstâncias e praticamente impossível diante de alguma resistência.

Uma forma de levar as pessoas a experimentarem algo novo é basear-se nos comportamentos com os quais já estejam familiarizadas, como fizemos quando exploramos as memórias de infância dos adultos norte-americanos para criar uma nova experiência de pedalar para a Shimano. Uma história igualmente convincente teve início quando o Bank of America pediu ajuda à IDEO para gerar ideias de produtos que ajudassem o banco a reter os clientes atuais, ao mesmo tempo em que conquistava novos clientes.

A equipe gerou cerca de uma dúzia de conceitos — ideias de serviços orientadas a mães, ferramentas educacionais para ajudar os pais a ensinar os filhos a administrar o dinheiro com responsabilidade —, mas um deles pareceu particularmente interessante: um serviço que ajudasse os clientes a poupar mais. A primeira coisa a ser feita era entender o comportamento das pessoas, de forma que saímos para nossas explorações em campo — em Baltimore, Atlanta e São Francisco —, a fim de entender o papel da poupança na vida dos norte-americanos.

Descobrimos que todo mundo queria poupar dinheiro, mas só alguns contavam com estratégias para isso. Ao mesmo tempo, muitas pessoas realizam atos inconscientes que sugerem um direcionamento promissor. Algumas pessoas, por exemplo, rotineiramente pagam a mais suas contas básicas, ou por preferirem pagar valores arredondados ou para se certificar de nunca serem surpreendidas por uma multa por pagamento atrasado. Outro tipo de "poupança invisível" é o hábito de jogar nossas moedas em uma jarra no fim das contas (para a alegria das crianças, que descobrem uma fonte infinita de mesada, e para a consternação de caixas de banco, que precisam abrir mão das moedas para dar de troco a cada transação). A equipe do projeto concluiu que seria possível se basear nesses indicadores comportamentais para incentivar maior economia.

O resultado, após várias interações, validações e protótipos, foi um novo serviço lançado pelo Bank of America em outubro de 2005, denominado "Fique com o troco". O programa automaticamente arredonda compras no cartão de débito e transfere a diferença para a conta de poupança do cliente. Agora, quando compro meu café com leite matutino no Peet's e pago meus US$3,50 com meu cartão de débito, o troco de US$0,50 que eu teria recebido se tivesse pago com US$4 em dinheiro é depositado em minha conta de poupança.

Com todo o café que tomo, a poupança se acumula rapidamente. Não sou o único que considera isso uma forma fácil de poupar. Em seu primeiro ano, o programa atraiu 2,5 milhões de clientes, o que se traduz em mais de 700 mil novas contas correntes e 1 milhão de novas contas de poupança. Questiona-se se os resultados nessa escala poderiam ter sido atingidos ao sugerir que clientes esbanjadores alterassem seu comportamento com lições pedantes sobre juros compostos ou lições de moral sobre o verdadeiro valor do dinheiro. Ao incorporar o novo serviço ao comportamento existente, contudo, a IDEO elaborou uma experiência que reúne a segurança do conhecido à empolgação do novo. Antes mesmo de perceberem, os clientes do BofA estavam atingindo resultados que nunca haviam atingido e dos quais possivelmente nunca se acreditaram capazes.

construindo uma cultura de experiência
fazendo todos serem design thinkers

Em nenhum setor o desafio de elaborar experiências cativantes é maior do que o setor hoteleiro — e, talvez, em nenhum outro setor os riscos sejam tão elevados. Qualquer viajante tem memórias de momentos de tensão em que um empregado atencioso de um hotel conseguiu transformar um desastre potencial em uma excelente experiência — ou o contrário. Enquanto o Bank of America só precisou criar uma interface, grandes redes hoteleiras dependem de um serviço impecável com consistência impecável. E, como todas as marcas de experiência, elas se valem, em grande parte, de pessoas.

Os Four Seasons Hotels são famosos pela qualidade do serviço, bem como pelo luxo de suas propriedades. Também são reconhecidos no setor por contarem com um sistema de treinamento de pessoal no qual os empregados aprendem como se adiantar às necessidades dos clientes e a se basear nas ideias dos colegas — qualidades essenciais, como vimos, dos design thinkers. Em um dos programas, que pode parecer uma mordomia, mas que, na verdade, é um investimento bastante inteligente, empregados qualificados, depois de apenas seis meses no emprego, podem vivenciar a experiência do hotel de luxo hospedando-se em qualquer hotel Four Seasons ao redor do mundo. Os empregados voltam dessas estadas tendo vivenciado em primeira mão o significado da hospitalidade, motivados a proporcionar a melhor e mais empática experiência possível. O Four Seasons sabe que uma experiência excepcional começa com seu próprio pessoal.

Cultivar uma cultura de experiência requer ir além do genérico para criar experiências percebidas como personalizadas para cada cliente. Diferentemente de um produto manufaturado ou um serviço padronizado, uma experiência ganha vida quando parece ser personalizada e customizada. Algumas vezes, essa sensação pode ser atingida por meio da tecnologia, como o Yahoo! permite que as pessoas customizem suas páginas de busca. Com mais frequência, ela provém da capacidade dos prestadores de experiência de acrescentar um toque especial ou apropriado no momento exato. Esse senso de oportunidade raramente resulta de uma estratégia corporativa desenvolvida por executivos de marketing trabalhando a quilômetros de distância e muitas vezes anos antes. A equipe de design na matriz pode realizar um maravilhoso trabalho criando um excelente cenário para a experiência e até mesmo elaborar alguns roteiros úteis, mas não tem como prever todas as oportunidades. É por isso que o programa de treinamento do Four Seasons inclui improvisação, em vez de roteiros enlatados. Uma verdadeira cultura de experiência é uma cultura de espontaneidade.

Esse insight inspirou o Ritz-Carlton, uma subsidiária da Marriott International e marca-irmã dos hotéis Marriott, a nos procurar para ajudá-los a pensar como disseminar a cultura de experiência em todos os cinco hotéis de luxo da cadeia Ritz. Seria possível estender essa ideia de experiência personalizada a todos os hotéis sem perder o toque pessoal e sem sacrificar seu caráter singular? A chave para criar uma experiência integrada e coordenada, obviamente, era evitar tentar criar uma experiência integrada e coordenada.

Os designers da IDEO decidiram desenvolver um programa de duas fases chamado "Cenografia", voltado a equipar os gerentes gerais com as ferramentas para se adiantar às necessidades e satisfazer as expectativas dos hóspedes. Na primeira fase, eles criaram um kit de ferramentas que consistiam em exemplos inspiracionais para mostrar como deve ser uma excelente cultura de experiência. Utilizando linguagem visual inspirada na arte e no teatro — cenários, adereços, ambientação — e fotografia original para expressar um clima emocional preciso, eles remodelam o gerente não como um gerente operacional, mas como um diretor artístico, com autonomia para coreografar de forma criativa uma experiência única.

A segunda fase da "Cenografia" abordava o fato de que cada hotel opera como um feudo independente, repleto de toques locais e especificidades. Em vez de propor uma identidade corporativa uniforme e desinteressante por toda a rede, cada "Cenografia" desenvolveu um modelo para ajudar os gerentes a julgar por si sós se estão ou não atingindo os elevados padrões esboçados nos cenários imaginados e depois criar suas próprias cenas do zero. O setor hoteleiro tem o histórico de proporcionar produtos distintos e amenidades isoladas. Queríamos que eles pensassem sobre o serviço como algo que ocorre continuamente ao longo do tempo, com muitas interações e um poderoso resultado emocional. Na verdade, estávamos pedindo que contassem uma história por meio de uma experiência.

O que aprendemos com o setor hoteleiro, no qual as marcas são construídas com base em excelentes experiências, é que transformar a cultura de uma organização é tão importante quanto pensar no projeto do lobby ou no serviço de quarto. Atribuir empowerment aos empregados para se beneficiar de oportunidades quando e onde se apresentarem e lhes dar as ferramentas para criar experiências não padronizadas é um elemento essencial dessa transformação. Em vez de seguir um conjunto de instruções criadas por um bando de designers, nós os incentivamos a se tornar, também, design thinkers.

a execução da ideia

Em uma viagem recente a Grand Rapids, Michigan, meus colegas e eu chegamos no fim da tarde a um novo hotel JW Marriott. Esperando comer alguma coisa na cidade, fomos, em vez disso, recebidos por um de nossos parceiros da Steelcase, que nos informou que um jantar fora providenciado na "cabine do capitão" do hotel. Imagens da mesa do capitão do *Titanic* passaram por minha mente. Comecei a simular sintomas de jet lag, mas não adiantou. Fomos escoltados ao restaurante e depois entramos pela cozinha, onde fomos cumprimentados por sous chefs, pâtissiers e garçons e finalmente conduzidos à sala privada do chef executivo, onde uma mesa fora preparada para nós. Estávamos no santuário, em seu território particular, cercado por livros de gastronomia, garrafas de vinho abertas, sua música preferida e todos os objetos de uma operação culinária de grande escala. Uma refeição perfeita se seguiu. Conversamos informalmente com o chef sobre produção local de frutas e verduras, segredos de cozinha e truques do ofício. Aprendi muito sobre gastronomia naquela noite, mas ainda mais sobre design.

Não é preciso ser chef executivo de um restaurante sofisticado para perceber que a experiência de comer vai muito além da comida, da nutrição ou da dieta. Quando amigos vão a sua casa para jantar, você pensa muito sobre a experiência: o que vai servir? Será melhor comer na sala de jantar ou a céu aberto? O jantar deve favorecer uma conversa tranquila com velhos amigos, impressionar um cliente ou chefe em potencial ou deixar um estrangeiro à vontade? Refletir sobre esse processo é a diferença entre preparar uma refeição e projetar uma experiência, mas é importante não se perder nos detalhes da preparação do evento: o efeito será perdido se a salada estiver murcha, se o frango tiver gosto de borracha e você não conseguir encontrar o saca-rolhas. Para que uma ideia se transforme em uma experiência, deve ser implementada com a mesma atenção com a qual foi concebida.

Uma experiência isolada como um jantar com amigos é um pouco como uma bela escultura de madeira: ela se harmoniza com a madeira, mostra a marca do artista, e as imperfeições fazem parte de seu charme. Quando a experiência é repetida muitas vezes, contudo, cada um desses elementos deve ser projetado com precisão para apresentar a experiência desejada sistematicamente e com confiabilidade. Podemos pensar em um design de serviço como o equivalente a todos os elementos de um excelente produto, como um BMW. Os designers e engenheiros fazem de tudo para se certificar de que o cheiro do interior, a sensação dos assentos ao toque, o som do motor e a aparência da lataria, todos os elementos sustentem e reforcem uns aos outros.

Ao projetar casas, Frank Lloyd Wright era famoso pela meticulosidade com que ponderava cada aspecto da experiência do proprietário. A Meyer May House, uma modesta residência em um bairro de subúrbio em Grand Rapids, foi concebida para proteger a privacidade dos proprietários e convidados por meio do layout do projeto, e todos os detalhes sustentam esse objetivo. A mesa da sala de jantar é posicionada de modo que todas as pessoas possam ver o lado de fora. A iluminação foi removida do teto e instalada em colunas em cada canto da mesa para suavizar a luz no rosto das pessoas. As cadeiras, projetadas com recostos altos, criam uma fronteira íntima ao redor do grupo de pessoas. Wright também exigiu que peças altas de centro fossem evitadas na mesa, para não prejudicar a visão entre as pessoas. Por toda a casa, ele projetou a experiência nos mínimos detalhes.

Até demais, na opinião de alguns críticos e de alguns clientes de Wright; os arquivos estão repletos de cartas plangentes em que, humildemente, pedem permissão para substituir um móvel ou alterar uma cortina. Quando o abastado industrialista Hibbard Johnson telefonou para Wright a fim de reclamar que o teto de sua casa tinha uma goteira e a água da chuva estava pingando na cabeça dele, diz a lenda que o Mestre replicou: "Por que você não muda a posição de sua cadeira?" Por mais tirânico que ele pudesse ter sido, contudo (dizem que ele não tinha clientes, mas patronos), Wright foi motivado pela crença de que o design e a execução devem funcionar juntos se o arquiteto quiser entregar não apenas a casa, mas também uma experiência.

o *blueprint* da experiência

Antes do advento de máquinas copiadoras que permitem cópias em formato grande, e muito antes do design auxiliado por computador, as plantas arquitetônicas ou esquemas técnicos ainda precisavam ser reproduzidos para os terceirizados da construção e os operários no chão de fábrica. Eles usavam um processo químico que produzia projetos com linhas azuis com um forte cheiro de amônia, de modo que, em inglês, o termo blueprint se tornou sinônimo das especificações utilizadas na manufatura ou na construção. O blueprint revela em uma única página tanto o plano geral quanto os detalhes específicos, o objetivo final e os meios práticos de implementação. Da mesma forma que um produto começa com um esquema de engenharia e um prédio com uma planta arquitetônica, um *blueprint de experiência* proporciona o quadro de referência para definir os detalhes de uma interação humana — sem o cheiro de amônia.

A diferença é que, diferentemente das plantas para um edifício comercial ou o esquema para uma lâmpada de mesa, um blueprint de experiência também descreve os elementos emotivos. Ele representa como as pessoas viajam por uma experiência ao longo do tempo. Em vez de tentar coreografar essa jornada, contudo, sua função é identificar os pontos mais significativos e transformá-los em oportunidades. O conceito de um blueprint experiencial surgiu quando a Marriott decidiu concentrar-se no primeiro e, supostamente, mais importante ponto de contato entre o cliente e o hotel: a experiência do check-in.

A Marriott tinha investido milhões de dólares para melhorar o que presumia ser o momento crítico da jornada do cliente. Arquitetos foram contratados. Manuais de operações foram elaborados. Agências publicitárias foram consultadas. Havia apenas um problema com essa estratégia, contudo: a premissa se baseava em pressupostos, não na observação. A estratégia da Marriott presumia que, quando um viajante cansado encontrasse um rosto amigável no balcão de check-in, ocorria uma interação capaz de influenciar todo o restante da permanência do hóspede. Um olhar mais atento no cenário como um todo revelava que até a melhor experiência de check-in era mais parecida com saltar o último obstáculo do que com cruzar a linha de chegada.

Para testar essa premissa, uma equipe de design se encontrava com viajantes no desembarque do avião, acompanhava-os até o hotel no táxi ou carro alugado, observava cada detalhe do processo de check-in e os seguia até o quarto. Eles descobriram que, na verdade, o momento mais importante era quando o viajante entra no quarto, joga o casaco na cama, liga a televisão e *suspira aliviado*. O "momento do suspiro", como passou a ser chamado, apresentava a oportunidade mais clara de inovação e a Marriott foi convencida a realocar seus recursos nessa direção.

Como no caso de um esquema de engenharia ou uma planta arquitetônica, o blueprint de experiência assume a forma de um documento físico que orienta a criação de uma experiência. Diferentemente de um roteiro predefinido ou um manual de operações, ele vincula a experiência do cliente com a oportunidade de negócios. Cada detalhe tem o potencial de azedar um relacionamento — sinalização confusa, um porteiro desatencioso —, mas só alguns oferecem possibilidades para uma experiência diferenciada, emocionalmente satisfatória e memorável. O blueprint é, ao mesmo tempo, um documento estratégico de alto nível e uma análise minuciosa dos detalhes importantes.

No caso de companhias aéreas, hospitais, supermercados, bancos e hotéis, fica claro que as experiências são muito mais complexas do que os objetos inertes. Elas podem variar de um lugar a outro, mudam com o tempo e não é fácil acertar. Apesar de o design de uma experiência poder envolver produtos, serviços e tecnologia, uma experiência nos leva além do mundo confortável da utilidade mensurável e nos conduz para a zona nebulosa do valor emocional.

As melhores e mais bem-sucedidas marcas de experiência apresentam vários pontos em comum que podem nos proporcionar algumas diretrizes seguras. Em primeiro lugar, uma experiência de sucesso requer a participação ativa do consumidor. Em segundo lugar, uma experiência que dá ao cliente a sensação de ser autêntica, genuína e cativante tem mais chance de ser proporcionada por empregados que trabalham em uma cultura de experiência. Em terceiro lugar, cada ponto de contato deve ser executado com atenção e precisão — as experiências devem ser projetadas e desenvolvidas com a mesma atenção aos detalhes que um carro alemão ou um relógio suíço.

CAPÍTULO 6

divulgando a mensagem,

ou a importância de contar histórias

Não é fácil convencer o primeiro-ministro de um país do G8 a participar de sua estratégia de marketing corporativo, mas Makoto Kakoi e Naoki Ito, executivos seniores de conta da premiada agência publicitária japonesa Hakuhodo, utilizaram o poder do storytelling para fazer exatamente isso na brilhante campanha Cool Biz.

Em 2005, o Ministério do Meio Ambiente japonês, sob a liderança do imaginativo ministro Yuriko Koike, pediu a ajuda da Hakuhodo para intensificar o envolvimento do povo japonês no atingimento das metas japonesas de redução dos gases de efeito estufa, de acordo com as definições do Protocolo de Quioto. O governo realizara várias tentativas anteriores, mas com sucesso limitado. A Hakuhodo sugeriu a criação de uma campanha que mobilizasse o espírito coletivista da sociedade japonesa na direção de uma meta concreta: trabalhar juntos para reduzir em 6% as emissões. Em um ano, de acordo com um levantamento encomendado pelo Ministério do Meio Ambiente, o lema "Cool Biz" era reconhecido por impressionantes 95,8% da população japonesa.

O verdadeiro desafio, concluiu a equipe da Hakuhodo, era tornar a campanha não apenas conhecida, mas também significativa.

Na busca desse complicado objetivo, recrutaram um grupo de especialistas para ajudar a identificar 400 atividades cotidianas que causavam ou reduziam emissões de carbono. A lista foi resumida a seis práticas fundamentais, que incluíam reduzir a utilização de ar-condicionado no verão e de aquecedores no inverno; conservar água fechando torneiras; dirigir com menos agressividade; selecionar mais produtos ecológicos no mercado; parar de usar sacos plásticos; e desligar produtos eletrônicos quando não estiverem sendo utilizados. Cada uma dessas atividades foi selecionada para gerar equilíbrio entre envolvimento e impacto. Tratava-se de atividades que a maioria das pessoas poderia integrar ao cotidiano, mas que, cumulativamente e com o tempo, fariam enorme diferença.

A meta durante o primeiro ano do programa foi o problema do ar-condicionado. Em geral, esses sistemas eram regulados para 26ºC, de forma que empregados de escritório com seus ternos e gravatas pudessem trabalhar confortavelmente no verão japonês quente e úmido, enquanto as mulheres com suas curtas saias formais muitas vezes cobriam as pernas com cobertores para se manter aquecidas. Esse estranho hábito já seria ruim o suficiente se não fosse pela inconveniente verdade de que resfriar prédios em uma temperatura tão baixa demandava enorme quantidade de energia, especialmente durante os meses de verão.

A Hakuhodo criou o Cool Biz, um período que se estendia de 1º de junho a 1º de outubro todos os anos, no qual homens e mulheres podiam usar roupas mais casuais e confortáveis. Com isso, a temperatura dos aparelhos de ar-condicionado pôde ser elevada a 28ºC, em vez dos 26ºC, um pequeno ajuste, mas que gerou enorme economia de energia. A arraigada prática cultural ameaçava sabotar essa sensata ideia: Como fazer os conservadores japoneses mudarem a forma de se vestir para ir trabalhar? Em vez de bombardear as pessoas com uma campanha impressa e anúncios na televisão, a equipe da Hakuhodo organizou um desfile de moda da Cool Biz na Expo 2005 World Exposition, em Aichi, em que dezenas de CEOs e outros executivos seniores se pavoneavam em roupas casuais com golas abertas e tecidos leves. Até o primeiro-ministro Junichiro Koizumi foi mostrado nos jornais e nos noticiários da televisão sem gravata e usando camisa de manga curta.

O evento causou sensação. Nessa tradicional e hierárquica sociedade, em que as pessoas se submetem aos sujeitos do topo, foi transmitida a mensagem de que não havia problema em quebrar as convenções — no caso, as roupas de escritório — para proteger o ambiente. Para ajudar a reforçar a mensagem, o governo distribuiu bottons da Cool Biz a todas as organizações participantes. Era proibido criticar colegas por vestirem roupas casuais se eles usassem o bottom do Cool Biz. Pela segunda vez em uma centena de anos, os japoneses se determinaram a reformar a etiqueta de vestuário de escritório. Em três anos, 25 mil empresas em todo o país haviam aderido ao programa Cool Biz e 2,5 milhões de pessoas se comprometeram no site da campanha. No Japão, o Cool Biz agora derreteu e se tornou o Warm Biz, para ajudar a poupar energia durante os meses de inverno, e o site do Cool Biz começou a surgir na China, na Coreia e em outros países da Ásia.

Com o Cool Biz, a Hakuhodo transformou uma ideia em uma campanha, e uma campanha em um movimento envolvendo milhões de cidadãos comuns e a elite política e do setor privado. Em vez de se basear na propaganda tradicional, a Hakuhodo gerou um burburinho. Jornais e revistas cobriram o fenômeno porque as pessoas queriam saber a respeito. Os noticiários no horário nobre acompanharam o programa. O Cool Biz se tornou uma história chamativa.

Muitas teorias têm sido propostas para explicar o que diferencia os seres humanos das outras espécies: bipedalismo, utilização de ferramentas, linguagem, sistemas simbólicos. Nossa capacidade de contar histórias também nos diferencia. Em seu provocativo livro *Nonzero*, o jornalista Robert Wright argumenta que a consciência, a linguagem e a sociedade desenvolveram íntima relação com as tecnologias para contar histórias ao longo dos 40 mil anos de história da sociedade humana. À medida que aprendíamos como divulgar nossas ideias, nossas estruturas sociais se expandiram de grupos nômades a tribos e a aldeias e depois a cidades e estados, seguidos de organizações e movimentos supranacionais. Não levou muito tempo para que os japoneses começassem a refrigerar os prédios no verão e aquecê-los no inverno para que fosse suportável ir para o trabalho usando roupas no estilo ocidental — e contar histórias a respeito.

Em grande parte, usamos as histórias para contextualizar nossas ideias e lhes dar significado. Não deveria ser surpresa, portanto, que a capacidade humana de contar histórias desempenha importante papel na abordagem intrinsecamente centrada no ser humano à resolução de problemas, *design thinking*.

o design na quarta dimensão

Já vimos indicativos de storytelling em ação: no trabalho de campo etnográfico; na fase de síntese, na qual começamos a entender grandes volumes de dados; e no design de experiências. Em cada caso, estamos falando de acrescentar não apenas um novo elemento, mas toda uma nova dimensão ao kit de ferramentas do designer: a "quarta dimensão", ou o "design com o tempo". Quando criamos vários pontos de contato ao longo da jornada do cliente, estamos estruturando uma série de eventos que se baseiam uns nos outros, em ordem sequencial, ao longo do tempo. Storyboards, improvisação e cenários estão entre as várias técnicas narrativas que nos ajudam a visualizar uma ideia à medida que ela se desenvolve com o tempo.

O design com o tempo é um pouco diferente do design de um espaço. O design thinker precisa se sentir à vontade ao transitar nesses dois eixos. Aprendi isso nos idos dos anos 1980, quando designers trabalhando no setor de computadores ainda se interessavam principalmente por hardware (você se lembra de todas aquelas caixas em tom bege?). O software ainda era o domínio de geeks em laboratórios de computador, não de designers, muito menos de alunos em salas de aula, trabalhadores em escritórios ou consumidores em casa. O Macintosh da Apple, que se voltava ao mercado de massa, mudou tudo. O ícone sorridente do Mac contava uma história completamente diferente do cursor verde piscante do MS-DOS.

Os talentosos designers que ocupavam posição central na equipe de software do Macintosh — Bill Atkinson, Larry Tesler, Andy Hertzfeld e Susan Kare — estavam longe de ser os únicos a pensar em como criar uma experiência ininterrupta de computação na época. Em 1981, Bill Moggridge, que fora atraído da Grã-Bretanha para a região da Baía de São Francisco pelos desafios da tecnologia digital emergente, começou a trabalhar no design de um curioso pequeno "laptop" para uma startup do Vale do Silício chamada GRiD Systems. A equipe recebeu uma patente para a ideia de fechar uma tela fina e plana sobre um teclado. O GRiD Compass consagrou o layout padrão para o laptop e ganhou inúmeros prêmios. Mas, assim que o computador era ligado, o terrível sistema operacional baseado em DOS tomava conta da experiência. Para realizar até a mais simples das operações, era necessário digitar uma misteriosa sequência de comandos que não tinha relação alguma com a experiência vivida — em um enorme contraste com o dispositivo engenhoso, que se dobrava ao meio como um caderno e desaparecia em uma maleta.

Inspirado pelo Mac e pelo GRiD, Moggridge decidiu que devia haver um papel para designers profissionais no desenvolvimento de software — as entranhas, por assim dizer, e não apenas o exterior dos computadores. Isso o levou a propor uma nova disciplina: o design de interação. Em 1988, quando entrei na equipe de Bill na ID Two em São Francisco, trabalhei com uma pequena equipe de designers de interação em projetos de design auxiliado por computador, gerenciamento de redes e, posteriormente, videogames e vários sistemas de entretenimento online. Para um designer industrial acostumado a projetar objetos físicos isolados, foi uma experiência transformadora elaborar uma série de interações dinâmicas ao longo do tempo. Percebi que precisava desenvolver uma compreensão mais profunda das pessoas para as quais estava elaborando designs. Precisava pensar tanto sobre suas ações quanto sobre os objetos que elas usavam — "Estamos projetando verbos", Moggridge sempre nos lembrava, "não substantivos".

Projetar uma interação é permitir que uma história se desenvolva com o tempo. Perceber isso levou os designers de interação a realizar experimentos com a utilização de técnicas narrativas como storyboards e cenários tomados de empréstimo de outras áreas do design. Ao trabalhar no predecessor do moderno sistema GPS para a Trimble Navigation, por exemplo, os designers contaram uma história sobre como um marinheiro poderia navegar de um porto ao próximo. Cada cena descrevia um passo importante que deveria ser incluído no sistema. No início, os designers de interação tendiam a ser prescritivos demais. Hoje em dia, eles estão aprendendo a abrir mão do controle e permitir que o usuário tenha mais voz na determinação da narrativa. Atualmente, quase tudo tem um componente interativo. A distinção entre software e os produtos aos quais ele está incorporado não é mais clara, e técnicas de narrativa baseada em tempo foram adotadas em todas as áreas do design.

elaborando o design com o tempo

Um dos vários problemas que atormentam o sistema de saúde nos dias de hoje é a "aderência". Uma vez que um médico diagnostica uma doença, os pacientes muitas vezes deixam de tomar o remédio prescrito e abandonam o tratamento. A indústria farmacêutica tem as próprias razões para se preocupar com esse cenário: as companhias farmacêuticas perdem bilhões de dólares por ano porque os pacientes desistem do tratamento. Mas a adesão também é um sério problema médico. Nas palavras do irremediavelmente franco ex-cirurgião-geral C. Edward Koop: "Os remédios não funcionam se as pessoas não os tomarem!" No caso de doenças crônicas como doenças cardíacas ou hipertensão, os pacientes arriscam permitir que a condição se agrave. Em outras situações — tratamentos de infecções bacterianas com antibióticos, por exemplo —, elas podem colocar outras pessoas em risco ao liberarem micro-organismos resistentes aos medicamentos de volta à população em geral.

A IDEO trabalhou com várias companhias farmacêuticas em regimes específicos de adesão a medicamentos. O briefing era: as companhias farmacêuticas gastam centenas de milhões de dólares, muitas vezes utilizando agressivas técnicas de marketing, para promover seus medicamentos, só para perder grande parte da vantagem terapêutica — e de negócios — quando o paciente interrompe o tratamento. Elas estão assumindo uma abordagem tradicional para vender um produto em vez de criar uma experiência que envolva o paciente ao longo do tempo. Em vez de acossar os médicos com visitas de vendas não solicitadas, e o público, com horríveis comerciais na televisão, as companhias farmacêuticas deveriam utilizar o design thinking para explorar uma nova abordagem ao negócio dos medicamentos.

Existem três fases do tratamento médico reforçadas pelo próprio paciente: em primeiro lugar, o paciente precisa compreender seu estado clínico, depois aceitar a necessidade de tratamento e, finalmente, agir a respeito. Esse "ciclo de adesão" baseado no tempo sugere um quadro de referência com muitos diferentes pontos em que é possível proporcionar aos pacientes o reforço positivo necessário. Podemos elaborar informações melhores para instruir as pessoas sobre a doença; pode haver métodos melhores para administrar os medicamentos; e, durante a "jornada de adesão", o paciente pode encontrar grupos de apoio, sites e centrais telefônicas com atendentes treinados em enfermagem. O conjunto específico de ferramentas variará de acordo com uma doença ou tratamento específico, mas dois princípios básicos permanecem os mesmos: em primeiro lugar, como é o caso de todos os outros tipos de projetos de design baseado em tempo, a jornada de cada paciente ao longo do processo será inigualável; em segundo lugar, será muito mais eficaz envolver as pessoas como participantes ativos das próprias histórias. O design com o tempo significa pensar nas pessoas como organismos que vivem, crescem e pensam e que podem ajudar a escrever as próprias histórias.

a política das novas ideias

Uma experiência que se desenrola com o tempo, envolve os participantes e permite que eles contem as próprias histórias terá superado dois dos maiores obstáculos no caminho de cada nova ideia: conquistar a aceitação na organização e divulgar a ideia para o mundo. Uma ideia pode ser um produto, serviço ou estratégia.

Mais boas ideias morrem porque não conseguem navegar nas perigosas águas da organização em que são originadas do que devido à rejeição do mercado. Qualquer organização complexa deve equilibrar vários interesses conflitantes, e novas ideias, de acordo com Clayton Christensen, da Harvard, têm o poder de abalar estruturas. Se uma ideia for verdadeiramente inovadora, ela contesta o *status quo*. Inovações desse tipo muitas vezes ameaçam canibalizar sucessos anteriores e fazem dos inovadores de ontem os conservadores de hoje. Elas retiram recursos de outros importantes programas. Dificultam a vida dos gestores ao lhes apresentar novas escolhas, cada uma com riscos desconhecidos — incluindo o risco de não fazer nenhuma escolha. Considerando todos esses potenciais obstáculos, é incrível que novas ideias consigam sobreviver em grandes organizações.

No coração de qualquer boa história, está uma narrativa central sobre o modo como uma ideia satisfaz com eficiência alguma necessidade: coordenar um jantar com amigos que estão em cantos opostos da cidade; aplicar discretamente uma injeção de insulina durante uma reunião de negócios; converter um carro a gasolina em um carro elétrico. À medida que se desenvolve, a história dará a cada personagem um senso de propósito e se desdobrará de uma forma que envolva todos os participantes na ação. Ela será convincente, mas não nos sobrecarregará com detalhes desnecessários. Ela incluirá detalhes suficientes para ser plausível. E deixará o público não ter dúvida alguma de que a organização que "narra" a história pode fazê-la se concretizar. Tudo isso demanda habilidade e imaginação, como descobriu um grupo de executivos da Snap-on.

Do posto de gasolina de bairro aos amplos terminais de manutenção das maiores companhias aéreas comerciais, a caixa de ferramentas vermelha e dourada da Snap-on pode ser vista em vários cantos do mundo. Essa empresa, sediada em Wisconsin, não estava tão certa de como contar uma história atraente sobre os produtos computadorizados que constituíam a chave para sua sobrevivência futura. Todo mecânico sente um vínculo emocional com suas ferramentas, mas não é tão fácil personalizar a experiência de um dispositivo de diagnóstico eletrônico que consulta o computador de bordo de um carro para identificar problemas e peças que demandam reparo. Onde a Snap-on via um problema, uma equipe de design da IDEO viu uma oportunidade de contar uma nova história.

Assim que o briefing foi definido, a equipe ocupou uma oficina de automóveis abandonada a alguns quarteirões de Palo Alto. Durante uma semana de frenéticas atividades, eles transformaram o local em uma narrativa espacial e temporal que o cliente jamais esqueceria. No dia da apresentação final, os visitantes da Snap-on foram caminhando para a oficina, diante da qual estava estacionada uma frota de Ferraris, Porsches e BMWs, todos nas cores vermelho e prata da Snap-on.

Depois de serem recebidos com queijo e vinhos, os executivos ouviram uma breve apresentação na oficina e foram conduzidos a uma sala com uma exibição que lembrava um museu, com objetos inspiracionais e, finalmente, assistiram a um vídeo com verdadeiros mecânicos falando sobre a marca Snap-on. A história atingiu o apogeu quando os executivos da Snap-on foram conduzidos do teatro transitório a uma sala escura. À medida que as luzes eram acesas, eles se viram cercados por elegantes protótipos de uma nova geração de equipamentos de diagnóstico transformados de computadores genéricos a primos hightech das icônicas chaves de fenda e caixas de ferramentas da Snap-on. Nas paredes, viam-se pôsteres anunciando produtos baseados na nova estratégia de marca. Enquanto o CEO e presidente brincava com os modelos, lágrimas escorriam pelo rosto da vice-presidente de marketing que patrocinou o projeto. Embora nem sempre seja necessário fazer seu público chorar, uma boa história bem contada deve provocar uma poderosa reação emocional.

quando o objetivo da história é a história em si

O design thinking pode ajudar a criar novos produtos, mas existem ocasiões nas quais o produto final é a história em si — quando o objetivo é lançar o que o biólogo evolucionista Richard Dawkins notoriamente chamou de “meme”, uma ideia que propaga a si mesma e altera comportamentos, percepções ou atitudes. No ruidoso ambiente de negócios dos dias de hoje, no qual a autoridade de cima para baixo se tornou suspeita e a administração centralizada deixou de ser suficiente, uma ideia transformadora precisa se difundir sozinha. Se seus empregados ou clientes não souberem para onde você está indo, eles não poderão ajudá-lo a chegar lá. Isso é duplamente verdadeiro no caso de empresas de tecnologia e outros negócios cujos produtos podem não ser facilmente reconhecidos ou compreendidos.

Os designers de chips vivem nos bastidores da indústria de computação. Nada funcionaria sem eles, porém, por mais vital que seja sua contribuição, é difícil construir uma marca em torno de um chip microscópico instalado em uma placa instalada dentro de um dispositivo instalado em uma caixa. Isso prova a genialidade do pequeno adesivo "Intel inside" que vemos colado em tantos PCs do mundo. No extremamente competitivo setor de computadores, em que a Lei de Moore muitas vezes humilha os poderosos e as vantagens tecnológicas não duram muito tempo, a Intel construiu uma poderosa marca global que faz sentido aos consumidores, embora eles não consigam vê-la nem a pegar nas mãos.

Mais recentemente, em busca do que Chip Heath, professor de comportamento organizacional da Stanford, chama de "ideias que ficam", a Intel passou de etiquetas adesivas a uma abordagem que usa histórias para explorar o futuro da computação. Tendo conquistado os PCs, a Intel agora está promovendo uma transição para a computação móvel. Muitas vezes, esses projetos são exibidos em influentes eventos do setor, como o Intel Developer Forum, mas pode ser difícil demonstrar um produto que ainda não foi criado. É mais fácil relaxar e assistir a um filme.

A maioria de nós já arrasta laptops em maletas e mochilas de um lado para outro, mas a Intel queria mostrar como seria a vida em um mundo de computação ultramóvel — a próxima geração de smartphones e outros aparelhos que poderemos levar conosco o tempo todo. Utilizando sofisticados recursos de computação gráfica, uma equipe de design trabalhando com a Intel criou a "Visão Futura", uma série de cenários em vídeo para mostrar como, num futuro próximo, poderíamos integrar a computação móvel a nosso cotidiano: um executivo falante de mandarim encontra o caminho para o escritório de seu colaborador norte-americano, ao mesmo tempo em que se prepara para uma difícil sessão de negociação; uma pessoa se exercitando no parque recebe uma notificação por Wi-Fi de que sua reunião da tarde foi transferida para às 8 horas da manhã; compradores comparam preços; e amigos coordenam sua localização na cidade em tempo real. A equipe de design chegou a disponibilizar a "Visão Futura" no YouTube, onde o vídeo foi visto por mais de meio milhão de pessoas.

A Intel não precisou ir a Hollywood para produzir o "Visão Futura". Uma equipe de design, trabalhando com uma talentosa equipe de produtores de filmes, concluiu o projeto inteiro em algumas semanas e por uma fração do custo de um anúncio convencional. O storytelling eficaz, mesmo com um alto valor de produção, não precisa custar os olhos da cara.

propagando a fé

Para uma ideia sobreviver à arriscada jornada através de uma organização até chegar ao mercado, o storytelling pode desempenhar outro papel vital, para não dizer evidente: transmitir seu valor ao público-alvo de uma forma que pelo menos algumas pessoas se disponham a comprá-la.

Todos conhecemos o poder que um excelente anúncio tem de contar histórias, e criar mitos, sobre novos produtos. Eu me lembro, em minha infância no Reino Unido, nos anos 1970, de assistir a excelentes comerciais na televisão anunciando charutos Hamlet, cigarros Silk Cut e mistura para purê de batatas Smash da Cadbury. Eles eram inteligentes, engraçados e envolventes. A propaganda, naquela época, lubrificava as engrenagens da economia de consumo e era bem recebida por um público mais otimista e menos cético. Na época, contudo, já havia sinais de que as coisas estavam mudando: eu adorava os anúncios, mas nunca tive vontade de fumar, e o sabor da mistura de purê de batatas do Smash da Cadbury ainda me dá um pouco de náusea.

Muitos observadores comentam sobre o declínio da eficácia da propaganda tradicional. Uma simples razão para isso é que menos pessoas estão lendo, vendo ou escutando formas tradicionais de mídia de transmissão. Mas outras razões explicam por que os anúncios de 30 segundos não atuam mais como um veículo eficaz para novas ideias, incluindo o que Barry Schwartz, psicólogo do Swarthmore College, identificou como "o paradoxo da escolha". A maioria das pessoas não quer mais opções; elas só querem o que elas querem.

Diante do excesso de escolhas, tendemos a incorrer em padrões comportamentais utilizados pelas pessoas que Schwartz chama de "maximizadores" — pessoas paralisadas pelo medo de que, se esperassem ou procurassem um pouco mais, poderiam encontrar o que acham que querem ao melhor preço possível. Isso não era um problema na época em que "automóvel" significava um Model T preto ou "empresa telefônica" significava a AT&T. O outro campo é povoado pelos "que se contentam com algo suficientemente bom", que abriram mão de tomar decisões de consumo e se satisfazem com o que funcionar.

Nenhum dos dois lados apresenta uma situação feliz aos departamentos de marketing, e os profissionais de marketing têm sido levados a tomar medidas cada vez mais desesperadas para lidar com esse fato, com resultados questionáveis. Suspeito que eu não seja o único capaz de se lembrar de um anúncio sem ter ideia de qual serviço financeiro, analgésico ou oferta em tempo limitado estava sendo anunciado.

Do ponto de vista do design thinker, uma nova ideia precisará contar uma história significativa de forma cativante se quiser ser ouvida. A publicidade ainda tem seu papel, mas menos como um meio para trombetear mensagens nos ouvidos das pessoas do que uma forma de ajudar a transformar o próprio público em contadores de história. Qualquer pessoa que tenha uma experiência positiva com uma ideia deve ser capaz de expressar seus elementos essenciais de uma forma que incentive outras pessoas a experimentá-la. O Bank of America lançou seu bem-sucedido programa "Fique com o troco" com muita propaganda, mas a campanha em grande parte se fundamentava em um hábito que muitos clientes já praticavam e que levava os clientes a divulgarem a campanha.

Existem abundantes exemplos de storytelling eficaz, do design thinking envolvendo um público e se desenrolando ao longo do tempo. Quando a marca MINI Cooper foi lançada nos Estados Unidos, a BMW fez uma excelente utilização da storytelling para divulgar a marca. Em vez de se concentrar nos tradicionais e entediantes anúncios na televisão, cheios de carros correndo em montanhas ou depositando sua elegantemente vestida carga na frente de restaurantes sofisticados, a agência criativa Crispin Porter + Bogusky explorou o caráter pequeno, simpático e irreverente do carro. Sua campanha "Let's motor!" evocava a história de Davi e Golias, com o pequeno MINI corajosamente posicionado contra seus gigantescos concorrentes norte-americanos. Anúncios do MINI em outdoors foram vistos por toda parte e seus inteligentes trocadilhos visuais inspiraram histórias espontâneas sobre o lugar do MINI — e dos outdoors que o anunciavam! — no ambiente urbano. Anúncios em revistas incluíram MINIs dobráveis. Em uma provocação particularmente desagradável para a indústria automobilística norte-americana, motoristas profissionais desfilaram por Manhattan em utilitários com MINIs amarrados ao teto! Depois de assinar os documentos — incluindo um intitulado "A chata parte financeira" —, os novos compradores recebiam um site pessoal no qual podiam acompanhar o progresso da fabricação de seu MINI. Todas essas espirituosas ferramentas de marketing não apenas foram bem executadas, como também fizeram as pessoas conversarem entre si e se tornarem parte da história.

o desafio de um bom desafio

Praticamente não existe nenhum truque no kit de ferramenta do design thinker mais agradável de ser observado ou mais produtivo em termos de resultados do que um "desafio de design". Esse exercício assume a forma de um concurso estruturado no qual as equipes concorrentes tentam solucionar um único problema. Em geral, uma equipe se sobressai, mas a mobilização da energia e da inteligência coletivas garante que todos saiam ganhando. Recentemente, uma das principais faculdades de arte da região da Baía de São Francisco procurou a IDEO para ajudar a imaginar o futuro da instituição, de modo que gastamos a maior parte do modesto orçamento contratando alunos de design da própria faculdade para solucionar o desafio em equipes rivais; os resultados excederam todas as expectativas.

A equipe criativa da Hakuhodo, agência de publicidade japonesa que criou a campanha Cool Biz, realizou experimentos com outro aspecto do desafio de design. A divisão de baterias da Panasonic vinha tendo dificuldades com sua bateria Oxyride, que é mais potente e dura mais do que uma bateria alcalina normal, mas, fora isso, é indistinguível dos inúmeros concorrentes. Em vez de realizar uma campanha de anúncios tradicional promovendo a tecnologia do Oxyride, a equipe da Hakuhodo levantou uma simples questão: "É possível o homem voar só com a potência de baterias domésticas?"

Durante quatro meses, um grupo de alunos de engenharia do Tokyo Institute of Technology trabalhou no projeto e na construção de um avião pilotado à bateria, enquanto um programa de televisão acompanhava o progresso e um site instigava a curiosidade do público e apoiava a equipe. Às 6h45 da manhã do dia 16 de julho de 2006, 300 jornalistas compareceram para assistir à decolagem, de uma pista provisória, do avião, que planou quase 400 metros — abastecido com 160 baterias Oxyride tamanho AA.

Todos os noticiários japoneses cobriram o voo e a história chegou ao noticiário internacional, incluindo BBC e *Time*. O evento gerou uma cobertura de mídia que a Panasonic estimou valer pelo menos US$4 milhões e o reconhecimento da marca Oxyride saltou para 30%. A Hakuhodo e a Panasonic utilizaram um simples desafio de design para virar a propaganda de cabeça para baixo. O avião acabou no Museu de Ciência Nacional — uma honra que nem o famoso coelhinho da Energizer conseguiu conquistar!

Uma década antes do primeiro voo tripulado em um avião movido à bateria, o ativista das viagens espaciais, Dr. Peter Diamandis utilizou um desafio radical de design para conquistar a imaginação do público e estimular uma importante iniciativa tecnológica. De acordo com os termos do primeiro Prêmio Ansari X, anunciado em 1996, uma equipe não governamental deveria construir e lançar uma nave espacial capaz de transportar três pessoas a uma altitude de 100km acima da superfície terrestre e repetir o feito dentro de duas semanas.

O desafio foi um enorme sucesso. Vinte e seis equipes de sete países gastaram mais de US$100 milhões antes de a SpaceShipOne — equipe da empresa de Burt Rutan, a Scaled Composites — ganhar o prêmio no dia 4 de outubro de 2004. Desde então, e em grande medida devido ao desafio do prêmio, empreendedores investiram mais de US$1,5 bilhão para sustentar a indústria privada de voos espaciais. A X Prize Foundation estendeu o programa "Revolução pela competição" a carros supereficientes, estudo de genoma e aterrissagem de robôs na Lua. Várias outras organizações seguiram o exemplo de Diamandis.

Os desafios de design não apenas são uma excelente forma de se beneficiar do poder da competição, como também criam histórias em torno de uma ideia, transformando as pessoas de observadores passivos em participantes envolvidos. As pessoas adoram a ideia de acompanhar grupos de aventureiros enquanto competem para atingir o impossível. Os reality shows na televisão têm explorado esse fascínio com resultados questionáveis, mas organizações como a X Prize Foundation têm demonstrado como esse mesmo fascínio pode ser mobilizado para realizar sonhos tecnológicos e atingir profundas metas humanitárias.

de atingir metas financeiras a servir seres humanos

O storytelling eficaz, como parte de uma campanha mais ampla de utilização do elemento do tempo para o progresso de um programa integrado de design thinking, fundamenta-se em dois momentos críticos: o início e o fim. No primeiro extremo, é essencial que o storytelling comece logo no início da vida de um projeto e seja incorporado a todos os aspectos da iniciativa de inovação.

Tem sido uma prática comum para equipes de design recorrer a escritores para documentar um projeto após sua conclusão. Cada vez mais, os escritores estão sendo incorporados à equipe de design desde o início para ajudar a escrever a história em tempo real. No outro extremo, uma história ganha impulso quando é recebida pelo público-alvo, que se sente motivado a levá-la adiante muito tempo depois de a equipe de design ter se dispersado e passado para outros projetos.

Entre as várias formas como a Cruz Vermelha norte-americana proporciona ajuda humanitária, uma das mais importantes é a coleta de doações de sangue em grande escala. Essa organização liderada por voluntários vai a escolas e escritórios e abre uma clínica de doação por um dia. Nos últimos anos, a base de doadores vem diminuindo, contudo, e a Cruz Vermelha decidiu aplicar o design thinking ao desafio de aumentar a percentagem de doadores de sangue nos Estados Unidos de 3% da população para 4%. Isso implicava transferir a questão de pontos porcentuais a um foco mais centrado no ser humano: Quais são os fatores emocionais que levam as pessoas a doarem sangue ou deixarem de fazê-lo? Como podemos melhorar a experiência do doador para que mais pessoas queiram doar sangue?

Juntas, as equipes da IDEO e da Cruz Vermelha exploraram várias formas de tornar as clínicas temporárias mais confortáveis para o doador e também mais fáceis de os voluntários montá-las e desmontá-las. Várias ideias práticas resultaram da iniciativa — unidades de armazenamento que também podiam ser utilizadas como móveis, um sistema de carrinhos móveis —, mas um detalhe expressava a nova orientação centrada no ser humano: ao longo de várias observações em campo, a equipe de design notou que muitas pessoas tinham intensas motivações pessoais para doar sangue — em memória de um parente que se foi ou em nome de um amigo íntimo cuja vida foi salva por uma doação de sangue. As histórias que contavam eram tocantes e, muitas vezes, eram a razão pela qual os doadores voltavam e até recrutavam amigos e colegas.

A equipe de design decidiu que uma sinalização melhor e assentos mais confortáveis eram menos importantes do que convidar as pessoas para contar suas histórias e, dessa forma, reforçar as razões emocionais para doar sangue. Os doadores regulares podiam sentir que suas experiências se vinculavam a algo maior. Novos doadores podiam aprender algo sobre a variedade de motivações por trás desse ato altruísta. Na nova experiência, quando os doadores chegam, recebem um cartão e são convidados a escrever uma breve história sobre as razões para querer doar sangue.

Os doadores que quiserem podem tirar uma foto e acrescentá-la ao cartão antes de ele ser incluído em um painel na área de espera. O que poderia ser mais simples do que contar uma história e compartilhá-la com outras pessoas, cada uma com uma razão diferente para estar lá, mas todas unidas entre si por um engajamento em comum?

Com base em resultados promissores obtidos em um protótipo montado na Carolina do Norte, a Cruz Vermelha norte-americana está se preparando para implementar programas-piloto em Minnesota e Connecticut.

a vida após o comercial de 30 segundos

O excesso característico dos dias de hoje — de bens, serviços e informações — é uma das razões para o sucesso cada vez menor da propaganda convencional. Uma segunda razão para isso é que nós também estamos ficando mais complexos e sofisticados. Com acesso a volumes de informações maiores do que a geração de nossos pais poderia ter imaginado, nossos critérios de julgamento são mais complexos e nossas escolhas são mais exigentes.

Basta olhar aos irremediavelmente obsoletos jingles que animavam os comerciais de nossa infância para ver o quanto progredimos. Hoje em dia, é impossível vender uma caixa de sabão em pó — muito menos transmitir a urgência de uma ideia como o aquecimento global — por meio de um anúncio de 30 segundos.

Em consequência, o storytelling precisa ser incluído no kit de ferramentas do design thinker — no sentido não de um início, meio e fim claramente discerníveis, mas de uma narrativa contínua e aberta que envolva as pessoas e as incentive a dar prosseguimento a ela e a escrever as próprias conclusões. Isso explica o sucesso da contundente história criada por Al Gore e contada em seu filme vencedor do Oscar, *Uma Verdade Inconveniente*. No final do filme, o vencedor do Prêmio Nobel e do Oscar e que se descreve como "ex-próximo presidente dos Estados Unidos" apresenta as evidências do aquecimento global aos expectadores e os desafia a criar a própria história.

O "design" não é mais um gesto estilístico independente incluído em um projeto pouco antes de ele ser entregue ao marketing. A nova abordagem que está se formando em empresas e organizações ao redor do mundo faz o design recuar aos primeiros estágios da concepção de um produto e avançar até os últimos estágios da implementação — e além. Permitir que os clientes escrevam o último capítulo da história é só mais um exemplo do design thinking em ação.

Em cada um dos capítulos anteriores, tentei identificar técnicas originadas na comunidade do design — observações em campo, prototipagem, storytelling visual — que constituem a essência de um processo de design centrado no ser humano. No decorrer dessas análises, reforcei dois argumentos: em primeiro lugar, que é hora de essas habilidades migrarem e incluírem todas as partes das organizações e para cima, entrando nos níveis mais elevados da liderança. O design thinking pode ser praticado por todos. Todas as pessoas, incluindo o pessoal do "nível C" — CEOs, CFOs, CTOs e COOs — podem dominar esses processos de pensamento.

A segunda parte de meu argumento ficará mais clara nos capítulos que compõem a Parte 2. A ideia é que, à medida que o design thinking começa a sair do estúdio e se disseminar pela empresa, pelo setor de serviços e pela esfera pública, pode nos ajudar a solucionar uma variedade maior de problemas. O design pode ajudar a melhorar nossa vida agora. O design thinking pode nos ajudar a traçar um caminho para o futuro.

PARTE II

e agora, para onde vamos?

Na Parte I, vimos como líderes de negócios, administradores de hospitais, professores universitários e ONGs começaram a integrar os métodos dos designers e, inversamente, como os designers ampliaram seu alcance, de criar objetos a influenciar serviços, experiências e organizações. A Parte II começa analisando alguns estudos de caso do que acontece quando os vários elementos da metodologia do design thinking são reunidos em uma estratégia integrada e coordenada.

Depois, eu me volto ao que se segue: Como podemos aplicar essa estrutura conceitual aos problemas enfrentados pelas empresas e pela sociedade nos dias de hoje? Estamos em um ponto crítico em que rápidas mudanças estão nos forçando a procurar não apenas novas formas de solucionar problemas, mas também a enfrentar novos problemas que devem ser solucionados.

CAPÍTULO 7

o encontro entre o design thinking e a corporação,

ou ensinando a pescar

No início dos anos 1990, a Nokia era a fabricante de telefones celulares de maior sucesso no mundo, com produtos dominando os mercados de Munique a Mumbai e de Montreal à Cidade do México. Esse título já passou há muito tempo para Apple, Samsung e Huawei, mas ainda há lições a serem aprendidas. A Nokia começou como uma fábrica de celulose e papel, em 1865, e, através de uma sequência de investimentos, passou de papel para borracha, cabos, eletrônicos e, finalmente, para telefones celulares. Uma combinação de talento tecnológico, inovação organizacional e design industrial de alto nível manteve a Nokia à frente da concorrência.

No entanto, a internet já havia começado a mudar as regras do jogo: no mundo desenvolvido, os consumidores estavam mudando seus comportamentos de dispositivos para os serviços que prestam, e nas economias emergentes muitas pessoas estavam tendo sua primeira experiência na internet, não em um PC caro, mas em um celular barato. A Nokia viu isso acontecer e, em 2006, começou a explorar alternativas a sua abordagem orientada a hardware: tecnólogos, antropólogos e designers foram enviados ao mundo para entender como os consumidores estavam se comunicando, compartilhando informações e se divertindo. Eles apresentaram suas descobertas à gerência sob a forma de histórias do campo e cenários orientados para o futuro, com o objetivo de mostrar como esses comportamentos emergentes se reuniam em uma experiência contínua em uma plataforma integrada.

A Nokia começou a evoluir — a "pivotar", no jargão hipnotizante do Vale do Silício — de fabricante de hardware a prestador de serviços, mas era tarde demais. O mundo estava mudando, a competição estava esperando nos bastidores e, em 2014, seu negócio de telefonia móvel foi vendido para a Microsoft.

O que podemos aprender com esse exemplo é que é extremamente arriscado apostar demais em uma tecnologia, ou mesmo de forma geral. As empresas mais progressistas atualmente estão pensando além de seus principais produtos e aprendendo a perguntar o que as pessoas querem fundamentalmente: um telefone com aparência legal ou conectividade total? Um carro novo e elegante ou mobilidade? Um procedimento médico caro ou boa saúde? O Produto Nacional Bruto, ou — como a constituição do Butão o consagrou — A Felicidade Nacional Bruta?

A reformulação da estratégia de negócios da Nokia — por mais dolorosa, imparcial e caótica que tenha sido em alguns momentos — não foi fruto do acaso. Pelo contrário, suas origens residem em uma extensa reavaliação do papel da tecnologia que tem sido realizada desde o final da Segunda Guerra Mundial

o design thinking como uma abordagem sistemática à inovação

Em 1940, durante as horas mais sombrias da Batalha da Grã-Bretanha, o celebrado diretor de cinema Humphrey Jennings animou a nação com um inspirador documentário intitulado *London Can Take It!* ["Londres pode aguentar!", em tradução livre]. Seis anos mais tarde, a guerra chegara ao fim e a democracia havia prevalecido. Com a dilapidada economia da Grã-Bretanha lutando para sobreviver, o Council of Industrial Design se ofereceu para animar a nação, dessa vez com uma ambiciosa exibição intitulada "Britain Can Make It" ["A Grã-Bretanha pode conseguir", em tradução livre]. A enorme exibição, que cobriu 8.300m2 no Victoria and Albert Museum, prenunciava como as nações desenvolvidas se aproveitariam das descobertas revolucionárias da guerra em tudo, de eletroeletrônicos a ergonomia, para renovar a demanda de consumo.

A emergência dos tempos de guerra levou a um investimento público enorme e sem precedentes. Na era pós-guerra, a iniciativa passou para o setor privado. Laboratórios de P&D floresceram em todos os setores — incluindo agricultura, automóveis, produtos têxteis e telecomunicações —, com profissionais formados nas universidades técnicas dos Estados Unidos, Europa e Japão. Grandes exposições, como o Festival da Grã-Bretanha de 1951 e a sequência de Feiras Mundiais que se seguiu, reafirmaram a crença de que a ciência solucionaria todos os nossos problemas e a tecnologia os traduziria em bens para satisfazer todas as necessidades.

O constante crescimento de laboratórios de P&D corporativos — de apenas 25 mil empregados nos Estados Unidos em 1958 para mais de 1 milhão atualmente — foi um aspecto surpreendente no cenário dos negócios durante as décadas pós-guerra. Centros geograficamente concentrados de inovação técnica começaram a surgir ao longo da Rota 128 em Massachusetts, em Cambridge, na Inglaterra e nos subúrbios de Tóquio e, finalmente, no mais bem-sucedido de todos, o Vale do Silício, no norte da Califórnia. O primeiro setor a mostrar resultados foi o da manufatura de bens de consumo. Depois vieram o setor de computadores e hardware de comunicações, aplicativos de software e a internet, cada qual ajudando a impulsionar o crescimento econômico. A área de pesquisa e desenvolvimento se tornou o caminho para o sucesso competitivo.

Cada vez mais, contudo — como demonstra o exemplo da Nokia —, grandes empresas estão descobrindo que contar apenas com o talento técnico é menos eficaz no mercado atual do que foi no passado. Alguns dos grandes laboratórios de P&D, como o Palo Alto Research Center (PARC) da Xerox Corporation e o Bell Labs desapareceram por completo ou perderam o status privilegiado que tiveram no passado. Muitas empresas mudaram o horizonte de seus programas de pesquisas básicas de longo prazo a inovação aplicada de prazo mais curto.

Isso não é necessariamente negativo. Pequenas empresas de tecnologia e startups inovadoras muitas vezes têm vantagem sobre empresas maiores e mais tradicionais. Como a tríade "desejabilidade, praticabilidade e viabilidade" sugere, uma empresa que chega à inovação da direção da praticabilidade técnica precisará ajustar os outros fatores em resposta às descobertas que vier a fazer. O modelo de negócios decisivo para uma nova empresa pode não ser evidente no início e, nesse caso, a flexibilidade e a adaptabilidade são enormes ativos. O Google descobriu o poder de vincular as buscas à propaganda só depois de algum tempo no mercado. Foi a inexperiente

Apple Computer, e não a poderosa Xerox Corporation, que conseguiu levar a pesquisa da própria Xerox às interfaces de computador e ao mercado na forma dos ícones da área de trabalho do Mac e do mouse.

Grandes empresas estão em posição melhor para procurar inovações em seus mercados existentes, onde o virtuosismo técnico não proporciona qualquer garantia de sucesso. Pode fazer mais sentido impulsionar a inovação de um ponto de vista centrado no consumidor, de modo que lhes permita explorar ativos que essas empresas já possuam: uma grande base de clientes, marcas reconhecidas e confiáveis, atendimento ao cliente e sistemas de suporte experientes, ampla distribuição e cadeias de suprimento. Essa é a abordagem centrada no ser humano, baseada em desejabilidade, que o design thinking teoricamente está em posição de melhorar. Ele ajudou empresas tradicionais tão diversificadas quanto a Procter & Gamble, a Nike, a ConAgra e a Nokia a evitar se basear demais em tecnologia e apostar no "grande sucesso".

utilizando o design thinking para administrar um portfólio de inovações

Em uma organização povoada por sujeitos estranhos, Diego Rodriguez e Ryan Jacoby se destacam na IDEO. Como a maioria dos colegas, Diego e Ryan têm sólidas credenciais em design, mas também diplomas de MBA. Por muito tempo, evitamos contratar administradores — não porque eles não sejam inteligentes ou porque podem aparecer nas sessões de brainstorming de terno e gravata, mas porque achávamos que teriam dificuldades de se ajustar aos métodos divergentes e baseados em síntese que o design thinking demanda. Tivemos de reconsiderar essa ideia.

Para começar, o currículo de MBA de muitas instituições atualmente aborda tanto a teoria quanto a prática da inovação e um número crescente de seus alunos são atraídos aos tipos de problemas que os designers tentam solucionar. Em algumas instituições nos Estados Unidos — o Hasso Plattner Institute of Design em Stanford, a Haas School of Business em Berkeley e a Rotman School of Management da University of Toronto —, os alunos de administração chegam a trabalhar diretamente em projetos de design. E pelo menos um instituto — California College of the Arts em São Francisco — está levando a sério o anúncio amplamente divulgado de Tom Peters de que "o Master in Fine Arts é o novo Master in Business Administration" e oferece um programa de MBA em estratégia de design ao lado de seus programas concentrados em pintura, impressão e fotografia. Hoje em dia, há uma massa crítica de pessoas formadas em administração cujo treinamento as preparou para as práticas não convencionais do design thinking.

Em segundo lugar, o pensamento de negócios é uma parte integral do design thinking. Uma solução de design só pode se beneficiar das sofisticadas ferramentas analíticas — planejamento impulsionado por descobertas, teoria das opções e portfólio, teoria das perspectivas, valor da vida útil do cliente — que evoluíram no setor privado. O implacável mundo dos negócios pode ajudar as equipes de design a pensar com responsabilidade sobre as restrições, mesmo quando os designers testam essas restrições à medida que o projeto avança. Na prototipagem de um conceito de serviços bancários eletrônicos, por exemplo, um designer de interação pode observar que a fonte presumida de receita, a propaganda, comprometeria a qualidade da experiência do usuário. Um designer orientado a negócios na equipe pode reagir avaliando alternativas à propaganda, como assinaturas ou bônus por indicação. Esse processo colaborativo permite que todos avaliem o componente de "viabilidade" da equação da inovação com criatividade, não meramente como uma análise posterior de mercado.

Além do trabalho que realizam nos projetos, Diego e Ryan aplicam sua expertise em negócios para pensar na forma como as empresas podem administrar seus portfólios de inovação com base em design. Com apoio nos próprios estudos de caso, eles desenvolveram uma ferramenta que chamam de matriz de "Formas de Crescer", que avalia as iniciativas de inovação em uma organização. Ao mapear as iniciativas de inovação ao longo de um eixo vertical representando ofertas existentes a novas ofertas e um eixo horizontal representando usuários existentes a novos usuários, as empresas podem obter uma boa visão do equilíbrio e de suas iniciativas de inovação.

Os projetos no quadrante inferior esquerdo — perto das ofertas existentes e usuários existentes — tendem a ser de natureza incremental. Eles são importantes e, com efeito, a maior parte das iniciativas de uma empresa provavelmente será alocada a esse tipo de inovação, o que pode incluir a extensão de uma marca de sucesso ou a próxima iteração de um produto atual. Os corredores de qualquer supermercado proporcionam inúmeros exemplos de inovação incremental: cada uma das dezenas de sabores de creme dental provém de um processo de inovação incremental e provavelmente resulta em vendas maiores para o fabricante. Na indústria automobilística, em que os custos com maquinário podem ser astronômicos, a maioria das iniciativas se concentra na inovação incremental — melhorias em um modelo existente ou a extensão de uma linha existente. Fabricantes de automóveis no mundo inteiro têm sofrido durante a recessão atual, mas aqueles que se concentraram apenas na inovação incremental, isto é, as "Três Grandes" de Detroit, viram-se com os maiores problemas.

Além dos projetos incrementais que garantem a base de uma empresa, é vital investir em projetos evolucionários que expandam essa base a novas direções. Essa meta mais empreendedora pode ser atingida *estendendo* ofertas existentes para satisfazer as necessidades não atendidas de clientes atuais ou *adaptando-as* para satisfazer as necessidades de novos clientes ou mercados. O Prius é um exemplo desse tipo de inovação evolucionária. Por meio de uma inteligente engenharia e um excelente design, a Toyota percebeu a demanda emergente por transporte pessoal com a utilização eficiente de energia, enquanto seus concorrentes norte-americanos surfavam na onda existente dos utilitários cada vez maiores.

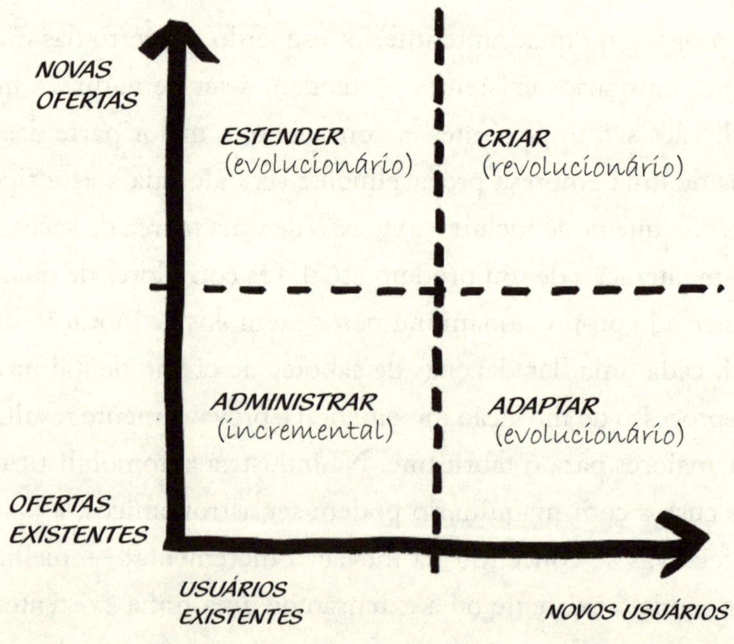

Com um senso de oportunidade providencial, o Prius ofereceu aos clientes um consumo de combustível significativamente mais baixo quando os preços do combustível nos Estados Unidos decolaram. A verdadeira inovação, contudo, não foi apenas o motor elétrico híbrido, mas o grande painel de informações, que proporciona aos motoristas um indicador minuto a minuto de economia de combustível, desafiando-os constantemente a melhorar a eficiência da utilização do combustível enquanto dirigem. A Toyota está em posição de sobreviver à tempestade econômica por ter investido na inovação evolucionária, e não apenas incremental.

A inovação evolucionária, ao longo do eixo de usuários, pode envolver adaptar um produto existente de modo que ele possa ser fabricado a um custo mais baixo e, como resultado, comercializado a uma população mais ampla. Esse é o conceito que fundamenta o controverso microcarro da Tata Motors, o Nano. O Nano não é um automóvel novo nem original; microcarros europeus têm sido oferecidos desde os anos 1950. Mas um veículo como o Smart da Mercedes, que sai por cerca de US$12 mil, ainda está além do alcance de grande parte do mercado indiano. A Tata reagiu projetando um carro que oferece a maior parte dos recursos que os consumidores esperam, mas a um custo muito mais baixo. O motor de dois cilindros do Nano é mais compacto e mais leve do que qualquer motor anterior e, dessa forma, de fabricação mais barata. Seu sistema eletrônico de controle do motor permite fazer 23km/L e produz menos emissões do que os milhões de veículos de duas rodas que atualmente circulam soltando fumaça pelas ruas e estradas apinhadas da Índia. A um preço de compra estimado de apenas US$2 mil, o Nano está em posição de atingir um mercado antes inacessível aos fabricantes de automóveis.

O tipo mais desafiador de inovação — e o mais arriscado — é aquele no qual *tanto* o produto *quanto* os usuários são novos. Uma inovação revolucionária *cria* mercados totalmente novos, mas isso só acontece raramente. A Sony conseguiu essa façanha com o Walkman e a Apple realizou o feito 20 anos mais tarde, com seu brilhante sucessor, o iPod. Em nenhum desses casos, a tecnologia essencial era nova, mas ambas as empresas conseguiram criar um mercado para um tipo diferente de experiência musical. O Segway Personal Transporter, por outro lado, foi um fracasso instrutivo. Dean Kamen, que se descreve como "inventor serial", identificou a necessidade de um meio de transporte urbano em situações nas quais as distâncias eram longas demais para caminhar, mas não longas o suficiente para justificar tirar o carro da garagem. Usando uma sofisticada tecnologia giroscópica, ele inventou um engenhoso veículo de duas rodas que se equilibra automaticamente enquanto conduz os viajantes com agilidade pelas calçadas de suas cidades e bairro.

À primeira vista, o Segway parece um exemplo clássico radicalmente diferente. Ele proporciona uma solução completamente nova para um problema que muitas pessoas não sabiam ter. No entanto, em vez do espetacular sucesso previsto pelos promotores do Segway, os resulta dos têm sido decepcionantes. Vendido a mais de US$4 mil, seria fácil apontar o custo como o problema. Eu apontaria para a falta de uma profunda análise centrada no ser humano de como as pessoas poderiam incorporar o Segway a sua vida. Basta dar uma olhada em um intrépido usuário subindo aos trancos e barrancos a escadaria de seu prédio arrastando seu Segway atrás de si, ver um grupo de turistas — já um pouco constrangidos — passando rapidamente pela Torre Eiffel ou ouvir como um carteiro não consegue fazer sua bateria de lítio durar o suficiente para concluir a rota, para perceber que invenção não é o mesmo que inovação. Se uma equipe de design multidisciplinar tivesse saído a campo para conhecer a realidade da vida urbana, conduzisse observações análogas, criasse cenários e storyboards, fizesse sessões de brainstorming tarde da noite, construísse protótipos iniciais com vassouras e protótipos posteriores utilizando usuários reais em situações reais e permitisse que seu pensamento divergisse antes de se decidir por um conceito, poderíamos estar todos percorrendo agilmente a cidade com nossos Segway Personal Transporters.

A matriz de "Formas de Crescer" é uma ferramenta de design thinking que as empresas podem utilizar para administrar seus portfólios de inovação e permanecer competitivas em um mundo em constantes mudanças. Apesar de nossa atenção poder ser atraída aos grandes sucessos isolados, eles são poucos e raros. E, apesar de ser tentador nos concentrar em projetos incrementais para os quais é fácil fazer previsões de negócios, essa abordagem míope deixa as empresas vulneráveis aos eventos imprevisíveis do tipo que Nassim Nicholas Taleb apelidou de o "Cisne-negro". Eventos revolucionários podem ocorrer a qualquer instante e são capazes de derrubar até o mais cauteloso plano de negócios. A música digital integrada destronou a Sony. Toda a indústria fonográfica convencional estava despreparada para o impacto disruptivo da internet. As silenciosas salas de leilão da Christie's e da Sotheby's não foram páreo para o ruidoso clamor do eBay. Embora ainda seja cedo para saber com certeza o que acontecerá, a crise financeira de 2008 já demonstrou que nenhuma empresa é "grande demais para não cair" e até as organizações mais robustas se beneficiariam de contratar um bom seguro. O próximo Cisne-negro pode vir dos laboratórios da Genentech, das torres de Wall Street ou das cavernas de Tora Bora. A melhor defesa de uma empresa é diversificar seu portfólio investindo em todos os quatro quadrantes da matriz de inovação.

transformando organizações

Eis, portanto, os desafios relacionados que a maioria das empresas enfrenta hoje: como incorporar as habilidades de resolução criativa de problemas dos designers a suas iniciativas estratégicas mais amplas e como envolver uma parcela maior de sua força de trabalho no design thinking. Os designers aprenderam que é possível incluir médicos e enfermeiros em suas equipes de projeto, sem mencionar caixas de supermercado, trabalhadores de depósitos, pessoal de escritório, atletas profissionais, executivos de marketing, gerentes de RH, motoristas de caminhão e representantes de sindicatos. Não é menos realista solicitar que executivos juniores de marketing e cientistas seniores de pesquisas da mesma organização unam forças e pensem além das respectivas áreas. Algumas das mais ousadas iniciativas no cenário atual dos negócios provêm de empresas que estão utilizando o design thinking para intensificar suas iniciativas de inovação e impulsionar seu crescimento.

Quando converso com CEOs, a pergunta que me fazem com mais frequência é: "Como posso tornar minha empresa mais inovadora?" Eles sabem que, no volátil ambiente de negócios dos dias de hoje, a inovação é fundamental para a competitividade da empresa, mas também conhecem as dificuldades de concentrar suas organizações em torno dessa meta. Jim Hackett, CEO da Steelcase, é um dos poucos líderes de negócios esclarecidos que compreendem que um fluxo contínuo de produtos inovadores se fundamenta em uma *cultura* de inovação. Embora se entusiasme com o desafio de projetar novos produtos, ele é ainda mais empolgado pelo desafio de projetar a própria organização.

Como muitos inovadores, Hackett pagou um preço por levantar essa questão anos antes de a imprensa de negócios transformar a "inovação" em uma nova espécie de religião. Não havia guias para ajudá-lo a atingir suas metas e poucos indicadores para ajudá-lo a mensurar seu sucesso. Com o tempo, contudo, como um resultado do empenho de sua equipe de liderança e sua própria disposição de realizar experimentos, a Steelcase começou a se transformar em uma empresa diferente daquela que ofereceu ao mundo sua primeira lata de lixo à prova de fogo, em 1914. Enquanto no passado a tecnologia e a capacidade de produção impulsionavam boa parte do desenvolvimento de novos produtos, o processo de inovação da Steelcase agora se inicia com o foco nas necessidades dos usuários e clientes. A Steelcase trabalha de dentro para fora, do ponto de vista do design thinking centrado no ser humano.

Uma unidade da empresa, a Workplace Futures, funciona como uma espécie de órgão de pesquisa interno para explorar áreas que variam de educação superior a tecnologia da informação. A Workplace Futures inclui antropólogos, designers industriais e estrategistas de negócios que conduzem observações em campo para conhecer os problemas dos clientes atuais e potenciais da Steelcase. Eles desenvolvem cenários para ajudar seus clientes a se adiantar às necessidades futuras de pesquisadores universitários, profissionais de TI ou gerentes de hotel; constroem protótipos para ajudá-los a visualizar soluções; e criam histórias interessantes descrevendo oportunidades potenciais. Com isso, as equipes de vendas têm condições de colaborar com os clientes para solucionar problemas, em vez de meramente tentar vender a mais recente linha de produtos.

A Workplace Futures identificou a área de saúde como uma oportunidade particularmente significativa e, com base em suas previsões, a Steelcase lançou um negócio de rápido crescimento chamado Nurture, que se especializa em ambientes de cuidados médicos. As equipes da Nurture têm trabalhado em projetos que variam de equipar o recém-inaugurado e avançadíssimo Metro Health Hospital em Wyoming, Michigan, à prototipagem de um único quarto do Sidney Hillman Health Center na cidade de Nova York, uma clínica sem fins lucrativos orientada para a população carente e localizada em um prédio do século XIX, no East Village.

O briefing de design do passado poderia ter solicitado "cadeiras confortáveis na sala de espera", ou, "unidades de armazenamento para os objetos pessoais do paciente". O briefing dos design thinkers da Nurture, por outro lado, mais provavelmente perguntaria: "Como podemos criar zonas de privacidade em áreas públicas?" ou "Como podemos acomodar os diferentes requisitos, no que se refere ao espaço de pacientes, de visitantes e do pessoal do hospital em uma sala de recuperação?"

Ao mudar seu foco dos móveis para o ambiente dos centros de saúde, a Nurture representa um estudo de caso do design thinking em ação. A nova abordagem muitas vezes começa com um intensivo workshop denominado "Deep Dive" ["Mergulho Profundo", em tradução livre] (versões menos intensas são apelidadas de "Skinny Dips" ["Molhar os Pés", em tradução livre]), no qual designers de produtos, designers de interiores e arquitetos se unem a médicos, enfermeiros e pacientes para explorar um problema, realizar a prototipagem de possíveis soluções e avaliar os resultados. Essas iniciativas de pesquisa de orientação prática normalmente são elaboradas para conhecer um problema do amplo ponto de vista de um setor, mas a Nurture também trabalha para clientes específicos. Por exemplo, ela conduziu observações em campo de ambientes de centros de oncologia para os Cancer and Hematology Centers de Western Michigan e trabalhou com os arquitetos dos centros para construir e equipar um protótipo funcional.

Antes de o Emory University Hospital, em Atlanta, construir uma nova unidade de tratamento neurológico intensivo, pediu a ajuda da Nurture para identificar potenciais problemas de design. A equipe conduziu exercícios de simulação em uma maquete em tamanho real da instalação proposta, bem como sessões planejamento intensivo com arquitetos e médicos do hospital e membros das famílias dos pacientes, para entender melhor as formas de incluir um espaço familiar nos quartos de pacientes da UTI.

As ofertas de produtos da Nurture consistem em balcões de recepção, cadeiras para áreas de espera, soluções de iluminação para laboratórios clínicos, instalações de armazenamento para estações de enfermaria, entre outras. Ela difere da abordagem tradicional baseada em design, contudo, ao se posicionar mais perto do setor de saúde do que da indústria de móveis. A Nurture começa com a premissa de que o ambiente físico contribui para o processo de cura tanto quanto os medicamentos prescritos, os instrumentos cirúrgicos e um pessoal bem treinado.

Essa abordagem baseada em pesquisas e orientada por dados levou a várias inovações de produto, incluindo áreas privadas em salas de espera que permitem conversas, mas protegem a privacidade por meio da disposição das cadeiras e dos painéis arquitetônicos; estações de enfermagem que melhoram a visão, ajudam a gerenciar fluxos de trabalho e acomodam reuniões improvisadas; e quartos para os pacientes que otimizam o espaço de armazenamento, possuem iluminação por zona que atendem às várias necessidades do pessoal do hospital, dos visitantes e dos pacientes; e soluções ergonômicas que atendem às necessidades de radiologistas e levam em consideração as metodologias em constante evolução dos pesquisadores de laboratório.

Na verdade, os pesquisadores científicos não são os únicos cujo trabalho se baseia em fatos e é orientado por dados. Em colaboração com a Mayo Clinic, a Nurture tem elaborado experimentos para testar seus insights em ambientes clínicos. Ela elaborou e conduziu um estudo controlado aleatório para comparar os efeitos de dois designs diferentes de sala de exames nas interações entre paciente e médico e — como qualquer escrupulosa equipe de pesquisa — publicou os resultados independentemente da conclusão. As pessoas que praticam design thinking contam substancialmente com a imaginação, o insight e a inspiração, mas na Nurture elas são igualmente comprometidas com os rigores do procedimento científico.

Com essa nova orientação, os designers Steelcase pensam ativamente não apenas em objetos bem projetados mas também no ambiente de trabalho do futuro e em como equipá-lo. É um sinal dos tempos que a Steelcase, cujo nome revela suas origens na fabricação de arquivos de aço cinza, tenha sido uma das primeiras do setor a promover a tecnologia digital para armazenar, encontrar e, especialmente, compartilhar informações.

Com efeito, um dos primeiros insights a surgir da adoção do design thinking por Hackett foi que muitos dos clientes empresariais da Steelcase também estão passando do trabalho focado no conhecimento individual à colaboração em equipe. Essa tendência levou a importantes mudanças na forma como a Steelcase pôde sustentar essa ampla transformação estrutural por meio do espaço físico e dos sistemas de mobiliário, mas esse foi apenas o começo.

Em 2000, como se para marcar a chegada do milênio digital, a Steelcase lançou seu primeiro produto totalmente baseado na internet. O RoomWizard, um pequeno monitor em rede, foi elaborado para ser montado fora de salas de conferência para mostrar quem as reservou e por quanto tempo. Operado por uma simples interface de tela sensível ao toque ou pela Intranet do cliente, o RoomWizard me permite reservar uma sala de reunião em nosso escritório em Munique ou Xangai a partir de meu laptop em Palo Alto e permite que os gerentes dos escritórios planejem requisitos futuros de espaço da forma mais eficiente possível.

Algo está claramente mudando quando uma empresa de móveis de escritório começa a vender dispositivos de informação em rede, mas o foco é facilitar a vida do cliente, e é o que o RoomWizard faz. Jim Hackett continua a vender cadeiras, mesas e até latas de lixo à prova de fogo, mas, em grande parte, ele está tentando vender soluções visando aumentar a eficiência e a experiência do ambiente de trabalho.

eles querem a rede

Nos idos dos anos 1980, a IDEO conduziu vários projetos para a Acer, a gigante taiwanesa dos computadores. Ao final de um projeto particularmente bem recebido, o professor David Liang, que vinha nos ajudando a transitar pela considerável distância cultural entre nossa equipe e a equipe de nosso cliente, nos ofereceu o provocativo conselho: "Eles gostaram do peixe. Da próxima vez, dê-lhes a rede."

Em outras palavras, o resultado foi excelente, mas Liang viu a oportunidade de compartilhar com a Acer o processo que o criou. Afobadamente, reunimos uma equipe de instrutores de nossa comunidade de design, jogamos um monte de pincéis atômicos e notas Post-it nas malas e nos dirigimos a Taipei, onde conduzimos o primeiro do que viria a se tornar um grande programa de workshops de inovação. Nós o chamamos de "IDEO U".

Enquanto empresas geograficamente dispersas como o McDonald's e a Motorola têm "universidades" internas para treinar os próprios empregados, voltamo-nos para fora visando a treinar empresas em nossos métodos de inovação centrada no ser humano e baseada em design: observações de usuários, brainstorming, prototipagem, storytelling e construção de cenários. Com o tempo, contudo, e após inúmeros workshops conduzidos ao redor do mundo, aprendemos que plantar uma célula de conspiradores treinados em design e voltados à inovação dentro de uma grande organização não é a forma mais eficaz de proceder. A inovação precisa ser incorporada ao DNA de uma empresa para ter impacto de grande escala e longo prazo.

À medida que o conceito evoluía, começamos a conduzir workshops mais estruturados, concentrados nos objetivos específicos de empresas como Nestlé, P&G e Kraft Foods. Mesmo assim, na ausência de mudanças organizacionais mais amplas, o impacto de um workshop independente será limitado. Nem todos os workshops de inovação do mundo teriam conseguido transformar a P&G se A. G. Lafley não tivesse nomeado um CIO (Chief Innovation Officer), aumentado o número de gerentes de design em mais de 500%, construído o P&G Innovation Gym, criado uma nova abordagem para estabelecer parcerias com o mundo externo (o programa "Connect and Develop") e elevado a inovação e o design a estratégias-chave da empresa.

Empresas como a P&G, a Hewlett-Packard e a Steelcase que fazem produtos e gerenciam marcas já começam na frente no que se refere à transformação de suas culturas internas porque já têm designers — e até alguns design thinkers — em suas folhas de pagamento. Embora seja difícil convencer a administração dos méritos de um papel mais estratégico para o design, uma vez que eles se tenham convencido, muitas vezes é possível encontrar uma base de talentos já posicionada na empresa. Em organizações de serviços, ou até em empresas de manufatura, em que o design normalmente é terceirizado, essa base pode não existir, e o desafio é maior.

A Kaiser Permanente, gigante prestadora de serviços na área da saúde, é um bom exemplo disso. Em 2003, a Kaiser decidiu melhorar a qualidade geral da experiência dos cuidados médicos do ponto de vista tanto dos pacientes quanto dos profissionais da área médica. A IDEO propôs que, em vez de contratar um grande número de designers internos, o pessoal aprendesse os princípios do design thinking e os aplicasse.

Ao longo de vários meses, conduzimos uma série de workshops com enfermeiros, médicos e administradores, o que resultou em um portfólio de inovações. Uma delas — um projeto para reformular as trocas de turno do pessoal de enfermagem — envolveu um estrategista com formação em enfermagem, um especialista em desenvolvimento organizacional, um especialista em tecnologia, um designer de processos e um representante sindical, com a orientação de designers da IDEO.

Trabalhando com profissionais da área médica de linha de frente nos quatro hospitais da Kaiser, essa equipe principal identificou os problemas que normalmente ocorrem na troca de turnos. Os enfermeiros que saíam passavam, em média, 45 minutos atualizando os que entravam sobre a situação dos pacientes. Os procedimentos não eram sistematizados e diferiam de um hospital ao outro — de instruções gravadas a comunicação direta — e os métodos utilizados para compilar informações variavam de notas rapidamente rabiscadas em Post-its a informações garatujadas em roupas cirúrgicas descartáveis.

O conhecimento de interesse dos pacientes muitas vezes era perdido: como os pacientes progrediram durante o turno anterior, quais membros da família os acompanharam, quais exames e terapias foram concluídos. A equipe descobriu que muitos pacientes percebiam que a troca de turnos criava um buraco negro no tratamento. Essas observações levaram aos elementos, já conhecidos, de um robusto processo de design — brainstorming, prototipagem, interpretação de papéis, gravação de vídeos — conduzidos não por designers profissionais, mas pelo próprio pessoal da Kaiser.

O resultado foi uma mudança de abordagem, com enfermeiros trocando informações na frente do paciente, e não na estação de enfermagem. O primeiro protótipo, elaborado em apenas uma semana, incluiu novos procedimentos e um aplicativo simples de computador que permitia que os enfermeiros consultassem as observações dos turnos anteriores e acrescentassem novas observações ao longo de seus turnos. E o mais importante: os pacientes passaram a participar do processo e tinham a chance de acrescentar detalhes de seu interesse.

A Kaiser mensurou o impacto dessa mudança e percebeu que o tempo médio entre a entrada de um enfermeiro no turno e sua primeira interação com um paciente foi reduzido em mais da metade. A inovação também mudou a forma como os enfermeiros se sentiam em relação a seu trabalho. Em um levantamento, uma enfermeira comentou: "Estou uma hora adiantada e só estou aqui há 45 minutos." Outra estava empolgada por ser "a primeira vez que consegui sair daqui no final de meu turno".

A nova troca de turnos da enfermagem alterou a vida dos pacientes e dos enfermeiros, mas ficou longe de atingir a meta desejada de uma melhoria sistemática na qualidade geral dos cuidados médicos na Kaiser. Para isso, a equipe principal de enfermeiros, especialistas de desenvolvimento e tecnólogos abandonou os próprios projetos e passou a atuar como consultores para o restante da organização. Por meio da criação da Kaiser Permanente Innovation Consultancy, a equipe procura concretizar a missão de melhorar a experiência do paciente, tendo em mente o "hospital do futuro" da Kaiser e incorporando inovação e design thinking por todo o sistema da Kaiser.

É necessário adotar uma abordagem sistemática para atingir mudança em toda a organização. Iniciar enfermeiros e administradores (ou executivos e assistentes administrativos, ou gerentes de filial e caixas de banco...) nos mistérios do design thinking pode liberar paixão, energia e criatividade. Na Kaiser, isso resultou em dezenas de ideias inovadoras prontas para ser implementadas por todo o sistema dos hospitais. A nova abordagem também levou a novos níveis de envolvimento de pessoas que podiam ter passado tanto tempo combatendo o sistema que mal conseguiam imaginar-se colaborando para reformulá-lo. Mas, sem um envolvimento sustentável ou uma abordagem integrada, o empenho inicial poderia ter se perdido nas demandas cotidianas das operações de um complexo sistema de atendimento médico.

A transformação de uma cultura tradicional de negócios a uma cultura concentrada na inovação e orientada pelo design envolve atividades, decisões e atitudes. Os workshops ajudam a expor as pessoas ao design thinking como uma nova abordagem. Projetos-piloto ajudam a convencer a organização dos benefícios do design thinking. A liderança se envolve no programa de mudança e permite que as pessoas aprendam e realizem experimentos. Montar equipes interdisciplinares assegura que as iniciativas tenham bases amplas. Espaços exclusivos como o P&G Innovation Gym proporcionam um recurso para um pensamento de prazo mais longo e garantem que a iniciativa será sustentada. A mensuração dos impactos, tanto quantitativa quanto qualitativa, ajuda na argumentação e assegura que os recursos sejam apropriadamente alocados. Faz sentido instituir incentivos para que as unidades de negócios colaborem de novas maneiras, para que os talentos mais jovens vejam a inovação como um caminho para o sucesso, e não como um risco profissional.

Se todos esses elementos funcionarem juntos em harmonia, as engrenagens da inovação rodarão suavemente e sem percalços. Não é tão fácil fazer isso diante dos desafios do mundo real que confrontamos todos os dias. Unidades de negócios individuais estão concentradas em interesses imediatos e pode ser difícil convencê-las a participar em iniciativas de inovação cobrindo todo o sistema. Todos nós sabemos como pode ser difícil manter a fé em um ambiente de negócios volátil, no qual obstáculos de curto prazo parecem mais importantes do que objetivos de longo prazo.

Muitos executivos entram em pânico ao primeiro sinal de más notícias. A inovação não é algo que pode ser ligado e desligado como um interruptor de luz. Ideias revolucionárias levam mais tempo para germinar do que a maioria das recessões, exceto as mais longas e profundas, leva para passar. As empresas que suspendem seus empreendimentos de inovação, demitem empregados e matam projetos assim que entram em uma retração econômica só enfraquecerão seu pipeline de inovação. Elas podem precisar mudar o foco de suas iniciativas e rodar seus projetos com menos recursos, mas eliminá-los totalmente as deixa vulneráveis a serem pegas de surpresa quando os mercados se recuperarem.

Uma ideia incubada em uma retração econômica pode fazer enorme diferença quando a situação melhorar. Como Andrew Razeghi recentemente demonstrou, a revista Fortune foi lançada apenas quatro meses depois do crash do mercado financeiro de outubro de 1929, ao preço de US$1 por revista e para um pequeno mercado de apenas 30 mil assinantes; em 1937, a circulação era de 460 mil, com lucro líquido de US$500 mil. Outros exemplos se seguiram, incluindo café instantâneo, companhias aéreas de baixo custo e iPod. Razeghi argumenta que é mais fácil identificar novas necessidades em uma retração econômica do que em um surto de prosperidade, quando há um excesso de boas ideias em busca de necessidades que já foram satisfeitas. Essa conclusão indica que o design thinking pode ser uma das práticas mais lucrativas que uma organização pode adotar durante uma recessão.

Nos anos 1950, W. Edwards Deming começou a plantar o estudo da qualidade em sólidas fundações. O design thinking tem poucas chances de se tornar uma ciência exata, mas, como no caso do movimento da qualidade, há uma oportunidade de transformá-lo de uma espécie magia negra em uma abordagem de gestão sistematicamente aplicada. O truque é fazer isso sem sugar a vida do processo criativo — equilibrar o requisito justificável por parte da administração de estabilidade, eficiência e previsibilidade com a necessidade que o design thinker tem de espontaneidade, sorte e experimentação. O objetivo, como Roger Martin, da University of Toronto, nos lembra, deve ser a integração: manter essas demandas conflitantes em tensão, enquanto criamos inovações e, na verdade, empresas, mais poderosas.

CAPÍTULO 8

o novo contrato social,

ou estamos todos no mesmo barco

Uma organização que se compromete com os princípios centrados no ser humano do design thinking está praticando o interesse próprio esclarecido. Se conseguir entender melhor os clientes, ela atenderá melhor às necessidades deles. Essa é a fonte mais segura de lucratividade de longo prazo e crescimento sustentável. No mundo dos negócios, cada ideia — por mais nobre que seja — deve passar no teste dos resultados financeiros.

Mas essa não é uma proposição de mão única. As empresas estão assumindo uma abordagem mais centrada no ser humano porque as expectativas das pessoas estão evoluindo. Não importa se estamos no papel do comprador ou do cliente, do paciente ou do passageiro, não nos contentamos mais em ser consumidores passivos no extremo da economia industrial. Para alguns, isso leva a uma busca por propósitos mais significativos do que "ganhar e gastar dinheiro". Para outros, pode assumir a forma de responsabilizar as empresas pelo impacto de seus produtos sobre nosso corpo, nossa cultura e nosso ambiente. O efeito final, contudo, é uma ampla mudança na dinâmica entre vendedores de bens e prestadores de serviços e os clientes que compram esses bens e serviços.

Como consumidores estamos impondo novos e diferentes tipos de demandas; nós nos relacionamos de forma diferente com as marcas; esperamos participar da decisão do que nos será oferecido; e esperamos que nosso relacionamento com os fabricantes e vendedores continue além do ponto de compra. Para atender a essas expectativas mais elevadas, as empresas precisam abrir mão de sua soberana autoridade sobre o mercado e dialogar com seus clientes. Essa mudança está ocorrendo em três níveis, que conduzirão a argumentação deste capítulo.

Em primeiro lugar, a fronteira entre "produtos" e "serviços" está se turvando de modo aparentemente inexorável, na medida em que os consumidores passam a esperar a evolução de um desempenho funcional para uma experiência mais amplamente satisfatória. Em segundo lugar, o design thinking está sendo aplicado em novas dimensões à transição de produtos e serviços distintos a sistemas complexos. E, em terceiro lugar, há crescente reconhecimento entre os fabricantes e os consumidores de todos os pontos entre esses dois extremos de que estamos entrando em uma era de limites; o ciclo da produção em massa e consumo descuidado que definia a era industrial não pode mais ser sustentado.

Essas tendências convergem em torno de um único e inescapável ponto: o design thinking precisa se voltar à formulação de um novo e participativo contrato social. Não é mais possível pensar nos termos antagônicos de um "mercado comprador" ou um "mercado vendedor". Estamos todos juntos, no mesmo barco.

a transição para os serviços

Em certo sentido, todo produto já é um serviço. Por mais inerte que possa parecer, um produto implica a associação anterior com a marca por trás dele e leva consigo a expectativa de manutenção, conserto ou atualização que se seguirá, uma vez que os comprarmos. De forma similar, poucos serviços deixam de incluir algo tangível, seja uma poltrona em um avião que nos transporta a outro continente ou o BlackBerry que nos conecta a uma ampla rede de serviços de telecomunicações. A fronteira entre produto e serviço está cada vez menos clara. Algumas empresas — a Virgin Atlantic Airways, a operadora europeia de telefonia móvel Orange, o Four Seasons Hotels and Resorts — foram mais rápidas do que os concorrentes em reconhecer isso e foram recompensadas com clientes fiéis.

É surpreendente, portanto, que empresas de serviço tenham sido tão mais lentas para inovar do que empresas que produzem móveis, eletroeletrônicos ou calçados esportivos. Poucas delas construíram sólidas culturas de pesquisa e desenvolvimento de produtos. Suas operações de negócios raramente se baseiam nas estratégias que se provaram tão bem-sucedidas em outras partes.

A essência do problema é que o setor de manufatura lida com máquinas, e o setor de serviços, com pessoas. Trata-se de uma simplificação bastante grosseira, é claro, mas reside em um princípio bastante complexo. A industrialização tem sido orientada por amplas inovações tecnológicas. Basta darmos uma folheada nos romances de Charles Dickens, Émile Zola ou D. H. Lawrence para ver como as pessoas foram arrastadas por essa onda. As empresas concorriam umas com as outras com base na perícia tecnológica e adotavam práticas desenvolvidas para aumentar a capacidade de inovação tecnológica.

À medida que pequenas startups foram crescendo para se tornar impérios industriais como a General Electric, a Siemens e a Krups, montaram laboratórios de pesquisa, instalaram estúdios de design, desenvolveram afiliações com universidades e outras formas de sistematizar a inovação. Historiadores como David Noble e Thomas Parke Hughes têm estudado como novas formas de propriedade intelectual — patentes, direitos autorais e acordos de licenciamento de todos os tipos imagináveis — vinculavam-se ao crescimento dessas novas megaempresas. Até mesmo os governos assumiram o papel de protetores da propriedade intelectual como uma questão de competitividade nacional: a Grã-Bretanha nos anos 1850, a Alemanha nos anos 1910, o Japão nos anos 1950 e a China atualmente.

Investir em uma série futura de inovação técnica se tornou parte integral da administração de qualquer grande empresa industrial. Thomas Edison abriu caminho montando o primeiro laboratório moderno de pesquisas industriais — a chamada fábrica de invenções — em 1876, e, desde então, a área de pesquisa e desenvolvimento de produtos tem constituído uma parte das empresas de manufatura. Embora possam não ser tão ambiciosas quanto o "Feiticeiro de Menlo Park" — Edison é famoso por ter prometido uma pequena invenção mais ou menos a cada 10 dias e um "grande truque" a cada seis meses —, a maioria das empresas de manufatura presume que a melhor maneira de assegurar um fluxo de produtos amanhã é investir em pesquisa tecnológica hoje.

O investimento na inovação continua a crescer e evoluir. Agora, ele inclui uma variedade de modelos. A Apple Inc. não mantém uma grande instalação de pesquisas, mas investe centenas de milhões de dólares todos os anos em design e engenharia de novos produtos. A Procter & Gamble mantém um grande compromisso em relação ao setor de P&D e também investe substancialmente em design e inovação centrados no consumidor. A Toyota, maior fabricante de automóveis do mundo, é famosa por investir em reengenharia de processos para melhorar a qualidade de sua produção. As empresas de produtos são tão dependentes de seu fluxo de novas ideias que o mercado de ações muitas vezes as avalia com base no envolvimento com a inovação. Por que isso não se aplica ao setor de serviços?

Entre as prestadoras de serviço, é raro encontrar uma cultura desenvolvida ao redor do investimento em inovações futuras. Quando isso acontece, essa cultura tende a ser concentrada na infraestrutura que possibilita um serviço, e não no serviço em si. As companhias de telecomunicações investiram em redes baseadas em fios de cobre e depois na tecnologia móvel, mas não prestaram muita atenção à experiência do cliente. A AT&T montou um dos mais famosos laboratórios de pesquisas, mas, mesmo em seu auge, a Bell Labs se comportou mais como fabricante de telefones do que como prestadora de serviços de telecomunicações.

No mundo do varejo, serviços alimentícios, serviços bancários, seguros e até atendimento médico, dedicou-se pouca reflexão à inovação sistemática antes do advento dos computadores pessoais e, mais especificamente, da internet. O Citibank conquistou sua reputação como uma das instituições financeiras mais inovadoras em 1977 ao instalar caixas eletrônicos em rede em suas filiais de Nova York. Essa radical inovação no serviço permitiu que os clientes realizassem suas operações bancárias nos próprios termos. Pela primeira vez desde a invenção da máquina caça-níqueis, um dispositivo tecnológico se colocou entre nós e nosso dinheiro, e muitas pessoas tiveram dificuldades com isso. Eleanor Wetzel, cujo marido foi o responsável pela invenção, afirma nunca ter usado um caixa eletrônico.

Antes do computador e da internet, quase todos os serviços contavam com a interação direta entre o prestador de serviço e a pessoa que o recebia. Neste mundo de pessoas, a competitividade de uma empresa se baseava no nível de atendimento que o pessoal de serviços proporcionava aos clientes. Isso se traduzia em uma fórmula simples: quanto mais sofisticado fosse um serviço, em geral mais pessoas eram necessárias para prestá-lo. Um hotel de luxo tinha mais porteiros, carregadores, concierges, arrumadeiras e cozinheiros por cliente. Um banco privado premium proporcionava a seus clientes abastados um serviço diferenciado, em vez de forçá-los a entrar na fila para serem atendidos por um caixa, como os outros clientes. Enquanto eram as pessoas que determinavam a qualidade do serviço que os clientes recebiam, havia pouco incentivo para pensar sobre o tipo de inovações nos serviços capazes de redefinir um mercado.

Naturalmente, toda regra tem suas exceções. Isadore Sharp criou o Four Seasons com base na premissa de que hotéis de grande escala e um excelente serviço não são incompatíveis. Howard Schultz transformou a Starbucks em uma marca global com base no insight de que o ambiente é tão importante para os consumidores de café quanto a cafeína. Independentemente de vender discos, vestidos de noivas ou passagens aéreas, Sir Richard Branson reconhece a centralidade da experiência dos serviços.

No final dos anos 1990, muitas empresas finalmente reconheceram que a tecnologia estava destinada a substituir, ou pelo menos suplementar significativamente, o papel das pessoas na definição da experiência do consumidor. Em apenas alguns anos, empresas como a Amazon, a Zappos e a Netflix passaram de startups não comprovadas a grandes marcas. O eBay foi um passo além, criando uma inteligente infraestrutura que permitia que os clientes fizessem todo o trabalho e cobrando-os pelo privilégio. Outros setores reconheceram que essas novas redes ofereciam um enorme potencial. A Dell descobriu que não precisava se basear em arcaicas lojas de eletroeletrônicos para distribuir seus computadores. Em vez disso, ela foi diretamente ao cliente. O Wal-Mart utilizou redes de computadores para administrar um gigantesco grupo de fornecedores com um nível de eficiência nunca visto e o preço mais baixo possível. De repente, parecia que as empresas de serviços estavam competindo com base na alavancagem da tecnologia, e não apenas das pessoas. A competitividade passou a depender da inovação.

Ao mesmo tempo, nem todas as empresas do setor de serviços descobriram a lição aprendida a duras penas pelas colegas da manufatura: sozinha, a tecnologia não necessariamente resulta em melhor experiência do cliente. Por ter vindo das Midlands britânicas, por vezes penso nos intermináveis ciclos de sistemas de atendimento telefônico automático ou nos confusos sites de tantos varejistas eletrônicos como os equivalentes modernos dos "sombrios moinhos satânicos" que assombraram a imaginação de William Blake durante os primeiros espasmos da Revolução Industrial. Eles subordinam os seres humanos à inescrutável lógica da máquina; eles nos degradam e nos frustram; comprometem a qualidade de vida e a eficiência do trabalho. As empresas de serviços que utilizam tecnologia inovadora, mas não inovam para melhorar a qualidade da experiência das pessoas, estão destinadas a reaprender a amarga lição das empresas da era industrial: o fato de que a inovação passada não é garantia de desempenho futuro.

A Netflix é uma empresa de serviços que sabe disso. Durante seus primeiros anos, depois de ter lançado sua revolucionária inovação de alugar DVDs pela internet e recebê-los pelos correios, a Netflix concentrou-se em desenvolver sua proposição essencial e garantir uma base de clientes ampla o suficiente para sustentá-la. Os experimentos iniciais foram incrementais e se concentraram em melhorar a facilidade de utilização de seu site e realizar ajustes com diferentes níveis de pacotes oferecidos nas assinaturas. Em seguida, a empresa começou a identificar redes de tendências e oferecer aos assinantes um repositório de informações sobre filmes e classificações.

Mais recentemente, ela começou a realizar experimentos com o que provavelmente será a inevitável transição para utilizar a internet não apenas como um balcão de vendas, mas também como um sistema de entrega de filmes online. No início, era necessário fazer o download os filmes e vê-los em um computador, mas a tecnologia está avançando. A Roku, empresa sediada na Califórnia, fabrica um conversor que permite que as pessoas façam o download de filmes e assistam a eles em uma televisão comum. A gigante sul-coreana LG Electronics tem o recurso de fazer o download de filmes da Netflix incorporado a seus aparelhos de Blu-ray. A cada avanço, a Netflix se concentrou no design da experiência, e não apenas na tecnologia. Ainda há um longo caminho a percorrer antes de milhares de carteiros não precisarem mais deixar milhões de envelopes vermelhos nas caixas de correio das pessoas, mas a Netflix começou a conduzir seus clientes em uma jornada gradual sem frustrá-los, alienálos ou perdê-los pelo caminho.

Da mesma forma que os produtos ficam mais parecidos com os serviços, os serviços estão ficando mais parecidos com as experiências. Fundamentando essa profunda e inevitável evolução, está o reconhecimento da importância de investir em uma inovação sistemática com base num design que envolva as pessoas — tanto empregados quanto clientes — no nível mais profundo. Mais cedo ou mais tarde, será tão natural ver laboratórios de inovação em empresas do setor de serviços quanto ver instalações de pesquisa e desenvolvimento de produtos em empresas de manufatura.

sistemas em escala e por que devemos ser mais parecidos com as abelhas

Cada desafio de design na IDEO começa com a pergunta: "Como podemos...?" Transitando entre o genérico demais e o específico demais, nos perguntamos: "Como podemos simplificar a interface de um desfibrilador cardíaco de emergência? Como podemos incentivar a alimentação saudável de pré-adolescentes? Como podemos promover a revitalização de um bairro histórico de jazz em Kansas City?" Sem dúvida, "Como podemos melhorar a condição humana?" é um problema grande demais para solucionarmos. "Como podemos ajustar a tensão em um mecanismo de ejeção de CD?" é provavelmente um problema pequeno demais.

Eis um problema de bom tamanho: Como podemos melhorar a experiência de segurança em aeroportos? A segurança em aeroportos é um desafio sobre o qual todos os design thinkers devem ter pensado cerca de uma centena de vezes desde 11 de Setembro de 2001 — eu, sem dúvida, faço isso toda vez que me contorço para tirar meus sapatos e colocá-los na correia transportadora sem interromper o trânsito das pessoas, compartilho a revolta de meu companheiro de viagem indiano enquanto ele finge ignorar os olhares furtivos em sua direção ou vejo a esquecida avó de alguém ser forçada a entregar seu frasco de xampu a um segurança. Por ser designer, é difícil *não* pensar em como poderíamos atender melhor nossa justificada necessidade de segurança no mundo pós-11 de Setembro. Tanto na condição de cidadão norte-americano como de designer, fiquei empolgado quando a TSA (U.S. Transportation Security Administration — Gestão de Segurança dos Transportes dos Estados Unidos) procurou-nos para que os ajudássemos a responder a essa pergunta.

Nosso trabalho com a TSA foi um dos projetos mais desafiadores nos 30 anos de história da IDEO. Ele ilustra como o design thinking precisa passar para as mãos de todos os participantes se quisermos melhorar o desempenho de nossos sistemas de grande escala.

Reconfigurar espaço e fluxo do ponto de verificação de segurança certamente resultará em uma experiência de viagem mais fácil, proporcionando aos passageiros mais tempo para se organizar e oferecendo um contexto informacional melhor para o que está acontecendo. No entanto, o espaço não passa da dimensão física de um problema sistêmico maior. A ideia central era nos direcionar para cima e repensar o modo como o passageiro e o agente de segurança participam de uma experiência comum.

A TSA estava tentando redirecionar o foco da detecção de objetos para a detecção de intenções hostis: um alicate de cutícula em uma bolsa feminina representa pouca ameaça, enquanto uma lata de refrigerante vazia — como demonstrou um oficial da TSA, para o alarme de um de nossos designers — pode ser transformada em arma letal. No entanto, um conjunto de regras de cima para baixo emitidas por Washington não bastava para concretizar essa visão. Para implementar a nova estratégia de *segurança*, uma abrangente estratégia de *design* parecia essencial.

O princípio orientador de qualquer projeto que abrange um sistema inteiro nessa escala é assegurar que os objetivos de diferentes participantes estejam alinhados. No caso da segurança dos aeroportos, esse insight significa reconhecer que o pessoal de segurança e os passageiros não são adversários, mas parceiros cujas metas — identificar prováveis terroristas e chegar aos portões de embarque rapidamente e com o mínimo estresse — são complementares. Retirar o estresse da experiência do passageiro facilita a identificação de comportamentos anormais de pessoas que podem nos prejudicar (se todas as pessoas na fila estiverem nervosas e agitadas, um malfeitor com uma bomba no sapato poderá passar despercebido). Esse se tornou o quadro de referência que utilizamos para apresentar propostas concretas no sentido de como poderíamos otimizar processos e modificar ambientes.

Na fase de observação de nossa pesquisa, vimos como os passageiros, diante de procedimentos confusos, ficavam ansiosos, agressivos e não cooperativos. Já o pessoal da segurança reagia recorrendo a papéis predefinidos que faziam com que fossem percebidos como intimidadores, indiferentes e antipáticos. O resultado é um círculo vicioso de ineficiência e aborrecimentos e, considerando que uma atmosfera antagônica gera distrações desnecessárias, isso acaba impedindo a meta comum de uma viagem segura. Dessa forma, a pergunta do designer — “Como podemos reconfigurar o ponto de verificação de segurança?” — evoluiu para a pergunta do *design thinker*: "Como podemos inculcar um sentimento de empatia nos participantes *dos dois lados* da máquina de raios X?" Nossas soluções de design físico se transformaram em táticas a serviço de uma estratégia mais ampla, centrada no ser humano.

Isso nos conduziu em duas direções paralelas. Em primeiro lugar, criamos um programa de elementos de design ambientais e informativos projetados para atenuar a transição da sala de espera ao ponto de verificação final e instalamos um protótipo funcional no Baltimore Washington International Airport. O layout físico e as sinalizações foram elaborados para explicar o máximo possível sobre o que esperar. Se os passageiros soubessem o que se esperava deles e por quê, tinham mais chances de tolerar os procedimentos que, de outra forma, pareceriam sem sentido e arbitrários.

Ao mesmo tempo, contudo, ajudamos a criar, para os agentes das TSAs, um programa de treinamento elaborado para lhes dar a autoridade de se envolver no sistema de outra maneira. A nova abordagem incentiva desvios dos procedimentos predefinidos para utilizar o senso crítico de forma mais flexível, embora mais rigorosa. O novo treinamento inclui ênfase no entendimento do comportamento, das pessoas e das medidas de segurança, ao mesmo tempo em que inculca confiança entre colegas e passageiros.

Muito tem sido escrito sobre os complexos sistemas não hierárquicos em que o comportamento do sistema resulta não do comando e controle centralizado, mas de um conjunto de comportamentos individuais que, quando repetidos milhares de vezes, atinge resultados previsíveis. Formigueiros e colmeias são bons exemplos disso, mas, no que se refere a colônias de seres humanos, precisamos considerar os fatores adicionais da inteligência individual e do livre-arbítrio (muitas vezes, para o desespero de designers, policiais e professores do ensino médio). A implicação é que devemos pensar de forma diferente. Em vez de um processo inflexível e hierárquico elaborado uma vez e executado repetidas vezes, devemos imaginar como podemos criar sistemas extremamente flexíveis e em constante evolução nos quais cada interação entre os participantes é uma oportunidade para exercitar empatia, insight, inovação e implementação. Cada interação é uma pequena oportunidade de tornar o contato mais valioso e significativo para todos os participantes.

Colônias de abelhas, formigas e seres humanos devem se adaptar e evoluir para ter sucesso, e uma forma de atingir isso é conceder às pessoas algum grau de controle sobre o resultado final. No caso da TSA, isso se provou um poderoso argumento para que os design thinkers pudessem transferir as ferramentas de design às pessoas que, em última instância, serão responsáveis por sua implementação.

trabalhando em ambos os lados do balcão

Não é preciso lutar com os extraordinários desafios da guerra assimétrica, organizações terroristas ou grupos armados para enxergar algum valor na abordagem empática do design thinking. Em 2004, Julie Gilbert, vice-presidente de foco no cliente da Best Buy, criou o Women's Leadership Forum, conhecido como WOLF. Cada "WOLF Pack", ou "matilha de lobos", consiste em 25 mulheres e dois homens de todas as partes da organização que se reúnem para se concentrar nos desafios que surgem em uma indústria varejista que, embora criada por homens — e para homens —, 45% de todas as compras são realizadas por mulheres.

Como resultado dessa iniciativa — que envolveu mais de 20 mil clientes e empregados —, houve um aumento de 37% dc candidatas a emprego e uma redução de quase 6% na rotatividade de empregadas do sexo feminino. As mulheres — mais uma vez, nos dois lados do balcão — tornaram-se coparticipantes ativas na transformação da Best Buy como um lugar para fazer compras e trabalhar. As iniciativas incluem ampliar os corredores para facilitar o trânsito de compradoras com carrinhos de bebês, reduzir a altura das pilhas de equipamentos para que o ambiente pareça menos intimidante e exibir TVs de tela plana e sistemas de surround sound em modelos de salas de estar para que as pessoas possam imaginar a aparência dos produtos em sua casa. Em vez de intimidar os clientes com longas fichas técnicas, o pessoal agora é treinado para conversar sobre os estilos de vida dos clientes e o que desejam da tecnologia.

O programa de treinamento de total imersão da Toyota demonstra o mesmo compromisso com a redução das distinções — entre a administração e os empregados, entre o cliente e o pessoal. A Toyota está efetivamente treinando seus líderes para escutar e seus empregados para se expressar, para o benefício das duas partes. O consultor de gestão Steven J. Spear observou como um novo gerente de fábrica das Toyota passa suas primeiras semanas no emprego trabalhando diretamente na linha de produção.

Um gerente norte-americano que não sabia falar japonês passou uma semana trabalhando ao lado de um operário japonês que não sabia falar inglês; utilizando a linguagem comum da observação, prototipagem e interpretação de papéis, eles identificaram soluções para mais de 35 problemas de produção — incluindo a redução em 50% da distância que um trabalhador precisava percorrer para verificar uma peça e a melhoria dos fatores ergonômicos de uma ferramenta —, que foram eliminados sem demora. Ao redefinir o papel de líderes e empregados, a Toyota promove um nível de colaboração inimaginável na maioria das empresas industriais no ocidente.

Spear identifica quatro princípios fundamentais para o sucesso do treinamento de imersão total da Toyota: "Não há substituto para a observação direta", "As mudanças propostas devem sempre ser estruturadas na forma de experimentos", "Trabalhadores e gerentes devem realizar experimentos com a maior frequência possível", "Gerentes devem orientar, não consertar." Observação? Prototipagem? Experimentação? Inclua uma ou duas sessões de brainstorming nesse pacote e você terá uma descrição bastante precisa de uma cultura em que o design thinking saiu do estúdio para entrar na sala do conselho de administração e no chão de fábrica.

Algumas vezes, como no caso da Toyota, os princípios do design thinking são formulados explicitamente. Em outras ocasiões, assumem a forma de um envolvimento mais generalizado ao alinhamento entre o sistema e seus participantes. Em janeiro de 2000, Jimmy Wales e Larry Sanger começaram a criar uma enciclopédia online gratuita com conteúdo fornecido por voluntários. A abordagem inicial era relativamente convencional: especialistas aprovados submeteriam artigos para avaliação pelos colegas. Nove meses mais tarde, esse meticuloso processo havia gerado exatamente 12 artigos.

A equipe ficou sabendo, por acaso, sobre o software wiki, uma espécie de site colaborativo, de código aberto, lançado pelo programador Ward Cunningham cerca de cinco anos antes e que permitia que qualquer pessoa modificasse seu conteúdo sem passar por qualquer autoridade centralizada. Wales teve a ideia de utilizar essa nova ferramenta para acelerar o processo de coleta de artigos para a enciclopédia. A Wikipedia foi lançada em janeiro de 2001, convidando os usuários a submeterem artigos diretamente. Em um mês, eles tinham mil artigos. Em setembro, 10 mil.

Atualmente, a Wikipedia é, de longe, a maior publicação na internet, proporcionando referências para praticamente qualquer trabalho escolar e livros de negócios existentes (incluindo este). Ao posicionar a Wikipedia como uma fundação sem fins lucrativos, e não como uma empresa privada, Jimmy Wales se ateve ao princípio essencial de que colaboradores não remunerados são fundamentais para o empreendimento. As entradas são criadas por pessoas que se interessam pelo conteúdo, e não por profissionais remunerados, o que proporciona à Wikipedia credibilidade, controla sua qualidade e assegura sua relevância. A Wikipedia é um testemunho do poder da participação em um sistema cujos participantes estão alinhados com seus objetivos.

É instrutivo comparar os sucessos da Wikipedia, da Toyota e da Best Buy com alguns dos sistemas problemáticos que encontramos em nosso dia a dia. O suplício de renovar uma carteira de motorista, negociar com um corretor de seguro de saúde ou votar em uma eleição sugere que muitos de nossos sistemas de grande escala não conseguem entregar uma experiência respeitosa, eficiente e participativa. Podemos nos resignar ao arrastado funcionamento das burocracias do governo, mas não deveríamos perdoar a falta de imaginação das empresas das quais somos clientes.

Qualquer empresa de mídia que resistir à digitalização do conteúdo, qualquer prestador de serviços de comunicações móveis que nos forçar a comprar serviços de uma única fonte ou qualquer banco que nos cobrar taxas ultrajantes, todos eles estarão criando oportunidades para concorrentes mais ágeis e imaginativos. A plataforma de código aberto Android, agora de propriedade do Google, é um bom exemplo de uma inovação disruptiva em posição de derrubar operadores de telefonia móvel mais tradicionais.

Milhares de desenvolvedores já estão trabalhando em aplicativos para o Android, superando em muito os recursos das equipes de desenvolvimento internas do Google, e os primeiros G-fones com o sistema operacional Android já estão surgindo no mercado. A demanda está excedendo a oferta. No setor bancário, outro setor cujos titãs estão caindo do topo, instituições de empréstimos sociais online como a Zopa estão adotando uma nova abordagem. O modelo peer-to-peer direto da Zopa evita a intermediação dos bancos e ajuda pessoas que querem emprestar dinheiro e fazer empréstimos a encontrarem uma "zona de possível acordo" entre si. Desde sua fundação, em 2005, a Zopa se espalhou de sua base na Grã-Bretanha para os Estados Unidos, Itália e Japão, e atingiu índices notadamente baixos de inadimplência.

A ideia de participação é atraente, mas não suficiente. Ninguém quer utilizar uma aplicação móvel mal projetada ou depositar o salário em um banco instável, por mais "participativa" que possa ser a sensação. Esses novos tipos de sistemas também devem entregar um desempenho de alta qualidade pelo menos tão bom quando os de empresas que se baseiam em uma abordagem de cima para baixo.

Os aplicativos do Android precisarão ser tão envolventes e intuitivos quanto os da Apple e da Nokia, ou continuarão sendo o refúgio de geeks tecnológicos, e os clientes da Zopa devem ter a segurança de que seu dinheiro está seguro. Essa confiança não pode vir de um administrador de rede. Se sistemas abertos, flexíveis e de grande escala quiserem concretizar sua enorme promessa, seus desenvolvedores devem ter a coragem de abri-los para as pessoas que os utilizarão. O *design* diz respeito a proporcionar uma experiência satisfatória. O *design thinking* diz respeito a criar uma experiência multipolar em que todos têm a oportunidade de participar da conversa.

o futuro de empresas, economias e do planeta Terra

O que todos esses temas e exemplos têm em comum é o envolvimento direto com as pessoas — independente de elas serem clientes, compradoras, membros de um público ou navegadores solitários em um site. Essa ampla mudança, mesmo entre empresas de manufatura tradicionais, de uma orientação a "produtos" a uma orientação a "serviços", é fundamental para expandir as ferramentas do design thinker a fim de lidar com sistemas tão complexos quanto um sistema de segurança de aeroporto. Ela é a essência do código aberto, das redes de relacionamentos sociais e da Web 2.0.

Depois de analisar os sistemas desenvolvidos para que os viajantes transitem mais facilmente pelos aeroportos, para que os produtos sejam transportados mais facilmente pelos mercados e os elétrons se movimentem mais facilmente pelo mundo virtual enciclopédico da internet, agora podemos nos voltar ao maior sistema de todos: o frágil, belo e delicadamente equilibrado sistema de manutenção da vida que Buckminster Fuller chamou de a "Espaçonave Terra". A preservação da saúde de nosso planeta demanda nada menos que a combinação de práticas analíticas e sintéticas, do pensamento divergente e convergente, o domínio da tecnologia por parte do designer e seu conhecimento do comportamento humano. Manter a sustentabilidade econômica da sociedade e a sustentabilidade biológica do planeta em equilíbrio requer mentes mais "integradoras".

Na qualidade de designer, orgulho-me de termos ajudado a criar produtos melhores que atendem às necessidades das pessoas e ajudam a humanizar a tecnologia na qual esses produtos se baseiam. Temos melhores construções, que nos permitem morar e trabalhar com mais conforto. Temos mídias inovadoras que nos informam, nos divertem e permitem que nos comuniquemos de formas antes inimagináveis. Mas também temos uma caixa de Pandora de problemas imprevistos que já podem ter contribuído para prejudicar, no longo prazo, nossa cultura, nossa economia e nosso ambiente.

Alguns anos atrás, uma talentosa equipe da IDEO trabalhou com a Oral-B para projetar uma escova dental infantil melhor. A equipe começou com uma intensa fase de pesquisas, indo a campo para observar crianças de todas as idades fazendo a higiene bucal — ou pelo menos tentando. Uma razão pela qual as crianças têm dificuldade de manter os dentes saudáveis é que escová-los não é uma atividade que agrade a maioria das crianças. Escovar os dentes dói. Não é divertido. O sabor é esquisito. Outra razão é que crianças pequenas não têm a habilidade manual de segurar uma escova de dentes. As escovas dentais da maioria das crianças eram versões em miniatura das escovas projetadas para adultos (como os Mestres Holandeses do século XVII, os designers industriais do século XX tratavam as crianças como se fossem pequenos adultos). A solução conduziu às primeiras escovas dentais com cabos de borracha maleável, as quais agora são o padrão, tanto para crianças quanto para adultos. A equipe também deu às escovas da Oral-B cores alegres, texturas ousadas e formatos que evocavam tartarugas e dinossauros. As novas escovas dentais foram um enorme sucesso.

A Oral-B ganhou mais um produto de sucesso, e muitas crianças ganharam dentes mais saudáveis. Mas essa é só uma parte da história. Apenas seis meses após o lançamento, o designer-chefe do grupo estava caminhando em uma praia isolada na Baja California, no México, e reparou em um objeto azul jogado na areia. Não era uma tartaruga. Uma de nossas escovas dentais da Oral-B, ergonomicamente projetadas, aprovadas por dentistas e um sucesso comercial, fora levada pelo mar até a praia. Com a exceção de algumas minúsculas cracas, que indicavam que o objeto ficara na água por algum tempo, a escova dental tinha mais ou menos a mesma aparência de quando foi jogada fora. O círculo se fechou. Um de nossos produtos encontrou seu destino final em uma imaculada praia do México.

Os designers não podem impedir as pessoas de fazerem o que quiserem com os produtos que compram, mas isso não justifica ignorar o sistema mais amplo. Muitas vezes, em nosso entusiasmo para solucionar uma questão, deixamos de perceber os problemas que criamos. Os designers — e as pessoas que ambicionam pensar como designers — estão em posição de tomar importantes decisões sobre quais recursos a sociedade utiliza e onde esses recursos vão parar.

Existem pelo menos três áreas significativas nas quais o design thinking pode promover o que o designer canadense Bruce Mau chama de "gigantesca mudança" necessária nos dias de hoje. A primeira se relaciona a nos informar sobre os riscos e expor os verdadeiros custos das escolhas que fazemos. A segunda envolve uma reavaliação fundamental dos sistemas e processos que utilizamos para criar coisas novas. A terceira tarefa, com a qual o design thinking deve contribuir, é encontrar maneiras de incentivar as pessoas a adotar comportamentos mais sustentáveis.

obter informações

O ambientalismo se popularizou com a publicação de *Silent Spring*, de Rachel Carson, em 1962, mas levaria mais 40 anos — incluindo duas crises do petróleo e um amplo consenso científico — para que as pessoas em geral se conscientizassem da crise. Um importante estímulo foi o lançamento do documento de Al Gore, *Uma Verdade Inconveniente*, em 2006, um evento que sugere o poder das imagens para motivar uma mudança fundamental. Junto com as investigações de jornalistas, baseadas em fatos, as análises orientadas por dados, conduzidas por cientistas, e o ativismo politicamente inspirado das comunidades, o trabalho dos artistas visuais pode desempenhar papel vital para nos fazer recuar da beira do abismo.

Chris Jordan é um artista norte-americano que usa o poder da escala para nos colocar em contato com muitos problemas sociais diferentes. Sua série *Picturing Excess* inclui imagens como uma representação em uma área de 1,5m por 3m do número de garrafas plásticas de água — cerca de dois milhões — consumidas nos Estados Unidos a cada cinco minutos. Outra composição mostra 426 mil telefones celulares — o número de aparelhos que os norte-americanos jogam fora todos os dias. O impacto visual de seu trabalho expõe nossa utilização perdulária dos recursos finitos do planeta de uma forma que as palavras não conseguem expressar.

Outro artista, o canadense Edward Burtynsky, viajou o planeta registrando a beleza e o horror do impacto humano. As grandes fotos de Burtynsky mostram ao público a vida de aldeões chineses desmontando com martelos, monitores usados de computador ou trabalhando em cavernosas fábricas de Shenzhen. A misteriosa beleza dos rastros alaranjados serpenteando pelo panorama das minas de níquel de Ontário transmite a extensão de nossas atividades de uma forma ao mesmo tempo visceral e emocional.

Os amplos cenários fotográficos de Edward Burtynsky e as intrincadas visualizações de dados concebidas por Chris Jordan nos dão a dimensão da escala, mas design thinkers também têm demonstrado que é possível abordar o problema da sustentabilidade em um nível mais imediatamente acessível. Na posição de diretor da iniciativa de inovação e visão global da empresa de engenharia Arup, o Dr. Chris Luebkeman criou cartas de baralho que chama de Impulsionadores da Mudança.

Cada conjunto de cartas cobre uma grande categoria de mudança ambiental — clima, energia, urbanização, dejetos, água e fatores demográficos —, e cada uma ilustra um impulsionador de mudança de um ponto de vista diferente: sociedade, tecnologia, economia, ambiente e política. Por meio de imagens, gráficos e alguns fatos bem escolhidos, cada carta apresenta uma imagem clara de um único problema sem sobrecarregar a capacidade do participante de absorver e compreender.

Um jogador pergunta: "Qual é a importância das árvores?", e explica o problema das emissões de carbono resultante do desmatamento. Outro pergunta: "Podemos nos dar ao luxo de ter um futuro com pouco carbono?", e explica o impacto das economias em desenvolvimento nas emissões de carbono. Arup utiliza os Impulsionadores da Mudança como uma ferramenta para focus groups, eventos, workshops, ou como uma inspiradora "mensagem da semana". Ao pensar como designer e utilizar insights como fonte de inspiração, Luebkeman criou uma valiosa ferramenta que pode inspirar outros design thinkers em sua busca por soluções.

fazer mais com menos

A Pangea Organics — "Pangeia" significa "toda a Terra" — é uma pequena empresa sediada em Boulder, Colorado, que produz produtos naturais de cuidados com o corpo. Após quatro anos de operação, os sabonetes, loções e xampus da Pangea podiam ser encontrados em algumas lojas de alimentos naturais, e seu fundador, Joshua Onysko, começou a pensar em como desenvolver a empresa sem comprometer os valores ambientais essenciais nos quais ela se baseava. Um designer competente poderia ter proposto uma campanha publicitária de âmbito nacional, incluindo embalagens atraentes e uma mensagem mais popular. Uma equipe de design thinkers, contudo, enxergou um briefing mais amplo: o conceito não era apenas vender sabonetes, mas também a ideia de sustentabilidade, bem-estar e responsabilidade.

Levando em consideração o fato de a Pangea precisar de uma estratégia de negócios viável e o fato de seus clientes desejarem produtos que os fizessem sentir-se como guardiões responsáveis do planeta, a equipe se voltou à questão do que era viável dentro das restrições de baixo custo e mínimo impacto ambiental. O resultado foi uma abrangente iniciativa de rebranding que conduz os clientes em uma jornada não da fábrica ao aterro sanitário, mas sim para tomar de empréstimo as palavras do arquiteto e designer William McDonough, do "berço ao berço".

Da mesma forma como a "embalagem" de uma banana se transforma em um nutriente para a próxima geração de árvores, a nova caixa biodegradável dos sabonetes da Pangea vem com sementes de flores selvagens incorporadas: embeba-a em água, jogue-a em seu quintal e volte alguns dias mais tarde para encontrar um jardim florido.

A autora Janine Benyus, que popularizou o conceito do biomimetismo, observou que a era industrial se fundamentou no princípio "heat, beat, and treat" [algo como "aquecimento, golpe e tratamento"]. Essa abordagem agressiva precisava ser substituída por alternativas muito menos intrusivas e esbanjadoras e com uma inspiração mais biológica do que mecânica. O briefing entregue hoje em dia aos design thinkers envolve encontrar novas formas de equilibrar desejabilidade, praticabilidade e viabilidade, mas de um modo que feche o ciclo.

O que a Pangea Organics está tentando fazer em uma pequena escala, Amory Lovins quer fazer para toda a indústria automobilística. Lovins não começa perguntando como podemos projetar um carro mais atraente nem mesmo mais econômico. Ele e seus colegas do Rocky Mountain Institute (RMI) elaboraram a questão com diferentes parâmetros, mais parecidos com os princípios do design thinking do que do design: "Como podemos conseguir aumento de três a cinco vezes na economia de combustível, desempenho igual ou melhor, segurança, comodidade e preço acessível em comparação com os veículos de hoje?"

Com base nesse briefing centrado no ser humano e abrangendo todo um sistema, eles chegaram ao Hypercar, um veículo que utiliza compostos avançados, um design aerodinâmico, motor híbrido elétrico e acessórios eficientes. O RMI montou o Hypercar Center em 1994 para realizar a prototipagem de ideias, e o instituto agora tem uma empresa com fins lucrativos, a Fiberforge, que está desenvolvendo compostos avançados para sustentar essa iniciativa. Ao pensar de baixo para cima, além do mero artefato, o RMI formulou um problema de design diferente em relação ao que preocupa a maioria das companhias automobilísticas hoje em dia. No passado, havia uma tendência utópica na campanha quixotesca do RMI, mas o estado precário da indústria automobilística pode ajudar a trazer para o centro iniciativas periféricas desse tipo.

Se pararmos para analisar todo o ciclo de criação e utilização de um produto — da extração de matérias-primas utilizadas na fabricação até seu descarte ao final de sua vida útil —, seria possível encontrar novas oportunidades de inovação para reduzir o impacto ambiental, ao mesmo tempo em que a qualidade de vida que passamos a esperar é melhorada, e não piorada. Ao pensar em função do sistema como um todo, as empresas podem se beneficiar de melhores oportunidades. Mas não podemos nos restringir a isso. Os design thinkers também devem levar em conta o lado da demanda da equação.

mudando nosso comportamento

O utilitário pode ser o artefato que define com mais precisão nossa era. Mais do que qualquer outro produto, ele incorpora a natureza das corporações no sentido de reagir ao que as pessoas querem, normalmente com mais do mesmo — no caso, *muito* mais —, independentemente de custo. A popularidade desses perigosos, dispendiosos, ineficientes e ecologicamente desastrosos veículos demonstra que a mudança precisa ocorrer simultaneamente nos níveis da demanda e da oferta. Precisamos encontrar maneiras de incentivar as pessoas a verem a conservação de energia mais como um investimento do que um sacrifício, como tantas pessoas já fizeram quando se decidiram a abandonar os cigarros, a perder peso ou poupar para a aposentadoria.

O Ministério de Energia dos Estados Unidos percebeu isso quando os funcionários do gabinete do EERE (Energy Efficiency and Renewable Energy — Eficiência Energética e Energia Renovável) utilizaram o design thinking para ampliar suas iniciativas. O Ministério de Energia, em uma postura conservadora, partiu da premissa de que as pessoas já se preocupavam com a eficiência de energia e direcionou seus recursos a programas de P&D cujos frutos — novas tecnologias eficientes na utilização de energia — atenderiam a essa demanda. Em um programa apelidado de "Mudança de Foco", a IDEO propôs uma nova abordagem, centrada no ser humano, que começava questionando essa premissa.

Após um intenso período de pesquisas em campo, no qual a equipe da IDEO realizou um levantamento por amostragem da opinião de consumidores em Mobile, Dallas, Phoenix, Boston, Juneau e Detroit, a conclusão foi impressionante: as pessoas não se interessam pela eficiência energética. Isso não significa que o público seja ignorante, perdulário ou irresponsável, mas que a "eficiência energética" é uma abstração que, na melhor das hipóteses, constitui um meio para atingir metas pelas quais as pessoas realmente se interessam: conforto, estilo, comunidade.

Essa conclusão levou a equipe de design a recomendar uma mudança de postura do Ministério de Energia, de encontrar soluções de engenharia às necessidades presumidas das pessoas a encontrar formas de envolvê-las no nível de seus verdadeiros valores e em questões significativas de suas vidas. As propostas de design que se seguiram se basearam nos fundamentos a seguir: cortinas elegantes porém termicamente eficientes, mostruários no varejo de iluminação eficiente em termos de utilização de energia, ferramentas informativas e educativas para capitalizar a maior receptividade das pessoas em momentos de mudança, como a compra de uma nova casa ou de novos utilitários.

Estamos presenciando uma monumental mudança no equilíbrio de forças, na medida em que as economias evoluem do foco em produtos manufaturados para outro que favorece serviços e experiências. As empresas estão transferindo parte do controle e passando a ver seus clientes não como "usuários finais", mas sim como participantes de um processo de duas mãos. O que está surgindo é nada menos que um novo contrato social.

Todo contrato, contudo, tem dois lados. Se as pessoas não quiserem que as empresas as tratem como consumidores passivos, devem assumir o controle e sua cota justa de responsabilidade. Isso significa que não podemos nos limitar a esperar que novas escolhas surjam do santuário dos departamentos de marketing, laboratórios de P&D e estúdios de design. As implicações são claras: o público também deve se comprometer com os princípios do design thinking, da mesma forma que os enfermeiros da Kaiser, os operários da Toyota e os WOLF Packs da Best Buy e os funcionários públicos da Transportation Security Administration e do Ministério de Energia dos Estados Unidos.

À medida que o círculo de design thinkers cresce, veremos a evolução de soluções que melhorarão na natureza dos produtos e serviços que compramos. Mesmo em uma grande escala e mesmo no nível dos problemas mais desafiadores que atualmente enfrentamos em nossa sociedade, o design thinking pode nos proporcionar um norte. Se nada for feito a respeito, o círculo vicioso de design--manufatura-marketing-consumo se exaurirá e a Espaçonave Terra ficará sem combustível. Com a participação ativa de pessoas em todos os níveis, é possível estender esta jornada por um pouco mais de tempo.

CAPÍTULO 9

o ativismo no design,

ou inspirando soluções com potencial global

Meio século atrás, Raymond Loewy se vangloriava de seu papel no aumento das vendas dos cigarros Lucky Strike por meio de ajustes nos elementos gráficos do pacote. Hoje em dia, poucos designers chegariam perto desse tipo de projeto. A ascensão do design thinking corresponde a uma mudança cultural e o que vem empolgando os melhores pensadores é o desafio de aplicar suas habilidades a problemas que fazem a diferença. Melhorar a vida das pessoas destituídas é um dos primeiros itens dessa lista.

Isso não é apenas uma questão de altruísmo coletivo. Os melhores design thinkers sempre foram atraídos para os maiores desafios: distribuir água potável na Roma Imperial, projetar a estrutura do domo da Catedral de Florença, construir uma ferrovia através das Midlands britânicas ou criar o primeiro laptop. Eles vasculham os problemas que lhes permitem trabalhar no limite porque é aí que eles têm mais chances de conseguir algo que nunca foi feito antes. Para a última geração de designers, esses problemas foram causados pelas novas tecnologias. Para a próxima geração, os desafios mais prementes — e mais empolgantes — podem residir nas regiões montanhosas do sudeste da Ásia, nas regiões pantanosas da África

Oriental, nas favelas e florestas tropicais do Brasil e nas geleiras da Groenlândia, que estão derretendo.

Com isso, não pretendo sugerir que os designers nunca se encarregaram de problemas com a escala da sustentabilidade e da pobreza global. *Design for the Real World*, de Victor Papanek, já era leitura obrigatória quando entrei na faculdade de arte, três décadas atrás, e ainda me lembro de nossas conversas tarde da noite sobre o design ser "para pessoas, não pelo lucro". Vários abrigos de emergência resultaram dessa virtuosa indignação, mas tirando o início de uma conscientização de nossas responsabilidades sociais, há poucas evidências de que isso tenha produzido algum impacto duradouro. A razão é que, como designers, concentramos nossas habilidades no objeto em questão e ignoramos o sistema como um todo: Quem o utilizará, como e em quais circunstâncias? Como ele será produzido, distribuído e mantido? Ele sustentará as tradições culturais ou as destruirá?

Um modelo melhor foi desenvolvido por Martin Fisher, com dou- torado pela Stanford, e que não obteve uma bolsa pela Fulbright para trabalhar no Peru, por não falar espanhol. Fisher aceitou, com relutância, uma missão de 10 meses no Quênia, onde acabou ficando 17 anos. Em Nairóbi, ele notou que as pessoas em países pobres que foram lançadas na economia global não precisam tanto de dinheiro quanto dos meios para ganhar dinheiro. Com seu parceiro de desenvolvimento Nick Moon, Fisher fundou a KickStart, uma prestadora de "microtecnologias" de baixo custo, incluindo uma bomba de águas profundas operada por pedais — que recebeu o sugestivo nome de "Supermáquina de Dinheiro" — e que tem ajudado mais de 80 mil lavradores locais a abrir pequenas empresas na África Oriental. Fisher percebeu que as engenhosas bombas, prensas para a produção de tijolos e extratores de óleo de palmeira não eram o suficiente. Seus clientes precisavam de infraestrutura local, incluindo marketing, distribuição e manutenção. Escolado no mundo de alta tecnologia do Vale do Silício e com conhecimento prático das favelas de Nairóbi, Fisher mostra como o design thinking estende o perímetro ao redor de um problema.

os usuários mais radicais de todos

Quando a Hewlett-Packard pediu que a IDEO analisasse as microfinanças na África Oriental, nossos especialistas em fatores humanos não sabiam no que estavam se metendo. Não tínhamos muita experiência na África e seria generoso dizer que éramos especialistas em microfinanças. Então, é claro, aceitamos a missão.

A equipe de duas pessoas viajou para Uganda, onde viveu por algum tempo em várias comunidades rurais e na capital, Kampala, onde conversou com mulheres locais sobre as realidades práticas de microfinanças. Durante o trabalho de campo, os dois observaram uma grande necessidade de manter registros precisos das transações financeiras, mas também viram os obstáculos de fazer isso com as ferramentas e tecnologias com as quais os ocidentais já estão acostumados. A utilização de eletroeletrônicos ainda não é comum na África rural. Os componentes precisam ser simples e robustos. Os produtos precisam ser projetados para uma manutenção simples ou substituição barata. Reprogramar uma interface como o Windows é custoso demais para as pequenas populações de aldeias que falam diferentes línguas e dialetos. Quanto mais a equipe aprendia, mais intimidadora se tornava a lista de restrições.

Com o retorno dos pesquisadores de campo, a equipe de design começou a trabalhar com um produto com base mais nas décadas de experiência da IDEO trabalhando para a indústria de brinquedos do que com eletroeletrônicos de consumo. O aparelho utiliza componentes eletrônicos simples e produzidos em série que são baratos, de fácil obtenção e fácil manutenção. Em vez de uma interface baseada em um grande e caro monitor, um simples teclado impresso em papel é colocado sobre os botões, de forma que a adaptação a uma nova linguagem é tão simples quanto imprimir — ou escrever à mão uma nova folha de papel. O "Dispositivo Universal de Transações Remotas" não teria sido um grande sucesso na Feira Internacional de Eletroeletrônicos de Consumo em Las Vegas, mas foi uma ferramenta apropriada para um mercado emergente em um país em desenvolvimento. Ainda melhor, o aparelho podia ser utilizado não apenas para acompanhar as transações microfinanceiras, como também para o monitoramento remoto de ocorrências relacionadas a saúde, problemas agrícolas, gestão de cadeia de suprimento, entre outros.

Vimos os benefícios resultantes de buscar usuários "radicais" e por que os insights mais interessantes muitas vezes são gerados ao olhar para fora, para os limites do mercado. O objetivo não é tanto trabalhar em projetos de design voltados para essas populações limítrofes ou remotas, mas sim obter inspiração de sua paixão, conhecimento de suas circunstâncias extremas. No entanto, podemos ser tímidos demais em relação às implicações desse conceito. Mesmo quando observamos adolescentes coreanos entusiastas da tecnologia para vislumbrar com mais clareza o futuro dos norte-americanos de meia-idade, ainda nos restringimos a lugares e pessoas que já conhecemos e problemas orientados ao consumidor que são basicamente nossos. Não costumamos pensar em mergulhar nos cantos mais pobres e negligenciados do planeta para aprender sobre a vida de pessoas que estão às margens do sistema, mas é nesses locais que podemos encontrar soluções globalmente aplicáveis para os problemas mais prementes do mundo. Algumas vezes, a necessidade é a mãe da inovação.

Esse argumento pode ser mal interpretado. Embora seja louvável contribuir com nosso talento para a erradicação de doenças que podem ser prevenidas, ajuda humanitária em desastres e educação rural, com muita frequência nosso instinto tem sido pensar nessas intervenções como ações sociais diferentes dos interesses práticos dos negócios e superiores a eles.

Essas ações estão no âmbito de fundações, instituições de caridades, trabalho voluntário e ONGs, não de "corporações desalmadas" que só se preocupam com os resultados financeiros. No entanto, esses não são mais modelos aceitáveis. As empresas que se concentram unicamente em aumentar a participação de mercado em alguns décimos de ponto percentual deixam passar oportunidades significativas de mudar as regras do jogo, e organizações sem fins lucrativos que tentam enfrentar sozinhas o problema podem estar abrindo mão de acesso aos recursos humanos e técnicos necessários para criar uma mudança sustentável, sistêmica e de longo prazo.

O influente estrategista de negócios C. K. Prahalad tem escrito sobre a fortuna que pode ser encontrada na "base da pirâmide" por empresas que ousarem ver os cidadãos mais pobres do mundo não como fornecedores de mão de obra barata ou os beneficiários de sua grandiosidade caridosa, mas sim como parceiros no empreendedorismo criativo. A descrição de Prahalad do Aravind Eye Hospital, um hospital oftalmológico em Madurai, Índia, é um bom exemplo disso.

uma passagem para a Índia

O Aravind foi fundado em 1976 pelo finado Dr. G. Venkataswamy — o "Dr. V", como todos o chamavam — para explorar maneiras de oferecer atendimento médico aos habitantes de países pobres e em desenvolvimento. As alternativas, na época, eram importar práticas e instalações do Ocidente — o que estava muito além do alcance da maioria dos indianos — ou contar com práticas "tradicionais", que negam às pessoas os frutos das pesquisas modernas e que, muitas vezes, significa não tratar uma doença. O Dr. V sentia que deveria haver uma terceira alternativa.

Minha passagem pela Índia começou com uma visita a um dos consultórios oftalmológicos itinerantes do Hospital Aravind nos subúrbios de Madurai, no sul do estado indiano de Tamil Nadu. Eu não esperava ver casas bem cuidadas de três quartos, em comunidades planejadas. Por outro lado, não estava preparado para o que vi: favelas compostas de barracos feitos de caixas de papelão e folhas onduladas de metal, casas simples misturadas com oficinas deixadas pelo império britânico, mercados do tamanho do estacionamento de um Wal-Mart vendendo tudo que você pode imaginar. Mas também vi pessoas cujos olhos estavam sendo examinados. Vi como os casos mais complexos eram transmitidos via satélite para o hospital, em que médicos experientes poderiam dar o diagnóstico final. Observei pacientes com cataratas operáveis embarcando em um ônibus que os levaria ao Hospital Aravind, onde seriam operados no mesmo dia.

O Aravind tem as próprias instalações internas de produção, que fabrica as lentes intraoculares e suturas utilizadas nas operações de catarata. Trata-se de um incrível exemplo de utilização de restrições extremas como inspiração para inovações revolucionárias. O Dr. David Green, que foi homenageado pela Ashoka Foundation, pela MacArthur Foundation e pela Schwab Foundation for Social Entrepreneurship, e que trabalha com o Dr. P. Balakrishnan no Hospital Aravind, elaborou a hipótese de que seria possível utilizar tecnologia de manufatura auxiliada por computador para produzir localmente as lentes, em vez de importá-las de fornecedores estrangeiros a um custo de aproximadamente US$200 o par.

Em 1992, por meio do projeto Impact, uma organização sem fins lucrativos fundada por ele, Green montou uma pequena unidade de produção no porão de um dos hospitais e começou a fabricar lentes plásticas. Com o tempo, ela foi expandida para produzir também suturas e atingiu todos os padrões internacionais necessários para produzir globalmente seus produtos. Agora, a Aurolab (como chamaram sua startup no porão) é a maior exportadora de lentes e suturas do mundo em desenvolvimento. Recentemente, ela foi transferida para uma nova fábrica. Um confesso "empreendedor social serial", Green voltou sua atenção a medicamentos para o tratamento de Aids pediátrica e perda de audição — uma campanha global que começou como um protótipo no sistema do Hospital Aravind.

No hospital, vestimo-nos com roupas cirúrgicas descartáveis e percorremos as alas, onde médicos realizam mais de 250 mil cirurgias por ano. Procedimentos operacionais de linha de montagem constituem as bases da produtividade do Aravind. Enquanto um cirurgião removia as lentes comprometidas de um paciente em um rápido, porém habilidoso, procedimento, o próximo paciente estava sendo preparado ao lado da sala de cirurgia. A recuperação pós-operatória não ocorria em uma ala extravagante com TV a cabo e flores em vasos, mas em um quarto simples com esteiras no chão, onde os pacientes passavam a noite antes de voltar para casa no dia seguinte. Não era luxuoso pelos padrões ocidentais, mas tão confortável quanto as camas nas quais eles dormiam em casa. Para cerca de um terço dos pacientes, o procedimento era gratuito; os outros pagavam em escala crescente, que começava com 3 mil rúpias (cerca de US$65), e recebiam exatamente o mesmo tratamento.

É improvável que um médico, administrador de hospital, arquiteto ou designer industrial ocidental tivesse aberto mão de dispendiosas alas a favor de esteiras de palha e pisos de concreto, mesmo que a missão fosse ajudar os cegos. Esse insight resultou da empatia do Dr. V com a cultura dos pobres. Ele percebeu que dar aos pacientes algo compatível com o que estavam acostumados em suas aldeias, mas ainda bom o suficiente para atingir padrões médicos aceitáveis, lhe permitia atender os pobres de forma economicamente viável. E ele conseguiu. O Aravind Eye Hospital já atendeu milhões de pacientes. O Aurolab opera com um lucro de 30%, que é reinvestido em clínicas no Nepal, Egito, Malavi e América Central. Apesar de a equipe administrativa do Aravind receber doações particulares para financiar trabalhos adicionais, o modelo operacional é autossustentável e o Aravind não depende de doações de caridade mais do que a maioria das clínicas ocidentais.

Apesar de muitas pessoas elogiarem o Aravind por seu modelo empreendedor de "capitalismo compassivo", na qualidade de um designer, minha experiência lá mostrou o enorme potencial de trabalhar com extremas restrições. Que grande ironia perceber que o Santo Graal dos EUA corporativos — onde a inovação leva a soluções inovadoras e maior lucratividade — pode ser encontrado em esteiras de palha em uma clínica oftalmológica na Índia rural.

O Hospital Aravind não apenas está possibilitando incontáveis benefícios aos cidadãos de Madurai, Pondicherry e outras cidades nas quais suas clínicas atualmente têm operações, como também está exportando ideias e abordagens a outras clínicas médicas do mundo em desenvolvimento — e talvez até além. Com efeito, há sinais de que a abordagem do Hospital Aravind, e outros como ele, pode se tornar uma prática aceitável no Ocidente. Não apenas jovens cirurgiões dos Estados Unidos e da Europa têm procurado o Aravind para receber treinamento, como também pacientes estão começando a viajar para a Índia em busca de um atendimento de alta qualidade a uma fração do preço que pagariam em Nova York ou Los Angeles.

O Dr. Venkataswamy faleceu em 2006. Até o fim da vida, quando falava sobre sua visão para o Aravind, ele gostava de usar o McDonald's como o padrão de escala e eficiência que sonhava levar aos serviços médicos. Sua grande realização foi utilizar as ferramentas do design thinker — empatia, experimentação e prototipagem — para atingir uma eficiência comparável à do McDonald's de forma orgânica e sustentável.

para reflexão

A 1.500km ao norte, nos arredores de Nova Déli, é possível encontrar uma fazenda de demonstração criada pela International Development Enterprises (IDE), da Índia. Fundada pelo empreendedor social Paul Polak, a missão da IDE é proporcionar soluções de baixo custo que satisfazem as necessidades de pequenos produtores rurais em países em desenvolvimento. A estrada estreita que leva à fazenda passa por campos de cultivos saudáveis irrigados por uma variedade de técnicas.

Em um canto, vemos canos de irrigação por gotejamento e, em outro, pulverizadores feitos de materiais simples e de baixo custo. Amitabha Sadangi, que lidera a IDE (Índia), repete a mesma mensagem vez após vez: o design para os pobres começa e termina com foco no custo. Cada detalhe deve ser pensado para não ser mais caro do que o necessário, e nenhuma eficiência é pequena demais para ser ignorada. Essa abordagem pode não ser novidade alguma para a maioria dos fabricantes ocidentais, mas Sadangi e Polak a levam um passo além.

Revolucionando o conceito dos resultados financeiros trimestrais, exigem que qualquer investimento feito por um produtor rural seja multiplicado várias vezes em apenas uma colheita. Enquanto um fazendeiro norte-americano pode fazer um empréstimo para comprar um trator de centenas de milhares de dólares e quitá-lo ao longo de vários anos, os produtores rurais no mundo em desenvolvimento não podem assumir esse risco, nem têm o capital necessário para fazer investimentos desse porte. Essa restrição levou a inovações que têm o potencial de transformar a agricultura no mundo em desenvolvimento — e talvez no mundo todo.

Muitos dos produtos de irrigação por gotejamento da IDE são projetados não para durar por uma ou duas décadas, como poderíamos esperar no Ocidente, mas apenas por uma ou duas colheitas. Essa abordagem aparentemente imediatista pode soar irresponsável a um engenheiro ocidental, mas ao utilizar materiais menos duráveis e, portanto, menos caros, a IDE reduziu o custo de irrigação a aproximadamente cinco dólares para um terreno de 20m2.

Um produtor rural pode esperar colher muitas vezes essa quantia em lucros adicionais no cultivo de frutas ou vegetais, o que lhe possibilitará irrigar mais terra para as colheitas futuras. Ao reduzir o custo, a IDE permite que os produtores rurais reinvistam os lucros adicionais para atingir a sustentabilidade econômica com mais rapidez e menos risco. E, com isso, ao aumentar a demanda para seus sistemas de baixo custo, a IDE, tal qual o Hospital Aravind, opera com base em um modelo de negócios sustentável.

Essa abordagem tem o potencial de fazer uma grande diferença para os lavradores de subsistência na Índia, África e outras regiões, mas seu impacto potencial pode ser ainda maior que isso. A ideia de projetar produtos de modo integrado de forma que ofertas de baixo custo e no nível da entrada proporcionem rápidos resultados para os clientes tem aplicações que vão muito além da lavoura. No mundo em desenvolvimento, esse modelo de negócios está sendo aplicado a computação móvel, serviços de comunicações, distribuição de água potável, atendimento médico rural e moradia a preços acessíveis. Por que não poderia ser aplicado a muitos dos mesmos setores no Ocidente? As convulsões econômicas que têm abalado o mundo desenvolvido no momento da escrita deste livro sugerem que o modelo atual não está funcionando.

Não poderia haver um momento mais oportuno para imaginar como podemos nos aproximar de uma sociedade na qual compramos para ajudar a criar riqueza em vez de apenas consumir. A ideia de criar designs para produtos, serviços e modelos de negócios capazes de gerar retornos rápidos sobre o investimento parece bastante atraente e não é por acaso que ela surgiu primeiro em locais em que a maioria das pessoas não tem escolha.

Organizações como o Aravind Eye Hospital, a International Development Enterprises e muitas outras similares estão testando abordagens que medem o sucesso não em termos de lucro, mas de impacto social, e nos desafiam a pensar em como essas lições podem ser aplicadas em outros lugares. Em certo sentido, já vimos esse tipo de inovação antes. A Toyota, a Honda e a Nissan deram início a sua meteórica ascensão criando soluções baratas para seus próprios mercados em uma época na qual a indústria automobilística norte-americana mensurava o sucesso de seus carros pela altura de seus rabos de peixe. E provaram ao mundo que não há nada intrinsecamente "japonês" em bom design, produção eficiente, consumo reduzido de combustível e baixo custo.

O modelo do Hospital Aravind não poderia ser utilizado para mostrar ao mundo o caminho a ser seguido? O argumento para trabalhar com os usuários mais radicais, em circunstâncias nas quais as restrições são implacáveis e o custo do fracasso é alto, não é só social. Pode ser assim que identificaremos oportunidades que tenham relevância global e evitaremos nos tornar as vítimas de novos concorrentes que prosperam em ambientes nos quais organizações mais cautelosas temem pôr os pés.

com quem trabalhar

Independentemente de terem ou não adotado — ou até mesmo ouvido falar de — "design thinking", muitos desses empreendedores sociais estão aplicando seus princípios. As questões sociais são, por definição, centradas no ser humano. As melhores fundações, organizações de ajuda humanitária e ONGs do mundo sabem disso, mas muitas não têm as ferramentas necessárias para fundamentar esse compromisso em empreendimentos contínuos e sustentáveis abastecidos não somente por doações externas, como também pela energia e os recursos das pessoas que elas servem.

Em 2001, Jacqueline Novogratz criou o Acumen Fund, um fundo de empreendimentos sociais com sede em Nova York que investe em empresas na África Oriental e no sul da Ásia comprometidas em atender aos pobres, de forma contínua e sustentável. O Acumen tem investido em empreendimentos com e sem fins lucrativos, variando de redes franqueadas de clínicas de saúde a moradia a custos acessíveis.

Seu modelo está chamando a atenção do mundo inteiro. Novogratz tem falado explicitamente sobre como sua equipe de liderança utilizou o design thinking — além dos indicadores padrão de "desempenho" do investimento — para avaliar o sucesso de investimentos individuais com base em um equilíbrio de sustentabilidade dos negócios e impacto social. Com efeito, nosso interesse comum na utilização do design thinking para equilibrar metas de negócios com objetivos filantrópicos levou a IDEO a uma parceria contínua com o Acumen Fund.

Nossa colaboração teve início com uma série de workshops nos quais exploramos um conjunto de necessidades críticas que poderiam ser traduzidas em projetos viáveis, variando de mosquiteiros para a prevenção da malária a higiene e saneamento. Decidimos nos concentrar na questão de água potável. No mundo em desenvolvimento, cerca de 1,2 bilhão de pessoas correm o risco de contrair doenças por beber água contaminada. Mesmo quando a água é coletada em uma fonte de alta qualidade, muitas vezes ela é contaminada durante um longo transporte, muitas vezes a pé e, em geral, em estradas ruins até seu destino final. A equipe elaborou o próprio briefing: Como podemos criar meios seguros e fáceis para armazenar e transportar água que melhorem a saúde e as condições de vida de comunidades de baixa renda, ao mesmo tempo em que criamos oportunidades para empreendedores locais?

À medida que o projeto progredia, coletamos insights tanto sobre como implementar nossas ideias quanto sobre as soluções em si. Por mais interessante que uma ideia possa ser, tem pouco valor se não puder ser sustentada por seus clientes-alvo na Índia ou na África. Para conseguir isso, a equipe de projeto investigou o que o antropólogo Clifford Geertz chamou de "conhecimento local" de ONGs e empreendedores em campo, o que resultou em várias ideias culturalmente apropriadas: novos tipos de pagamento utilizando telefones celulares ou cupons pré-pagos, melhor identificação de veículos de entrega para aumentar a conscientização, depósitos locais comunitários que poderiam ser operados pela própria comunidade. No futuro os passos se concentrarão em meios de ajudar esses grupos locais, ao levarem suas ideias para o mercado.

O Aravind, a IDE e o Acumen Fund oferecem exemplos não apenas de produtos bem elaborados, mas de design thinking aplicado a todo o espectro de um problema: o produto, o serviço ao qual o produto está incorporado, o modelo de negócios do empreendimento que presta o serviço, os investidores por trás do empreendimento, entre outros elementos. É um erro pensar nelas como organizações de idealistas bem-intencionados e prósperos. Esses empreendimentos sociais visam atingir a integração da tríade desejabilidade, viabilidade e praticabilidade.

Naturalmente, isso levou a iniciativas interdisciplinares. No caso do Aravind, a maioria dos design thinkers envolvidos eram médicos, e não designers. Os design thinkers no Acumen Fund são capitalistas de risco e especialistas em desenvolvimento. Eles aprenderam a transitar pelas burocracias do governo e adaptar seus esforços à infraestrutura disponível porque os problemas sistêmicos só podem ser solucionados por meio da colaboração em todo o sistema.

no que trabalhar

Em comparação com empresas que podem estar tendo dificuldades para estender suas marcas a um novo subnicho de um mercado saturado, as oportunidades para o design engajado estão por toda parte. Na verdade, isso é um problema, pelo menos enquanto o talento em design thinking continuar sendo insuficiente. Recentemente, a Rockefeller Foundation pediu que a IDEO pensasse em como a indústria do design poderia contribuir mais para solucionar problemas sociais. Depois de conversar com dezenas de ONGs, fundações, consultores e designers, um de nossos insights mais reveladores foi que nossas iniciativas correm o risco de ser disseminadas demais e, em consequência, diluídas demais. Existem 10 projetos potenciais para cada design thinker com o tempo e o talento para lidar com eles, e 95% deles estão na África, na Ásia e na América Latina — o que aumenta o desafio de sair a campo para coletar insights ou realizar a prototipagem de nossas ideias de forma rápida e iterativa.

A solução é encontrar uma forma de agregar globalmente os esforços dos design thinkers, a fim de criar uma massa crítica, acumular ímpeto e realmente começar a solucionar alguns dos problemas selecionados que desejamos endereçar. Um dos exemplos mais promissores é a organização de caridade Architecture for Humanity, cofundada em 1999 por Cameron Sinclair. Na primeira tentativa, Sinclair utilizou a Web para reunir talentos em arquitetura a fim de projetar alojamentos e abrigos de emergência em resposta a grandes desastres, como o tsunami de 2004 que devastou o sudeste da Ásia e o Furacão Katrina no ano seguinte.

Um prêmio TED lhe permitiu criar a Open Architecture Network, que proporciona uma plataforma para solucionar problemas sistêmicos mais duradouros, e não apenas reagir a emergências ocasionais. A modesta missão da rede é "melhorar o padrão de vida de cinco bilhões de pessoas" lançando desafios de design, divulgando soluções de design para que elas possam ser compartilhadas e desenvolvidas, conectar stakeholders e criar uma abordagem participativa à solução de problemas de design. Na verdade, ela busca alavancar as energias coletivas de arquitetos e designers do mundo inteiro, de modo a agregá-las, concentrá-las e ampliá-las.

Se precisarmos definir prioridades, as Metas de Desenvolvimento do Milênio das Nações Unidas seriam um bom ponto de partida, mas "erradicar a pobreza extrema" e "promover a igualdade entre os sexos" são metas amplas demais para servir como briefings de design eficazes. Para atingir as Metas de Desenvolvimento do Milênio, elas precisarão ser traduzidas em briefings de design práticos que levem em consideração as restrições e determinem critérios de mensuração do sucesso. Algumas questões mais promissoras poderiam ser:

> *Como podemos capacitar lavradores pobres a aumentar a produtividade de sua terra por meio de produtos e serviços simples e de baixo custo?*
>
> *Como permitir que garotas adolescentes se tornem membros capazes e produtivos da comunidade por meio de melhor educação e acesso a serviços?*
>
> *Como podemos treinar e apoiar trabalhadores da área da saúde em comunidades rurais?*
>
> *Como encontrar alternativas de baixo custo para fogões a lenha e querosene em favelas urbanas?*
>
> *Como criar uma incubadora de bebês que não precise de eletricidade para funcionar?*

A chave, como todo designer sabe, é elaborar um briefing com flexibilidade suficiente para liberar a imaginação da equipe, ao mesmo tempo em que proporciona especificidade suficiente para fundamentar suas ideias na vida do público-alvo.

algumas vezes, o melhor a fazer é ficar em casa

Nem todas as questões de design social mais críticas são encontradas no mundo em desenvolvimento. A área da saúde no Ocidente — para pegar apenas o exemplo mais evidente — está diante de uma crise iminente. Com efeito, para milhões de norte-americanos, o sistema já está falido. Custos cada vez mais altos estão ameaçando a estabilidade do sistema, ao mesmo tempo em que a sociedade adota um estilo de vida insalubre que gera enorme encargo social e econômico. Os pesquisadores médicos concentram suas energias em curas para doenças crônicas — doenças cardíacas, câncer, derrames, diabetes — e especialistas em política trabalham para melhorar a eficiência da administração do sistema de saúde. No entanto, essas iniciativas isoladas nunca bastarão. É necessário esforço sustentado para integrar esses caminhos e explorar alternativas divergentes, e é nesse ponto que o design thinking pode ajudar.

Na medicina, uma vez que o paciente esteja estabilizado, a maior tarefa é identificar a origem do problema — passar, por assim dizer, do lado *corretivo* ao *preventivo* do problema. Um bom exemplo é a obesidade, que contribui para várias das principais causas de morte na sociedade ocidental e, hoje, é clinicamente descrita como tendo atingido proporções epidêmicas. Alguns dos fatores relevantes se relacionam a fatores biológicos, culturais, demográficos e geográficos de uma pessoa, enquanto outros residem no âmbito da escolha pessoal. Todos apresentam oportunidades para o design thinking.

A incidência da obesidade na infância decolou nas últimas décadas; de acordo com os Centers for Disease Control and Prevention, nos Estados Unidos o número de crianças com excesso de peso e obesas triplicou desde 1980. O que costumava ser chamado de diabetes do adulto precisou ser rebatizado como diabetes tipo 2, por ter deixado de afetar apenas adultos — hoje, não é mais raro ver crianças tomando insulina.

Em nível individual, podemos começar refletindo sobre por que as crianças desenvolvem hábitos alimentares pouco saudáveis já na infância, o que torna difícil mudá-los quando elas crescem. Depois podemos pensar em maneiras de solucionar alguns desses problemas. Alguns distritos escolares baniram o junk-food nas lanchonetes e em máquinas de venda automática, mas privar as crianças da comida que querem é uma solução contraproducente.

Mais promissores são os incentivos positivos, como os de Alice Waters, fundadora do Chez Panisse, um famoso restaurante de Berkeley. Waters lançou uma iniciativa denominada "Escola Comestível" para o cultivo de frutas e legumes, visando proporcionar ingredientes saudáveis para a merenda, ao mesmo tempo em que as crianças aprendem de onde vem sua alimentação. No Reino Unido, Jamie Oliver desenvolveu seu programa "Refeições Escolares", trabalhando com autoridades locais para oferecer alimentos mais saudáveis e saborosos. Essas iniciativas podem ser vistas como reação a um desafio de design clássico. Em vez da virtuosa exortação das Metas de Desenvolvimento do Milênio para "acabar com a obesidade na infância", elas pensam como design thinker: "Como podemos [...] incentivar as crianças a comer alimentos mais saudáveis?"

A outra metade da equação da obesidade se relaciona ao condicionamento e aos exercícios físicos — o que tanto economistas quanto nutricionistas podem concordar em chamar de um modelo de "input-output". Enquanto consumimos mais calorias do que nunca, somos membros do que pode ser considerada a geração menos ativa da história. Também nesse ponto o design thinking tem oportunidades para contribuir com o que normalmente tem sido considerado um problema médico ou de políticas públicas.

A Nike, por exemplo, mobilizou suas equipes de design internas para ajudar não apenas a *proporcionar equipamentos a atletas*, como também a *conhecer seus comportamentos*. Isso, por sua vez, levou a algumas significativas inovações de produtos. Desde 2006, os clientes da Nike monitoraram mais de 150 milhões de quilômetros usando um simples dispositivo instalado em seus tênis de corrida e que transmite dados sobre velocidade e distância a seus iPods. Ao chegar em casa, eles carregam os dados em um site no qual podem analisar seu progresso ao longo do tempo ou em relação a outros corredores. A inovação da Nike implica fechar o ciclo de informações, permitindo que as pessoas avaliem os efeitos de seu comportamento. O Wii Fit da Nintendo usa, de forma similar, a necessidade que as pessoas têm de ver resultados, mas — infelizmente — sem precisar sair do conforto de suas salas de estar.

Esses primeiros pequenos passos para incentivar comportamentos mais saudáveis terão de ser repetidos inúmeras vezes antes da concretização de um benefício social significativo, mas indicam uma esperança no fim do túnel. Os design thinkers desenvolveram a capacidade de abordar importantes questões sociais do ponto de vista de motivações individuais e dos comportamentos resultantes, mas também há um nível de análise que precisa ser direcionado às forças sociais que restringem as escolhas disponíveis. Corpos saudáveis são uma condição necessária, mas não suficiente de uma sociedade saudável, mas o contrário também é verdadeiro. Ao redor do mundo, design thinkers estão se tornando ativistas e aplicando suas habilidades a fontes de disfunção social.

de global a local

O British Council for Industrial Design foi constituído após o fim da Segunda Guerra Mundial para ajudar na recuperação econômica pós-guerra, mas, desde aquela época, ampliou sua missão para incluir a aplicação do design a uma variedade de questões sociais contemporâneas.

Nos últimos anos, o Design Council, como é conhecido atualmente, tem colaborado com autoridades federais e locais para aplicar a solução criativa de problemas a questões que dificilmente seriam imaginadas uma década atrás. No "Dott 07 (Designs of the Times)", o Council patrocinou um ano de projetos comunitários, concursos, mostras, conferências, simpósios e festivais por todo o nordeste da Inglaterra para explorar questões como: "O design pode ajudar na luta contra o crime?", "Nossos sistemas de produção de alimentos estão prontos para uma reformulação?", "Como podemos tornar as escolas mais sustentáveis?"

Um programa particularmente bem-sucedido, o "Design e Saúde Sexual" visava equilibrar os requisitos de publicidade e discrição para incentivar as pessoas a se beneficiarem de um serviço social normalmente estigmatizado. Em primeiro lugar, a equipe do projeto conduziu um levantamento com 1.200 moradores, líderes comunitários e profissionais da saúde e depois criou um programa integrando design de serviço, clínicas, comunicação e educação focado não nas doenças, mas na experiência dos visitantes das clínicas.

Hilary Cottam, que já dirigiu o Design Council, levou essa abordagem ao design thinking local um passo além. Em colaboração com o especialista em inovações Charles Leadbeater e o empreendedor digital Hugo Manasse, ela criou a Participle, uma organização dedicada à geração de novas soluções sociais por meio da participação de comunidades locais e dos maiores especialistas do mundo todo.

Assumindo uma abordagem orientada pelo design e baseando seu trabalho nas filosofias do estado assistencialista britânico elaboradas pela primeira vez por Sir William Beveridge, a equipe da Participle lidou com questões que variavam de solidão na idade avançada a maior integração dos jovens na sociedade. Um projeto denominado "Círculo de Southwark" resultou em uma nova organização em que os membros ajudam os idosos a realizarem tarefas domésticas. As ideias foram lapidadas e os protótipos foram criados em colaboração com os idosos e suas famílias antes do lançamento do serviço em Southwark, sul de Londres, no início de 2009. Cottam acredita que soluções localmente criadas podem levar a modelos nacionais de serviços sociais comunitários.

o design dos futuros design thinkers

Talvez a oportunidade mais importante para impacto de longo prazo seja por meio da educação. Os designers aprenderam alguns poderosos métodos para chegar a soluções inovadoras. Como podemos utilizar esses métodos não apenas para educar a próxima geração de designers, mas também para pensar em como a educação pode ser reinventada visando liberar o amplo reservatório de potencial criativo humano?

Em 2008, conversei com estudantes do Art Center College of Design, em Pasadena, sobre as "Brincadeiras Sérias", a relação entre as atividades das quais todos nós participamos quando éramos crianças e as características da inovação e criatividade. Argumentei que explorar o mundo com nossas mãos, testar ideias construindo-as, interpretar papéis e inúmeras outras atividades são todas características naturais de crianças brincando. Quando entramos no mundo adulto, contudo, perdemos a maior parte desses preciosos talentos. O primeiro lugar onde isso começa a acontecer é na escola. O foco no pensamento analítico e convergente na educação é tão dominante que a maioria dos alunos sai da escola acreditando que a criatividade não é importante ou que é privilégio de alguns poucos excêntricos talentosos.

Nosso objetivo no que se refere à aplicação do design thinking em escolas deve ser desenvolver uma experiência educacional que não destrua a inclinação natural das crianças de experimentar e criar, mas incentivar e desenvolver essa inclinação. Como sociedade, nossa capacidade futura de inovação depende de haver muito mais pessoas instruídas nos princípios holísticos do design thinking, da mesma forma que nosso talento tecnológico depende de altos níveis de conhecimento em matemática e ciência. De forma surpreendente, talvez, para uma empresa que conquistou sua reputação com projetos de design industrial para clientes como Apple, Samsung e Hewlett-Packard, o envolvimento com escolas públicas e privadas, com iniciativas educacionais de grupos como a W. K. Kellogg Foundation e com faculdades e universidades tem se tornado uma parte cada vez maior do trabalho da IDEO.

A Ormondale é uma escola pública de ensino fundamental situada na abastada comunidade de Portola Valley, na Califórnia. O pessoal da escola estava convencido de que, "para produzir alunos do século XXI, não podemos usar métodos do século XVII". Em contraste com as expectativas de nossos clientes corporativos, a Ormondale não nos pediu para entregar um design acabado, mas sim para facilitar um processo no qual as pessoas que projetarem o programa — os próprios professores — fossem os responsáveis por sua implementação.

A equipe realizou sessões de brainstorming, conduziu workshops, desenvolveu protótipos curriculares e observou instituições análogas, variando de uma rede de conservação da vida selvagem a uma rede de distribuição de alimentos mórmons. Os professores da Ormondale desenvolveram um conjunto de ferramentas baseadas em uma filosofia compartilhada de "aprendizado investigativo" que envolve os alunos na busca ativa do conhecimento em vez de se limitar a receber informações. O processo — o design participativo — espelhou o produto final: um ambiente participativo de ensino e aprendizado.

Oportunidades de repensar a estrutura da educação podem ser encontradas em todos os níveis da cadeia. Na estrutura de uma faculdade de arte tradicional, a California College of the Arts em São Francisco aplicou os princípios do design thinking — pesquisa centrada no usuário, brainstorming, observações análogas, prototipagem — na elaboração de seu plano estratégico para o futuro da educação artística. O Royal College of Art, em Londres, vem colaborando com seu vizinho, o Imperial College, para alavancar os tipos de solução criativa de problemas — diferentes, mas que se reforçam mutuamente — encontrados na arte e na engenharia. Em

Toronto, alunos da Ontario College of Art & Design têm a chance de colaborar com alunos da Rotman School of Management da UT, em uma busca conjunta de criatividade e inovação.

Um dos mais recentes experimentos pode ser encontrado na Stanford University no Hasso Plattner Institute of Design — a chamada d-School. A d-School não busca educar designers tradicionais e, na verdade, não oferece qualquer curso de "design". Em vez disso, ela serve como um ambiente ímpar no qual estudantes de pós-graduação de áreas tão distintas quanto medicina, administração, direito e engenharia podem trabalhar juntos em projetos de design colaborativos de interesse público.

A d-School incentiva a pesquisa centrada no ser humano, o brainstorming e a prototipagem em cada projeto, mas também aplica internamente esses princípios essenciais de design thinking. Os espaços são intercambiáveis, o status acadêmico é irrelevante, o currículo está em constante mudança — em resumo, a d-School é um protótipo contínuo do próprio processo educacional.

Encontrar maneiras de aplicar os princípios do design thinking aos problemas da sociedade — nos arredores de Kampala, nos escritórios de uma instituição social em Nova York ou nas salas de aula de uma escola de ensino fundamental na Califórnia —, esse é o tipo de problema que vem atraindo os mais ambiciosos designers, empreendedores e alunos. Eles são motivados não pelo desejo altruísta de "retribuir com alguma coisa" durante alguns meses após se formarem ou depois de se aposentarem, mas pelo fato de que os maiores desafios são sempre acompanhados das maiores oportunidades.

Os projetos e as pessoas apresentados neste capítulo não se concentram em caridade, filantropia ou sacrifício pessoal, mas na autêntica reciprocidade de interesses. Não há nada de errado em "dar um tempo" por um ou dois anos para ajudar o Corpo da Paz a construir um parque infantil no Nepal ou em El Salvador. As iniciativas analisadas aqui, contudo, não requerem que especialistas altamente qualificados *interrompam* suas carreiras, mas que as *redirecionem*, de formas que atendam a pessoas que passam por grandes necessidades.

Para nos basearmos nas ideias uns dos outros — um dos princípios-chave do design thinking —, precisaríamos, pelo menos por ora, concentrar-nos em um conjunto finito de problemas, de modo que nossos sucessos possam ser cumulativos ao longo do tempo e em vários locais. Esse processo tem início com o cultivo da criatividade natural de todas as crianças, mantendo-a viva à medida que elas avançam pelo sistema educacional e entram na vida profissional. Não existe um modo melhor de desenvolver os design thinkers de amanhã.

CAPÍTULO 10

o design de amanhã... *hoje*

Seria tentador concluir este livro com o tema inspirador de como o design thinking pode não apenas contribuir para o sucesso das empresas, como também promover o bem-estar geral da humanidade. As pessoas e os projetos descritos nas páginas anteriores estão na vanguarda do design thinking. Eles mostram o que pode ser feito quando as pessoas se envolvem na resolução dos problemas certos e se dedicam a levá-los até suas conclusões lógicas. Mas, para roubar uma expressão dos professores Jeffrey Pfeffer e Bob Sutton, de Stanford, o design thinking requer fechar a "lacuna entre saber e fazer". As ferramentas dos design thinkers — nossa exposição ao mundo para sermos inspirados pelas pessoas, utilizarmos a prototipagem para aprender com nossas mãos, criarmos histórias para compartilhar nossas ideias, unirmos forças com pessoas de outras áreas — são formas de aprofundar o que sabemos e ampliar o impacto do que fazemos.

Ao longo deste livro, tentei mostrar não apenas como as habilidades dos designers podem ser aplicadas a uma ampla variedade de problemas, como também que essas habilidades não são inatas e são acessíveis a uma variedade muito mais ampla de pessoas do que se imagina. Essas duas linhas se encontram quando as aplicamos a um dos problemas mais desafiadores de todos: elaborar o design de uma vida.

o início

O design thinking evoluiu de um início modesto: artífices como William Morris, arquitetos como Frank Lloyd Wright e designers industriais como Henry Dreyfuss e Ray e Charles Eames desejavam tornar o mundo mais acessível, belo e significativo. A complexidade e a sofisticação da área cresceram com o tempo, na medida em que os designers buscavam sistematizar e generalizar o que faziam.

É difícil classificar os design thinkers que encontramos ao longo deste livro de acordo com uma fórmula simples. Embora tenhamos a tendência de ver as pessoas como pensadoras ou fazedoras, analisadoras ou sintetizadoras, artistas que usam o lado direito do cérebro ou engenheiros que usam o lado esquerdo do cérebro, somos pessoas completas, e as características surgem de acordo com o contexto.

Quando saí da faculdade de arte, via o design como uma arte profundamente pessoal. Certamente, eu não me preocupava com sua relação com os negócios, com a engenharia ou com o marketing. Assim que entrei no mundo real da prática profissional, contudo, me vi imerso em projetos cuja complexidade interdisciplinar refletia o mundo a meu redor e comecei a descobrir aptidões que nunca soube ter. Estou convencido de que, em face da chance — e do desafio —, a maioria das pessoas terá a mesma experiência e será capaz de aplicar as habilidades holísticas e integradoras do design thinker aos negócios, à sociedade e à vida.

O DESIGN THINKING E SUA EMPRESA

comece pelo início

O design thinking começa com a divergência, a tentativa deliberada de expandir a variedade de opções, em vez de restringi-las. A inclinação do designer no sentido de explorar novos direcionamentos não tem muito valor se ocorrer no final do processo de inovação, quando o arco da história começou a se fechar. As empresas deveriam ter design thinkers em seus conselhos de administração, participando das decisões estratégicas de marketing e dos primeiros estágios das iniciativas de P&D. Eles contribuirão com a capacidade de gerar novas ideias inesperadas e utilizarão as ferramentas do design thinking como um meio de explorar a estratégia. Os design thinkers conectarão o movimento de baixo para cima com o movimento de cima para baixo.

assuma uma abordagem centrada no ser humano

Como o design thinking equilibra as perspectivas dos usuários, da tecnologia e dos negócios, é, por natureza, integrador. Como ponto de partida, contudo, ele privilegia o usuário final, e é por isso que tenho me referido repetidamente a ele como uma abordagem à inovação "centrada no ser humano". Os design thinkers observam como as pessoas se comportam, como o contexto de uma experiência afeta sua reação a produtos e serviços. Eles levam em consideração o sentido emocional das coisas, bem como seu desempenho funcional. E, com base nisso, tentam identificar as necessidades não declaradas, ou latentes, das pessoas e traduzi-las em oportunidades. A abordagem centrada no ser humano do design thinker pode fundamentar novas ofertas e aumentar as chances de sua aceitação ao vinculá-las a comportamentos existentes. Fazer os tipos certos de perguntas muitas vezes determina o sucesso de um novo produto ou serviço: ele satisfaz as necessidades de seu público-alvo? Cria significado além do valor? Inspira um novo comportamento que será para sempre associado a ele? Ele cria um ponto de virada?

A abordagem padrão típica é começar com restrições de negócios habituais — orçamentos de marketing, redes de cadeia de suprimento e assim por diante — e extrapolar daí, mas essa tática leva a ideias incrementais facilmente copiadas. Começar com a tecnologia é a segunda abordagem mais comum, porém é arriscada e mais adequada a startups ágeis, que estão em posição de apostar em algo novo e ainda não testado. Partir dos seres humanos aumenta as chances de desenvolver uma ideia revolucionária e encontrar um mercado receptivo — sejam gerentes de sofisticados hotéis, sejam lavradores de subsistência no Camboja. Em ambos os extremos, o primeiro passo é garantir que as pessoas envolvidas em suas iniciativas de inovação se aproximem ao máximo dos clientes-alvo. Grandes volumes de dados de mercado não substituem a exposição ao mundo.

fracasse logo, fracasse com frequência

O tempo até o primeiro protótipo é um bom indicativo da vitalidade de uma cultura de inovação. Com que rapidez as ideias são elaboradas de forma tangível, de modo que possam ser testadas e melhoradas? Os líderes devem incentivar a experimentação e aceitar que não há nada de errado com o fracasso, contanto que ele ocorra no começo e se torne fonte de aprendizado. Uma vibrante cultura de design thinking incentivará a prototipagem — rápida, barata e rudimentar — como parte do processo criativo, e não apenas como uma forma de validar ideias acabadas. Um protótipo promissor gerará um burburinho entre os membros da equipe de design, que se tornarão defensores entusiastas, na medida em que ele se torna um candidato a financiamento e suporte. O verdadeiro teste de um protótipo, contudo, não é interno, mas está no mundo, no qual pode ser vivenciado por lavradores, crianças na escola, viajantes a negócios ou cirurgiões — isto é, seus usuários-alvo. Os protótipos precisam ser testáveis, mas não precisam ser físicos. Storyboards, cenários, filmes e até uma atuação teatral improvisada podem produzir protótipos de grande sucesso — quanto mais, melhor.

procure ajuda profissional

Eu não corto meus próprios cabelos nem troco o óleo de meu carro, embora, provavelmente, seja capaz disso. Em certas ocasiões, faz mais sentido sair de sua organização e buscar oportunidades de expandir o ecossistema de inovação. Algumas vezes, isso assumirá a forma de cocriação com os clientes ou novos parceiros. Outras vezes, significará contratar especialistas, que podem ser tecnólogos, geeks de software, consultores de design ou jovens entusiastas de videogames. Já vimos como, com a ajuda da internet, produtos e serviços estão transcendendo o consumo passivo. A participação ativa de clientes e parceiros não apenas tem a chance de gerar mais ideias, como também criará uma rede de fidelidade que seus concorrentes terão dificuldades de destruir. Os inovadores explorarão as redes da Web 2.0 para expandir a escala efetiva de suas equipes, e os hiperinovadores estarão prontos para a Web 3.0 quando ela chegar.

Usuários radicais muitas vezes são a chave para insights inspiracionais. Eles são os especialistas, os entusiastas e os fanáticos que vivenciam o mundo de forma inesperada. Eles nos forçam a projetar nosso modo de pensar para os limites de nossa base de clientes existente e expõem questões que, de outra forma, permaneceriam ocultas. Procure os usuários radicais e pense neles como um ativo criativo. Lembre-se de que eles podem ser encontrados no outro lado da cidade ou no outro lado do mundo.

compartilhe a inspiração

Não se esqueça de sua rede interna. Grande parte dos esforços relativos ao compartilhamento de conhecimento ao longo da última década se concentrou na eficiência. Talvez seja a hora de pensar em como suas redes de conhecimento sustentam a *inspiração* — não apenas otimizando o progresso de programas existentes, como também estimulando a criação de novas ideias. Como é possível conectar sujeitos que pensam de forma similar para alavancar suas paixões em comum? Qual costuma ser o destino das novas ideias em sua organização? Como você pode alavancar insights sobre os consumidores para inspirar vários projetos? Você está utilizando ferramentas digitais para documentar os resultados de seu projeto de uma forma que aprofunde a base de conhecimento de sua organização e permita que as pessoas aprendam e cresçam com isso?

A ascensão da colaboração virtual — aliada ao aumento do preço das passagens aéreas — torna mais fácil que nos esqueçamos do valor de reunir as pessoas na mesma sala. Daqui a 100 anos, essa noção pode parecer estranha, mas, por enquanto, é a melhor forma de criar poderosos vínculos. Desafie sua organização a pensar em como é possível passar mais tempo com um trabalho colaborativo e gerativo que acabará produzindo um resultado tangível — e não conduzindo mais reuniões. O tempo que as pessoas passam juntas lhes possibilita cultivar relacionamentos e fortalecer equipes — um dos recursos mais preciosos de uma organização. Torne-o o mais produtivo e criativo possível. Fica muito mais fácil desenvolver as ideias alheias quando esse desenvolvimento está ocorrendo em tempo real e entre pessoas que se conhecem e confiam umas nas outras. E costuma ser muito mais divertido.

misture projetos grandes com pequenos

Não existe uma solução genial para a inovação. Pense nisso mais como uma série de pequenas soluções. Faz sentido adotar uma variedade de abordagens à inovação, mas pense em quais delas têm mais chance de alavancar os pontos fortes de sua organização. Diversifique seus ativos. Gerencie um portfólio diversificado de inovação, variando de ideias incrementais de prazo mais curto — como melhorar a eficiência do consumo de combustível no modelo deste ano — a ideias revolucionárias de prazo mais longo — como produzir um carro que roda com grãos de soja ou sementes de girassol. A maior parte de suas iniciativas ocorrerá na zona incremental, mas, sem explorar mais ideias revolucionárias, você se arrisca a ser pego de surpresa pela concorrência. A desvantagem é que você pode ver menos desses projetos chegando ao mercado. A vantagem é que aqueles que chegarem provavelmente terão impacto mais duradouro.

É fácil incentivar a experimentação na zona incremental. As unidades de negócios devem ser incentivadas a orientar a inovação em torno de mercados e ofertas existentes. O líder criativo também deve estar disposto a apoiar a busca de mais ideias revolucionárias a partir do topo, independentemente de isso significar lançar uma nova linha de móveis de escritório ou um novo currículo escolar para o ensino fundamental. A maioria das organizações possui indicadores que mensuram a eficácia de uma divisão em seus próprios termos. Essa mentalidade dificulta a colaboração eficaz entre silos departamentais. É justamente nos espaços entre os silos, contudo, que residem as oportunidades mais interessantes.

ajuste o orçamento ao ritmo da inovação

O design thinking é veloz, indisciplinado e disruptivo, e é importante resistir à tentação de desacelerá-lo com inconvenientes ciclos orçamentários ou procedimentos burocráticos como a elaboração de relatórios inúteis. Em vez de sabotar seu ativo mais criativo, esteja preparado para repensar a programação do financiamento à medida que os projetos avançam de acordo com sua própria lógica interna e as equipes aprendem mais sobre as oportunidades que se apresentam.

Uma ágil alocação de recursos representa um desafio em qualquer organização e é absolutamente amedrontadora em grandes organizações. Mas deve haver maneiras de contornar a dependência paralisante na previsibilidade dos mercados e a inflexibilidade de orçamentos anuais. Algumas empresas têm realizado experimentos com fundos de capital de risco que podem ser utilizados para sustentar projetos promissores. Outras contam com o senso crítico da administração sênior para liberar fundos à medida que os projetos atingem certos marcos.

O truque é aceitar que os marcos não podem ser previstos com precisão e que os projetos ganham vida própria. É preciso esperar várias alterações nas diretrizes orçamentárias. A chave para uma definição orçamentária ágil é um processo de avaliação baseado no senso crítico da liderança sênior, e não em alguma espécie de processo algorítmico mecanicamente aplicado. É assim que os fundos de capital de risco funcionam, e os capitalistas de risco de sucesso são, sem dúvida alguma, ágeis.

procure talentos

Os design thinkers podem ser escassos, mas existem em qualquer organização. O truque é identificá-los, desenvolvê-los e deixá-los livres para fazer o que fazem de melhor. Quem gosta de observar e ouvir os clientes? Quem prefere construir um protótipo a escrever um memorando? Quem parece mais produtivo trabalhando em equipe do que enfiado em um cubículo? Quem entra na organização com uma formação estranha (ou apenas uma tatuagem estranha) que pode ser o indicativo de um modo diferente de ver o mundo? Essas pessoas são sua matéria-prima e seu suprimento de energia. Elas são dinheiro no banco. E, como estão acostumadas à marginalidade, reagirão com entusiasmo à oportunidade de se envolver em instigantes projetos desde o início. Se forem designers, tire-as do conforto do estúdio de design e coloque-as em equipes interdisciplinares. Se forem da contabilidade, do jurídico ou do RH, dê a elas alguns materiais artísticos.

Depois de mobilizar seus recursos internos, pense em como lidar com o recrutamento. Contrate design thinkers em desenvolvimento de faculdades que entendem o conceito e traga alguns estagiários, colocando-os na mesma equipe que design thinkers mais experientes. Crie alguns projetos de prazo relativamente curto, mas focados no pensamento divergente. Divulgue os resultados pela organização. Crie empolgação ao redor do design thinking e os novos adeptos se apresentarão. Não há nada mais atraente para um verdadeiro inovador do que otimismo.

crie design para o ciclo

Em muitas organizações, o ritmo dos negócios exige que as pessoas mudem suas atribuições mais ou menos a cada um ano e meio. No entanto, a maioria dos projetos de design leva mais tempo para avançar da plataforma de lançamento à fase de implementação — em especial, projetos que visam a uma grande inovação. Quando os membros da equipe principal não conseguem concluir um projeto antes do fim de um ciclo, ambos sofrerão. A ideia orientadora por trás de um projeto provavelmente será diluída, atenuada ou perdida. As pessoas sentirão que suas curvas de aprendizado foram um desperdício e podem se frustrar. A experiência de acompanhar todo o ciclo de um projeto tem valor inestimável.

O DESIGN THINKING E VOCÊ

É maravilhosamente gratificante colocar algo novo no mundo, seja um design industrial premiado, uma elegante prova matemática ou o primeiro poema publicado no jornal da escola. Muitas pessoas descobrem que cultivar esse sentimento de realização pessoal é uma poderosa força impulsionadora. E isso também se revela uma sólida prática dos negócios, por nos tornar menos propensos a aceitar o conhecido, o conveniente ou o enfadonho.

não pergunte *o quê?*, pergunte *por quê?*

Todo mundo sabe o quanto crianças de 5 anos podem ser enervantes com o constante questionamento: "Por quê?, Por quê?" Todo pai ou mãe, em algum momento, já se refugiou atrás da autoritária resposta: "Porque eu disse." Para o design thinker, perguntar "Por quê?" é uma oportunidade de reformular um problema, redefinir as restrições e abrir a mente para uma resposta mais inovadora. Em vez de aceitar dada restrição, pergunte até mesmo se esse é o problema certo para ser solucionado. Nós queremos mesmo carros mais rápidos ou um transporte melhor? Televisões com mais recursos ou entretenimento melhor? Um lobby de hotel mais enfeitado ou uma boa noite de sono? A disposição de perguntar "Por quê?" vai irritar seus colegas no curto prazo, mas, no longo prazo, melhorará as chances de alocar energia aos problemas certos. Não há nada mais frustrante do que se sair com a resposta certa para a pergunta errada. Isso se aplica tanto a elaborar uma nova estratégia para uma empresa quanto a atingir um equilíbrio significativo entre a vida profissional e a vida pessoal.

abra os olhos

Passamos a maior parte da vida sem notar coisas importantes. Quanto mais estamos acostumados com uma situação, mais a negligenciamos, e é por isso que normalmente você precisa receber a visita de alguém de fora para conhecer os pontos turísticos da cidade onde você mora há anos. Meu amigo Tom Kelley gosta de dizer que a "inovação começa com a observação", mas eu gostaria de estender um pouco essa ideia. Bons design thinkers observam. Excelentes design thinkers observam o corriqueiro. Siga a regra de pelo menos uma vez ao dia parar para refletir sobre alguma situação corriqueira. Pare por um segundo para olhar alguma ação ou objeto que você olharia só uma vez (ou nem chegaria a notar), como se fosse um investigador na cena de um crime. Por que os poços são redondos? Por que minha filha adolescente está indo para a escola vestida desse jeito? Como sei a que distância preciso ficar da pessoa em minha frente na fila? Como eu agiria se fosse daltônico? Se mergulharmos no que Naoto Fukasawa e Jasper Morrison recentemente chamaram de "o Supernormal", podemos obter insights incomuns das regras tácitas que nos orientam ao longo da vida.

visualize

Registre visualmente suas observações e ideias, ainda que seja apenas um esboço grosseiro em um caderno ou uma foto na câmera do celular. Se você acha que não sabe desenhar, tudo bem. Faça mesmo assim. Todo designer que conheço anda com um caderno de anotações como um médico anda com um estetoscópio. Essas imagens se tornarão um baú do tesouro de ideias para consultar e compartilhar.

O mesmo se aplica à forma como desenvolvemos nossas ideias. Ludwig Wittgenstein foi o mais cerebral dos filósofos do século XX, mas seu lema era: "Não pense. Olhe." Ser visual nos permite analisar um problema de modo diferente do que se apenas nos basearmos em palavras e números. Achei mais útil visualizar este livro como um mapa mental do que elaborar um sumário ordenado. O mapa mental me deu uma ideia do todo que eu não conseguiria obter com um sumário linear. A bióloga Barbara McClintock costumava falar sobre "um sentimento para o organismo". Seus colegas pararam de ridicularizar sua abordagem "sensível-sentimental" à ciência quando ela ganhou o Prêmio Nobel de Fisiologia ou Medicina. De Al Gore nos ajudando a visualizar o derretimento da calota polar na Groenlândia a artista Tara Donovan nos ajudando a visualizar um milhão de copos de isopor, uma imagem pode, como dizem, valer por mil palavras. Talvez mais.

desenvolva as ideias alheias

Todo mundo já ouviu falar da lei de Moore ou da constante de Planck, mas deveríamos desconfiar quando uma ideia passa a ser identificada demais com a primeira pessoa que pensou nela. Se uma ideia se torna propriedade privada, provavelmente se cristalizará e se fragilizará com o tempo. Se migrar por uma organização, passando por permutações, combinações e mutações contínuas, ela provavelmente florescerá. Da mesma forma como os habitats precisam da diversidade ecológica, as corporações precisam de uma cultura de ideias conflitantes. Músicos de jazz e atores que improvisam criaram uma forma de arte em torno de sua capacidade de desenvolver as histórias sendo contadas em tempo real pelos outros artistas. Há muitos "IDEOísmos" flutuando por nosso escritório, mas meu favorito pode ser o lembrete muito repetido de que "todos nós somos mais inteligentes do que qualquer um de nós".

exija opções

Não se contente com a primeira boa ideia que lhe venha à mente nem adote a primeira solução promissora que lhe apresentam. Há muito mais de onde elas vieram. Permita que 100 flores desabrochem, mas depois deixe que façam a polinização cruzada. Se você não explorou muitas opções, não foi divergente o suficiente. Suas ideias provavelmente serão incrementais ou fáceis de copiar.

Pode ser difícil honrar esse compromisso. A busca de novas opções leva tempo e complica mais as coisas, porém é o caminho para se terem soluções mais criativas e satisfatórias. Nesse ínterim, seus colegas podem se frustrar e seus clientes podem ficar impacientes, mas ficarão mais contentes com os resultados finais. Você só precisa saber quando parar, e essa é uma arte que pode ser aprendida, mas provavelmente não pode ser ensinada. A melhor forma é definindo prazos finais. Eles não apenas imporão um limite para o tempo disponível, como você verá que se torna ainda mais produtivo à medida que o prazo vai se aproximando do fim. Pode amaldiçoar o quanto quiser os prazos finais, mas lembre-se de que o tempo pode ser nossa restrição mais criativa.

equilibre seu portfólio

Uma das coisas mais gratificantes de pensar como um designer é que os resultados são tangíveis. Algo novo passa a existir ao final do projeto que não existia antes. Lembre-se de documentar o processo à medida que ele vai se desenrolando (não esperamos que nossos filhos se tornem adultos para começar a tirar fotos!). Grave vídeos, guarde desenhos, esboços e apresentações e encontre um lugar para armazenar os protótipos físicos. Reunido em um portfólio, esse material documentará um processo de crescimento e registrará o impacto de muitas mentes (o que pode ser útil durante as avaliações de desempenho, entrevistas de emprego ou quando você estiver tentando explicar a seus filhos o que exatamente você faz). Dennis Boyle, empregado número oito da IDEO, guardou todos os protótipos que já fez (nós recusamos sua solicitação de alugar um hangar de avião para armazená-los). É difícil não se sentir orgulhoso de sua contribuição quando você tem um registro dela.

elabore o design de uma vida

O design thinking tem suas origens no treinamento e na prática profissional de designers, mas estes são princípios que podem ser praticados por todos e estendidos a todas as áreas de atividade. Há uma grande diferença, contudo, entre planejar uma vida, deixar-se levar pela vida e elaborar o *design* de uma vida.

Todos conhecemos pessoas que percorrem a vida com cada passo pré-planejado. Elas sabiam em qual faculdade iriam estudar, qual estágio levaria a uma carreira de sucesso e em que idade se aposentariam. Se tropeçarem, elas têm pais, agentes e coaches para ajudá-las. Infelizmente, isso nunca funciona (você se lembra do Cisne-negro?). E, de qualquer maneira, se você sabe quem vai vencer antes do início da partida, não faz muito sentido jogar.

Como qualquer boa equipe de design, podemos ter um senso de propósito sem nos iludir achando que podemos prever todos os resultados, porque estamos no domínio da criatividade. Podemos turvar a distinção entre o produto final e o processo criativo que nos conduziu até ele. Os designers trabalham dentro das restrições da natureza e estão aprendendo a imitar sua elegância, economia e eficiência e, como cidadãos e consumidores, nós também podemos aprender a respeitar o frágil ambiente que nos cerca e nos sustenta.

Acima de tudo, pense na vida como um protótipo. Podemos conduzir experimentos, fazer descobertas e mudar nossos pontos de vista. Podemos buscar oportunidades de transformar processos em projetos que tenham resultados tangíveis. Podemos aprender como apreciar as coisas que criamos, independentemente de elas assumirem a forma de uma experiência efêmera ou uma relíquia de família que durará por gerações. Podemos aprender que a recompensa resulta da criação e da recriação, não apenas do consumo do mundo que nos cerca. A participação ativa no processo de criação é um direito e um privilégio nosso. Podemos aprender a mensurar o sucesso de nossas ideias não apenas por nossa conta bancária, mas também por seu impacto no mundo.

Comecei este livro descrevendo um de meus heróis, um homem que viveu antes da existência da profissão do design — e muito antes do design thinking: o engenheiro vitoriano Isambard Kingdom Brunel. À medida que os desafios da era industrial foram se espalhando por todas as áreas de empreendimento humano, um desfile de ousados inovadores que viriam a influenciar o mundo, como influenciaram minha própria forma de pensar, se seguiria a ele. Encontramos muitos ao longo da "jornada do leitor" que tentei construir aqui: William Morris, Frank Lloyd Wright, o designer industrial norte-americano Raymond Loewy e a equipe de Ray e Charles Eames. O que todos eles tinham em comum era otimismo, abertura à experimentação, amor por contar histórias, necessidade de colaborar e um instinto para pensar com as mãos — construir, elaborar protótipos e expressar ideias complexas com magistral simplicidade. Eles não apenas *faziam* design, eles o *viviam*.

Os grandes pensadores aos quais devo tanto não são como mostram os livros de luxo sobre os "pioneiros", "mestres" e "ícones" do design moderno. Eles não eram membros minimalistas ou esotéricos da fechada elite do design e não usavam blusas pretas de gola rulê. Eles foram inovadores criativos capazes de fechar o abismo entre pensar e fazer porque eram apaixonados pela meta de criar uma vida melhor e um mundo melhor. Hoje em dia, temos a oportunidade de seguir o exemplo deles e liberar o poder do design thinking como uma forma de explorar novas possibilidades, criar novas escolhas e levar novas soluções ao mundo. No processo, podemos descobrir que ajudamos a criar uma sociedade mais saudável, uma empresa mais lucrativa e nossa própria vida mais rica, impactante e significativa.

CAPÍTULO 11

o redesign do design

Tim Brown e Barry Katz

Foi dito que um fazendeiro na Grã-Bretanha, em 1750 d.C., tinha mais em comum com um fazendeiro na Grã-Bretanha em 1750 a.C. do que com os próprios netos. As revoluções desencadeadas, primeiro, pela energia a vapor, depois pela eletricidade e, mais recentemente, pelo computador, resultaram em um ritmo de mudança que os contemporâneos consideraram vertiginoso, empolgante e, muitas vezes, aterrorizante. A era atual, no entanto, acelerou esse processo em um grau inimaginável.

Olhando para a década que nos separa da publicação original de *Design Thinking*, parece que outro livro, não apenas outro capítulo, seria necessário para dar sentido a tudo o que aconteceu: computação em nuvem, que nos últimos cinco anos transformou informações de um investimento de capital em uma utilidade geral; o iPhone, da Apple (2007), sem dúvida o produto de maior sucesso da história; Blockchain, Airbnb e Uber (todos de 2009), e o advento da "economia peer-to-peer" descentralizada; o anúncio do Google de seu programa de veículos autônomos (2010); a publicação das ferramentas de edição de genes CRISPR (2012); e a comercialização da tecnologia de DNA, que segue a mesma trajetória — desde o laboratório até o mercado —, como o computador fazia 40 anos atrás.

Há dez anos, "Isis" era só uma antiga deusa egípcia, "Facebook" estava amontoado em uma suíte de dois quartos acima de uma loja de grânulos no centro de Palo Alto, os céus acima de nossos bairros ainda não estavam cheios de drones aéreos, e conceitos como "redes sociais" e "mudança climática" estavam apenas começando a ganhar atenção. É difícil dizer que qualquer outra década na história humana tenha visto mudanças tão profundas e de longo alcance.

Está surgindo um consenso de que, juntas, essas transformações são de tal profundidade e abrangência que constituem nada menos que uma "Quarta Revolução Industrial", com todas as rupturas e deslocamentos decorrentes. Apesar do ritmo relativamente lânguido das revoluções associadas ao vapor, à eletricidade e ao computador, o processo não foi tranquilo — como sabe quem leu os romances "industriais" de Charles Dickens e Elizabeth Gaskell, ou contemplou as convulsões agoniantes dos pintores modernistas. Mas, em contraste com essas revoluções anteriores, cujo impacto social e cultural poderia ser absorvido ao longo de décadas, esta se desenrolava em grande velocidade e em uma escala anteriormente inimaginável. É essencial que compreendamos seu caráter essencial antes que ela nos devore.

Para enfrentar os desafios criados por uma década de disrupção contínua, a profissão de design cresceu e se adaptou de maneiras sem precedentes. No início dos anos 1970, o teórico Horst Rittel desafiou os designers a desviar sua atenção para o que chamou de "problemas perversos" — problemas complexos, amplos e ambíguos; problemas que estão imbricados em problemas maiores; problemas que não se prestam a julgamentos fáceis de "certo" ou "errado". Desde então, a profissão tem enfrentado o desafio.

Hoje, os designers trabalham com a obesidade nos Estados Unidos e com a saúde reprodutiva na África Ocidental, na violência urbana e na pobreza rural. Eles estudam o pré-natal, no início da vida, e articulam conversas difíceis sobre o inevitável fim da vida. Certamente, os designers ainda estão trabalhando pesado para tornar nossos móveis mais confortáveis, nossos gráficos mais legíveis e nossas interfaces digitais mais acessíveis, mas a gama de suas atividades expandiu-se quase além do que se pode acreditar.

Isso não quer dizer, como alegam alguns críticos, que os designers reivindicaram algum tipo de onisciência, ou que alguém — um executivo corporativo, um administrador de hospital, um professor do ensino médio — após três dias de workshop, domine o ofício que os profissionais de design passaram anos lapidando. Pelo contrário, para lidar com problemas nessa escala, aprendemos a criar alianças com campos de experiência adjacentes: não vemos mais tanto o designer solitário, mas a *equipe* de design integrada, cujos membros incluem pesquisadores etnográficos, economistas comportamentais, cientistas de dados e — na IDEO, pelo menos — neurocirurgiões, cardiologistas e advogados. À medida que o alcance e a complexidade dos problemas aumentam, também aumenta o número de áreas que devem ser mobilizadas para resolvê-los.

Embora os desafios que enfrentamos hoje se estendam infinitamente em todas as direções, vistos através das lentes do trabalho do projeto IDEO na última década, é possível identificar um conjunto de temas que se mostraram particularmente prementes e para os quais o design começou a traçar algumas direções promissoras. Podemos resumi-los da seguinte forma:

1. O redesign dos sistemas sociais obsoletos
2. O renascimento da democracia participativa

3. O design das cidades, à medida que a era do automóvel chega ao fim
4. A humanização de inteligência artificial, máquinas inteligentes e big data
5. A biotecnologia e o design voltado ao começo e ao fim da vida
6. A conversão da economia linear para circular

Nenhum profissional de design, acostumado a escrever briefings com cuidado, a cumprir prazos apertados e a ter orçamentos restritos, jamais aceitaria tarefas tão vastas e abertas. Defendemos, no entanto, que é exatamente isso que devemos aprender a fazer. As páginas a seguir sugerem algumas estratégias para traduzir desafios nessa escala em cursos de ação práticos.

1. o redesign das instituições

Os desafios mais importantes e intimidadores que enfrentamos hoje envolvem o redesign de sistemas sociais obsoletos: educação, saúde, mídia, trabalho, negócios. Para encontrá-los, fomos forçados a aprender um conjunto inteiramente novo de práticas que não fizeram parte de nosso treinamento em escolas de arte, engenharia ou mesmo design. Por uma questão de conveniência, chamamos esse conjunto de práticas de "design thinking", mas é preciso entender que ele nunca teve a intenção de ser uma metodologia fixa, com estágios especificados e resultados garantidos. Em vez disso, pense nele como uma filosofia, uma mentalidade, uma nova abordagem centrada no homem para abordar os problemas que o mundo do século XXI enfrenta.

Um exemplo de design nessa escala chegou até nós em 2011, na forma de uma solicitação de um proeminente empresário peruano, Carlos Rodriguez-Pastor, que havia ficado alarmado com o péssimo estado da educação pública em seu país. O Peru está classificado na parte inferior da pesquisa global da Organização para Cooperação e Desenvolvimento Econômico de ciências, matemática e proficiência em leitura; sem uma mão de obra instruída, o país corria o risco de desperdiçar as oportunidades oferecidas por seu rápido crescimento econômico. Rodriguez-Pastor queria nada menos do que projetar um novo sistema educacional, acessível a uma classe média emergente, mas ainda não rica, e escalável em todo o país. É difícil imaginar um desafio de design mais assustador, mas essa é precisamente a escala na qual os designers estão aprendendo a atuar.

A primeira fase de qualquer processo de design centrado no ser humano é entender o escopo do problema que fomos designados a resolver. No caso do Peru, isso exigiu a formação inicial de uma equipe de pesquisa de cinco pessoas, cujos membros se inseriram na vida de partes interessadas representativas: professores e administradores; líderes empresariais e funcionários do Ministério da Educação; pais e, é claro, os próprios alunos. Usando uma mistura criativa de técnicas de pesquisa primárias e secundárias — observações em casa, entrevistas em grupo, histórias de campo, visitas ao local e dados concretos —, a equipe fez uma avaliação do problema, das restrições que o cercavam e das oportunidades oferecidas. Então, começou a trabalhar.

Abrangendo profundamente o kit de ferramentas do designer, a equipe expandida criou não apenas uma estratégia, mas também os meios de implementar e gerenciar um sistema escolar de ensino médio escalável: currículo, técnicas e recursos instrucionais, treinamento e desenvolvimento de professores, prédios, planos operacionais, painéis de dados, sistemas de compartilhamento de conhecimento e um modelo financeiro subjacente que permitisse às escolas cobrar uma taxa mensal modesta de US$130 (uma ideia visionária que não pode ser sustentada por mecanismos normais de mercado provavelmente permanecerá apenas isso: uma ideia). O ano letivo de 2018 começou com 49 escolas Innova em todo o Peru, matriculando mais de 37 mil estudantes e empregando cerca de dois mil professores. Uma adaptação está sendo testada no México e está sendo aclamada como, talvez, a mais ambiciosa iniciativa educacional de financiamento privado da América Latina.

Uma coisa é projetar uma solução inovadora de assentos para salas de aula de escolas — resolvemos esse problema para o Steelcase. Mas exige um conjunto de habilidades diferentes, de fato, uma mentalidade diferente, enfrentar um problema na escala das escolas Innova. O que aprendemos de nosso trabalho no Peru foi o valor — de fato, o imperativo absoluto — do *design de sistemas inteiros integrados*, de entender um problema em seu nível mais fundamental, localizando-o em seu contexto mais amplo e mobilizando as áreas de especialização — no caso, arquitetura, estrutura curricular e ciências comportamentais — necessárias para encará-lo. O principal insight que tiramos do projeto Innova é que as escolas, não menos que óculos de sol, placas de rua ou scooters elétricas, são projetadas — e, como qualquer outro artefato de nossa civilização, podem ser bem ou mal projetadas, ou simplesmente, pensando em desafios que já não são mais relevantes.

A experiência das escolas Innova nos levou, quase inevitavelmente, a perguntar: "Podemos fazer isso de novo? Poderíamos fazer isso por algo que não seja a educação?" A educação é talvez o índice mais revelador das necessidades de uma cultura em transição, mas há muitas outras áreas aguardando as intervenções de designers, de pessoas dispostas a pensar como designers e de pessoas preparadas para atuar como designers.

2. o redesign da democracia

Essa pessoa é Dean Logan, que detém o título extremamente antidesign de registrador/escrivão do condado de Los Angeles County. Nesse cargo, Logan supervisiona a maior e, provavelmente, a mais demograficamente complexa jurisdição de voto dos Estados Unidos, com uma população de eleitores equivalente a mais de 42 dos 50 estados norte-americanos, que devem ser atendidos em mais de dez idiomas.

Após o fiasco eleitoral de 2000 na Flórida, no qual a legitimidade da presidência parecia depender de uma cédula falsa de cartões perfurados, a confiança no sistema eleitoral havia caído para o nível mais baixo de todos os tempos. Em resposta, o Congresso aprovou o Help America Vote Act, que alocou fundos para que as jurisdições locais atualizassem seus equipamentos. Depois de avaliar a situação em Los Angeles, Logan nos procurou com uma pergunta direta: "Podemos criar um novo sistema de votação, que funcione para *todos* os eleitores?" Fazer o redesign da democracia? Sem problemas!

No passado, isso poderia significar enquadrar o problema como o redesign de uma máquina de votação de 50 anos. Hoje, no entanto, os designers estão aprendendo a pensar não em termos de produtos independentes, mas de sistemas, as complexas redes sociais de significado, comportamento e poder nas quais os produtos são incorporados. Estamos aprendendo, como dizia nosso mentor Bill Moggridge, a pensar não com substantivos ("Como projetar uma máquina de votação melhor?"), mas com verbos: "Qual seria a melhor maneira de aprimorar a experiência democrática?" Quando nos concentramos nos substantivos, como os designers fazem há cem anos, ficamos presos a uma mentalidade incremental: uma escova de dentes melhor, uma cadeira de mesa mais confortável, um ar-condicionado mais silencioso. Porém, quando pensamos nos verbos, detonamos o problema e somos capazes de abordá-lo em toda a sua complexidade perversa, que sempre foi a condição para a verdadeira inovação.

O design de referência que criamos, em parceria com o condado de Los Angeles e nossos amigos da Digital Foundry, é tanto um estudo nas ciências sociais e comportamentais quanto de engenharia mecânica e de software. Sistemas complexos têm partes interessadas complexas, e ter acesso a especialistas representativos dos diferentes grupos de partes interessadas mostrou-se essencial. Consequentemente, a equipe passou centenas de horas observando, ouvindo, entrevistando e conduzindo sessões de teste de usuários, a fim de entender as motivações que as pessoas levam consigo para as urnas, ou que mantêm quase dois terços delas afastadas.

Eles se reuniram com eleitores confinados a cadeiras de rodas, com deficiência no desenvolvimento e cegos (até Stevie Wonder contribuiu para validar um dos modelos). Eles observaram os trabalhadores que carregam as máquinas nos caminhões que as levam a 4.800 locais de votação em todo o condado e entrevistaram os voluntários que as montam quando chegam. Eles identificaram obstáculos físicos, bem como os intangíveis, de segurança, privacidade e confiança, e aprenderam a navegar no ambiente político, legislativo e regulatório. Com base nessa pesquisa abrangente, a equipe articulou um conjunto de princípios de design, testou-os em dezenas de protótipos e, finalmente, criou um modelo de trabalho guiado por uma filosofia única e abrangente: uma máquina para todos.

O "Projeto VOX" resolverá o mal-estar que afeta a democracia norte-americana? Provavelmente, não — gostamos de pensar em nós mesmos como ambiciosos e otimistas, mas não como arrogantes ou ingênuos. Estamos aqui como "um dente no universo", como Steve Jobs pediu à turma de graduação de Stanford em 2005. Qual é o tamanho de um dente? Saberemos quando 31 mil novos dispositivos de votação forem lançados nas eleições de 2020.

3. o redesign das cidades

Estamos orgulhosos dos produtos e dispositivos que criamos nos últimos 30 anos — o mouse da Apple, o assistente digital Palm V, os sistemas de entrega de insulina que salvam vidas da Eli Lilly — e esperamos fazer muito mais. Mas também ficamos impressionados com a forma como nosso portfólio e os de nossos muitos amigos, parceiros e concorrentes se expandiram na última década para atender às demandas da Quarta Revolução Industrial. Esse crescimento foi impulsionado pelas erupções contínuas de novas tecnologias e pela integração implacável do universo conectado de hoje. Isso alimentou nossa compreensão de que um produto físico é apenas a ponta de um iceberg experimental, repleto de ramificações psicológicas, culturais, ambientais e éticas, sem fronteiras óbvias entre eles.

Um exemplo impressionante diz respeito ao futuro do automóvel, que é inseparável do futuro da cidade. Muitas pessoas ainda parecem imaginar o "veículo autônomo" da mesma maneira que imaginavam o automóvel cem anos atrás: hoje, é um carro sem motorista; então, era uma carruagem sem cavalo. Mas, se aprendemos alguma coisa com a história do automóvel, é que a história real não trata do veículo, mas da maneira como impactou todos os aspectos da vida: o crescimento do subúrbio norte-americano; a alocação de vastas faixas de infraestrutura urbana a estradas, rodovias, estacionamentos, postos de gasolina, concessionárias, instalações de reparo de automóveis, pátios de demolição; a cultura automotiva e a relativa complacência com a qual aceitamos cerca de 35 mil fatalidades nas rodovias por ano somente nos EUA. À medida que empresas como a Ford estão mudando a escala de seu pensamento de "automóveis" para "mobilidade", os designers estão aprendendo a não partir do carro, mas do problema que o carro pretende solucionar. Isso nos levou a algumas experiências conjeturais de um tipo que sempre foram a arma secreta do designer.

Frequentemente, descobrimos que, quando um grupo de designers se interessa apaixonadamente por um problema, faz sentido reservar recursos para pesquisá-lo, desenvolver um ponto de vista e depois construir um protótipo — físico, digital ou experimental —, que pode ser divulgado e usado para iniciar conversas com parceiros interessados. Um desses projetos foi realizado por nossa prática de mobilidade, cujos membros estão particularmente sintonizados com a próxima era dos veículos sem motorista. Em um projeto com o codinome "Futuro da Automobilidade", a equipe decidiu captar as tecnologias subjacentes do veículo autônomo — o que pode e não pode esperar que seja feito de maneira realista — e depois desenvolver uma variedade de cenários que se enquadram no domínio das possibilidades. Em quatro "capítulos" digitais, eles exploraram como poderíamos, no futuro previsível, mover pessoas, mover coisas, mover espaços e caminhar juntos quando for possível remover a característica mais perigosa e não confiável do automóvel atual: o motorista.

A *automobilidade* não consiste em projetar um Batmóvel futurista nem em inventar a tecnologia da próxima geração — as tarefas, respectivamente, de escritores de ficção científica e cientistas de laboratório. Em vez disso, como designers, entendemos que nosso papel é antecipar as situações de curto prazo, que provavelmente enfrentaremos, e descobrir como controlar as tecnologias emergentes antes que seja tarde demais — antes disso, somos forçados a nos adaptar a elas, em vez de (como deveria ser) o contrário.

Como as 48 horas que o norte-americano médio agora passa a cada ano preso no trânsito podem ser transformadas em tempo produtivo? Como podemos mover bens e serviços pela cidade de maneira mais eficiente? Como convocar um escritório habilitado digitalmente em nossos computadores de mão e encaixá-lo durante uma reunião usando a infraestrutura urbana existente? Como podemos compartilhar a comutação da manhã de modo que cada passageiro tenha um assento reservado e personalizado, no qual possa ler, cochilar, fazer contatos ou tocar, só para ele, a música que ninguém mais quer ouvir? Não se trata de habilitar tecnologias de LIDAR, sensores de proximidade ultrassônicos, altímetros e giroscópios. Trata-se de como definiremos a própria mobilidade.

4. o redesign da IA

Para o bem ou para o mal — e nosso trabalho, como designers, é conseguir o "bem" —, o ritmo acelerado da mudança tecnológica é a característica que define nossa época. É difícil acreditar que, há dez anos, a inteligência artificial ainda era o sonho dos anos 1980 ou 1960, quando alguns cientistas do Stanford e do MIT, e o que era então conhecido como Instituto Carnegie de Tecnologia, começaram a especular sobre máquinas que poderiam aprender. Ou apreciar o abismo que separa os primeiros passos vacilantes de Shakey the Robot, no Stanford Research Institute, das acrobacias invertidas de Atlas, o robô humanoide em desenvolvimento no Boston Dynamics. Hoje, a IA e a robótica são uma realidade, repletas de software de reconhecimento facial, interfaces gestuais e de conversação e recursos avançados de raciocínio, mas mal começamos a lidar com suas implicações. O design sempre teve a tarefa de humanizar a tecnologia — tornando-a acessível, compreensível e até prazerosa —, e a importância de fazer isso nunca foi tão grande ou urgente.

Durante a primeira era das máquinas, os designers reagiram à produção em massa de mercadorias aplicando arte a objetos industriais; a prática profissional do design industrial tomava forma aos poucos. De maneira semelhante, o artista comercial que procurava decorar as páginas da mídia de massa foi substituído pelo designer gráfico treinado. O advento do computador e dos produtos digitais levou ao nascimento do design de interação a partir da coabitação forçada do layout de impressão e da ciência da computação. O que significaria trazer os princípios do design centrado no homem para uma aliança produtiva com a inteligência artificial, as máquinas inteligentes e o big data? Não como o casamento de parceiros duvidosos, mas como uma disciplina de design inteiramente nova?

Na década de 1960, o pioneiro da computação Douglas Engelbart criou o Augmentation Research Center, no que era então o Stanford Research Institute; o objetivo do laboratório não era construir uma máquina, mas "ampliar" o intelecto humano, e, em 1968, na "mãe de todas as demos", ele deu ao mundo o primeiro vislumbre de como isso seria. Meio século depois, inspirada no exemplo de Engelbart, a IDEO adquiriu formalmente a Datascope, uma empresa de ciência de dados em Chicago. Juntos, lançamos uma nova prática que chamamos de D4AI, ou "Design for Augmented Intelligence" [em português, design para a inteligência aumentada].

A próxima geração de produtos verdadeiramente inteligentes — nossos telefones, carros, roupas, medicamentos, serviços — terá que nos atender de maneiras dinâmicas, flexíveis e responsivas ao ritmo do cotidiano. Não se trata de *engenheiros de dados* implementando soluções em grande escala ou *cientistas de dados* pesquisando novos modelos estatísticos; estamos falando, antes disso, em *designers de dados* que precisam aprender a trabalhar com dados e algoritmos para criar uma IA verdadeiramente centrada no ser humano — uma inteligência artificial, isto é, que não parece artificial.

5. o redesign da vida (e da morte)

Todo mundo conhece a Lei de Moore, que prevê com precisão que o custo da computação cairá cerca de metade a cada 12 a 18 meses. Menos conhecida é a chamada Carlson Curve, que registra o preço por base de sequenciamento do genoma humano — cerca de US$100 milhões quando o Projeto Genoma Humano foi concluído, em 2001. Sabemos o que aconteceu quando o custo da computação despencou, a ponto de todo aluno de ensino médio agora carregar em sua mochila um computador com acesso à internet com mais poder de processamento do que a NASA tinha quando enviou três astronautas à Lua. Há indicações de que a genética está agora seguindo a mesma trajetória — do laboratório às aplicações industriais e ao mercado consumidor geral — com implicações potencialmente comparáveis.

Assim como a computação migrou das salas dos bancos, das companhias aéreas e das forças armadas para os desktops dos boomers, os laptops da geração X e os palmtops da geração millenial, as aplicações dos consumidores de informações genéticas estão aumentando drasticamente. A 23 and Me oferece kits de teste de DNA desde 2007, e o preço caiu 90% nos últimos cinco anos. Se o Consumer Electronics Show de 2018 em Las Vegas serve de parâmetro, existem centenas de startups se preparando para nos fornecer informações sobre nossa ancestralidade, nossa descendência e tudo mais. O Habit, localizado nos limites do epicentro da biotecnologia em Oakland, Califórnia, trocará algumas gotas de sangue, uma amostra de DNA da parte interna da bochecha e algumas informações metabólicas básicas por recomendações alimentares genomicamente específicas (que serão então entregues a sua porta). Por US$69,95, a *National Geographic* oferece o Geno 2.0, um aplicativo que ligará os assinantes a seus ancestrais neandertais a partir do conforto de seus smartphones. Como o público não especializado pode navegar no admirável mundo novo do DNA do consumidor?

Tivemos a oportunidade de explorar essa questão quando fomos abordados pela Helix, uma dentre as várias startups do Vale do Silício que se aglomeram no mercado consumidor emergente da genômica. Embora a última década tenha visto uma labareda de atividades, as questões éticas, o ambiente regulatório pesado e as possíveis aplicações de tais produtos são territórios desconhecidos. A tecnologia está amadurecendo rapidamente, e a comunidade de investimentos avançou. O que ainda é menos certo é como as pessoas podem usar seus dados genéticos.

Para responder a essa pergunta, reunimos uma equipe de etnógrafos, cientistas de dados e designers que pesquisaram uma amostra de cerca de mil pessoas — adotantes precoces, autores quantificados, novatos curiosos — de vários locais nos EUA. Com essa pesquisa, conseguimos confirmar o que aprendemos em vários outros projetos: as pessoas não querem apenas informações (há muito mais hoje em dia do que qualquer um de nós pode lidar); querem informações significativas e relevantes, que possam ser usadas.

"Dê-me coisas úteis", disse um entrevistado. "Dê-me conselhos, planos de ação, aplicativos e ferramentas", disse outro. "A informação é etérea até que eu possa usá-la." Isso nos ajudou a identificar um conjunto de temas (a fase de "síntese" do processo de design thinking) que, por sua vez, foram traduzidos em um conjunto de princípios orientadores do design que cunharam a estratégia de marca: por uma taxa única (US$80, e não US$2 bilhões), a Helix sequenciará o genoma de um cliente e direcionará essa pessoa a uma loja de aplicativos online de ofertas baseadas em DNA nas áreas de ascendência, entretenimento, família, fitness, saúde, nutrição e entretenimento (sim, algumas pessoas pagam por uma sacola impressa com sua sequência A-C-G-T). Mamão com açúcar.

Nosso DNA nos foi dado no nascimento, mas, no outro extremo do ciclo da vida humana, estão questões ainda mais desconcertantes: nem todos nós escolheremos sequenciar nosso genoma, andar de carro sem motorista, votar em uma eleição norte-americana ou entrar em uma escola no Peru. Mas todos nós — sem exceção —, em algum momento, partiremos desta vida terrena. Esse fato inevitável, universal e imutável deve ser uma fonte de medo e mau agouro?

É difícil acreditar que os designers — que, não faz muito tempo, contentavam-se em se ocupar com secadores de cabelo e apontadores de lápis elétricos — hoje se deparam com questões de tal profundidade, mas é exatamente isso o que está acontecendo. Através do OpenIDEO, nossa plataforma de código aberto e inovação aberta, reunimos uma comunidade voluntária de cem mil cidadãos-designers em quase cem cidades em todo o mundo, para contribuir com sua inteligência coletiva para problemas nessa escala: desperdício de alimentos, encarceramento em massa, fornecendo recursos educacionais para 33 milhões de crianças definhando em campos de refugiados em todo o mundo. Pensamos que chegara a hora de o design enfrentar o mais perverso de todos os problemas perversos: como ressignificar a experiência de fim de vida para nós e nossos entes queridos? Como pensar de maneira diferente sobre a morte?

Com o patrocínio da Sutter Health e a Fundação Helix, e o apoio de um conselho consultivo de especialistas médicos, jurídicos e religiosos, a equipe do OpenIDEO criou um desafio de design, estabeleceu os parâmetros e um conjunto de metas e objetivos: recriar uma experiência de final de vida significativa e animadora; honrar tradições culturais profundas e aprender com elas; explorar parcerias com pessoas, partidos e profissões que talvez não tenham uma conexão óbvia, mas que, por essa mesma razão, contribuam com ideias e recursos vitais. Como design thinkers motivados por um compromisso empático, centrado no homem, de melhorar a condição humana, como podemos erguer o véu da escuridão que paira sobre esse tópico tabu?

6. o redesign do futuro

Agora deve ficar claro que o design entrou em uma nova era, na qual o terreno sob nossos pés mudou, e as regras antigas não se aplicam mais. Comprometemo-nos a ponto de criar produtos tolos ou triviais; comprometemos nossa sociedade quando deixamos de responder aos desafios das novas tecnologias; comprometemos nosso futuro quando nos preocupamos com a lucratividade de curto prazo à custa de um planeta sustentável. É a serviço dessa perspectiva mais ampla que designers — e design thinkers — começaram a concentrar-se no que, desde 2012, é chamado de "economia circular".

O mundo moderno foi fundado no pressuposto de que nossos recursos são infinitos e inesgotáveis: quem poderia imaginar que um dia ficaríamos sem petróleo? Ou florestas? Ou peixe? Ou lugares vazios para descartar os subprodutos de nossa crescente prosperidade material? Mas essa é precisamente a situação em que agora nos encontramos, confrontados a cada momento por limites, ainda presos a uma economia linear que começa em uma mina, pedreira ou plataforma de petróleo, e termina em um aterro sanitário.

Nossa capacidade de redefinir os sistemas industriais para serem restauradores e regenerativos, transformar resíduos em nutrientes para a próxima geração da indústria e repensar a suposição de que os ciclos de vida do produto devem ter começo, meio e fim, será a medida com a qual nossa geração será julgada. Isso pretende ser uma afirmação forte, mas não moralista. Pelo contrário, a beleza da economia circular é que ela não exige que escolhamos entre altruísmo e oportunidade, entre consciência e comércio. Acreditamos que, adotando seus princípios, as empresas poderão ganhar mais dinheiro, reduzir seus custos de material, utilizar melhor seus ativos e criar laços mais fortes com seus clientes, enquanto cuidam melhor do planeta e das pessoas.

Embora isso já seja a reivindicação de alguns ativistas bem-intencionados, às margens verdes da economia moderna, a transição para uma economia circular regenerativa é agora um objetivo declarado da União Europeia e foi promulgada como política nacional no 11o plano quinquenal da China. Foi um ponto central de discussão no Fórum Econômico Mundial em Davos — o mais popular de todos os congressos —, e uma lista cada vez maior de empresas com alcance global, como Apple, Philips, Steelcase e L'Oréal, comprometeram-se com sua implementação.

Em 2017, a IDEO firmou uma parceria com a Ellen MacArthur Foundation, com o objetivo de produzir um roteiro prático para empresas que desejam fechar o círculo, mas não sabem como começar. Por meio do *Circular Economy Guide* online (e disponível gratuitamente), começamos a envolver os líderes do setor na busca de um modelo de negócios que se restaure e regenere, que crie novo valor e que ofereça prosperidade econômica a longo prazo e estabilidade ecológica — e gere lucro. Em contraste com as exortações moralistas da geração anterior (sem as quais não teríamos chegado até aqui), estamos agora em posição de propor medidas concretas e práticas — 24 delas — que podem ser prototipadas, guiadas e dimensionadas.

conclusão: o redesign do design

O arco do design, ao longo de seus cem anos de história, tem sido a história não de (com perdão ao historiador Arnold Toynbee) "uma coisa maldita após a outra", mas de um perímetro em expansão. Enquanto os designers foram chamados para aplicar suas habilidades em despertadores, interiores de lojas e capas de livros, hoje estamos aprendendo a reformular nossas perguntas e a pensar de forma mais abrangente: é um automóvel que queremos, ou transporte? Uma máquina de votação melhorada ou uma rica experiência democrática? Melhor mobiliário de sala de aula ou uma educação que preparará as crianças de hoje para os desafios de amanhã? E para onde devemos direcionar nossas energias à medida que as realidades da IA, biologia sintética, materiais inteligentes e turismo espacial se desdobram diante de nós? Precisamos de robôs lançadores de pizza ou de uma internet segura, igualitária e acessível? Um aplicativo que lembra que você está atrasado para sua aula de ioga ou um meio de reunir nossa inteligência coletiva para resolver obesidade pediátrica, gravidez na adolescência ou cuidados geriátricos paliativos?

Eero Saarinen, o célebre arquiteto finlandês-americano, lembrou o conselho dado a ele por seu pai: "Sempre projete uma coisa considerando-a em seu próximo maior contexto: uma cadeira em uma sala, um quarto em uma casa, uma casa em um ambiente, um ambiente em uma cidade." A sabedoria do velho Saarinen mostrou-se profética, pois é exatamente isso que o design tem se esforçado para alcançar: reconhecer que até o artefato mais humilde existe dentro de uma rede de interconexões, e que é a marca do domínio reconhecer e explicar o maior número possível deles.

À medida que o perímetro se expande, e o "próximo maior contexto" de Eliel Saarinen se estende para o espaço e para dentro do genoma humano, aprendemos a pensar no design como uma "plataforma" — uma base sobre a qual muitas estruturas podem ser construídas: organizações sem fins lucrativos, como a IDEO.org, nossos vizinhos da D-Rev, ou o empreendimento social Design that Matters, que existe para estender sua experiência às pessoas mais pobres do mundo; iniciativas acadêmicas como o Design for America na Northwestern e o curso de Stanford em Entrepreneurial Design for Extreme Affordability, que estão preparando a próxima geração de designers para enfrentar os desafios da disparidade econômica e da injustiça social. O design é um trabalho em andamento, um experimento em desenvolvimento contínuo para cunhar as ferramentas que nos permitirão enfrentar os desafios de um mundo que só se tornará mais complexo.

Recentemente, foi pedido ao fundador da IDEO, David Kelley, que nomeasse seu projeto favorito, dentre os milhares nos quais trabalhamos nas últimas quatro décadas. Sem pestanejar, ele respondeu: "O próximo." É assim que nos sentimos ao contemplar os inúmeros desafios que destituem a comunidade humana de um de seus ativos mais potencialmente valiosos: a pobreza. As alterações climáticas. O terrorismo. A discriminação. Quem teria pensado, quando os primeiros designers industriais penduravam suas telhas, quando os primeiros designers gráficos lançavam uma página impressa, quando a primeira geração de designers digitais lidava com os mistérios da internet — que, em virtude de seu treinamento heterodoxo e suas práticas contra a corrente, eles teriam um dia um papel importante no enfrentamento desses desafios?

Mas foi exatamente isso que aconteceu, e agora estamos frente a frente com o maior desafio de todos: o redesign do design.

Ao longo de *Design Thinking*, mencionei muitos projetos e exemplos. Alguns provêm do amplo mundo dos negócios, da inovação e do design e foram creditados no texto. Muitos outros provêm das experiências diretas de meus colegas da IDEO. Para manter as histórias breves e objetivas, escolhi relacionar esses projetos aqui. A lista a seguir reconhece os membros da equipe da IDEO, que participaram dos projetos e que têm sido responsáveis por todos os insights e realizações que fundamentam meus argumentos. Sou muito grato a eles.

Capítulo 1

As coasting bikes para a Shimano: *David Webster, Dana Cho, Jim Feuhrer, Gerry Harris, Stephen Kim, Bruce MacGregor, Patrice Martin, Nacho Mendez, Anthony Piazza, Aaron Sklar.*

O Aquaduct para o projeto "Inove ou Morra": *David Janssens, John Lai, Adam Mack, Brian Mason, Eleanor Morgan, Paul Silberschatz.*

Mr. Clean Magic Reach para a Procter & Gamble: *Chris Kurjan, Jerome Goh, Hans-Christoph Haenlein, Gerry Harris, Aaron Henningsgaard, Adrian James, Carla Pienkanagura, Anna Persson, Nina Serpiello, Jim Yurchenco.*

Initiative Success Center: o Gym da Procter & Gamble: *Kristian Simsarian, Matt Beebe, Peter Coughlan, Fred Dust, Suzanne Gibbs Howard, Jerome Goh, Ilya Prokopoff.*

Stanford Center for Innovations in Learning: *Dana Cho, Fred Dust, Cheri Fraser, Joanne Oliver, Todd Schulte.*

Capítulo 2

Programa Get in Shape para os Centers for Disease Control and Prevention: *Jacinta Bouwkamp, Hilary Hoeber, Holly Kretschmar, Molly Van Campen, Chris Waugh.*

Utensílios de cozinha para a Zyliss: *Annetta Papadopoulis, Michael Chung, Hans-Christoph Haenlein, Dana Nicholson, Thomas Overthun, Nina Serpiello, Philip Stob, David Webster, Opher Yom-Tov, Jim Yurchenco, Robert Zuchowski.*

Ways and Means para a Community Builders: *Leslie Witt, Mary Foy- der, Tatyana Mamut, Altay Sendil.*

Kit de ferramentas Gates-IDE HCD para a Bill and Melinda Gates Foundation: *Tatyana Mamut, Jessica Hastings, Sandy Speicher.*

Transformação do atendimento para o Institute for Healthcare Im- provement and Robert Wood Johnson Foundation: *Peter Coughlan, Ilya Prokopoff, Jane Fulton Suri.*

DePaul Health Center para o SSM Health Care: *Peter Coughlan, Jerome Goh, Fred Dust, Kristian Simsarian.*

Estratégia de serviço aos clientes do banco para a Juniper Financial: *Fran Samalionis, Gretchen Addi, Alex Grishaver, Aaron Lipner, Brian Rink, Rebecca Trump, Laura Weiss, Bill Wurz.*

Palm V para a Palm: *Dennis Boyle, Joost Godee, Elisha Tal.*

Capítulo 4

Diego Powered Dissector System para a Gyrus ENT: *Andrew Burroughs, Jacob Brauer, Scott Brenneman, Ben Chow, Niels Clausen-Stuck, Deuce Cruse, Thomas Enders, Dickon Isaacs, Tassos Karahalios, Ben Rush, Amy Schwartz.*

Mouse para a Apple: *Douglas Dayton, David Kelley, Rickson Sun, Jim Yurchenco.*

Crachá de comunicações para a Vocera: *John Bauer, Scott Brenneman, Bruce MacGregor, Thomas Overthun, Adam Prost, Tony Rossetti, Craig Syverson, Steve Takayama, Jeff Weintraub.*

Acela para a Amtrak: *Dave Privitera, Ilya Prokopoff, Axel Unger, Bill Stewart.*

TownePlace Suites para a Marriott: *Bryan Walker, Soren DeOrlow, Patrice Martin, Aaron Sevier.*

"Visão Futura" para a HBO: *Alex Grishaver, Owen Rogers, Dan Bomze.*

Capítulo 5

Melhoria do atendimento ao paciente para a Mayo Clinic: *Dana Cho, Fred Dust, Ilya Prokopoff.*

Programa "Fique com o troco" para o Bank of America: *Monica Bueno, Fred Dust, Roshi Givechi, Christian Schmidt, Dave Vondle.*

"Cenografia" para o Ritz-Carlton: *Dana Cho, Roshi Givechi, Amy Leventhal.*

Capítulo 6

Laptop Compass para a GRiD Systems: *Bill Moggridge.*

Experiência de marca para a Snap-on: *Paul Bennett, Martin Bone, Owen Rogers.*

Vídeos de plataforma móvel para a Intel: *Martin Bone, Michael Chung, Gregory Germe, Arvind Gupta, Danny Stillion, Andre Yousefi.*

Visão estratégica para a California College of the Arts: *Erik Moga, Bri- anna Cutts, Jeffrey Nebolini.*

Experiência de doação de sangue para a Cruz Vermelha norte-americana: *Patrice Martin, Monica Bueno, Kingshuk Das, Sara Frisk, Jerome Goh, Diem Ho, Lee Moreau, John Rehm, Beau Trincia.*

Capítulo 7

ExV para a Nokia: *Davide Agnelli, Katja Battarbee, Jeff Cunningham, Chris Nyffeler, Kristian Simsarian, Robert Suarez, John Tucker.*

RoomWizard para a Steelcase: *Mat Hunter, Ingrid Baron, Tim Billing, Scott Brenneman, Tim Brown, Phil Davies, Lynda Deakin, Alison Foley, Dick Grant, Patrick Hall, Simon Leach, Dave Littleton, Suzie Stone, Jim Yurchenco.*

Compartilhamento de conhecimento de enfermeiros para a Kaiser Permanente: *Denise Ho, Ilya Prokopoff.*

Capítulo 8

Melhoria de pontos de verificação para a Transport Security Administration: *Gretchen Wustrack, Jonah Houston, Holly Bybee, Da-*

vid Janssens, Gerry Harris, Caroline Stanculescu, Jon Kaplan, Aaron Shinn, Ro- shi Givechi, Ashlea Powell, Yuh-Jen Hsiao, Dirk Ahlgrim, Anke Pierik, Carl Anderson, Santiago Prieto, David Haygood, Ted Barber, Judy Lee, Stephen Kim, Annie Valdes, Davide Agnelli, Michelle Ha, Nina Wang, Lionel Mohri, Kelly Grant-Rauh, Tiffany Card.

Escova dental Squish Grip para a Oral-B: *Thomas Overthun.*

Identidade e embalagem para a Pangea Organics: *Ian Groulx, Mary Foyder, Amy Leventhal, Kyle McDonald, Christopher Riggs, Philip Stob, Robert Zuchowski.*

"Mudança de Foco" para o Ministério de Energia dos Estados Unidos: *Hans-Christoph Haenlein, Emily Bailard, Heather Emerson, Jay Hasbrouck, Adam Reineck, Jeremy Sutherland, Gabriel Trionfi.*

Capítulo 9

"Dispositivo Universal de Transações Remotas" para a Hewlett-Packard: *Alexander Grunsteidl, Aaron Sklar, Paul Bradley, Peter Bronk, Mark Harrison, Jane Fulton Suri.*

Ripple Effect para a Acumen Fund e Bill and Melinda Gates Foundation: *Sally Madsen, Ame Elliott, Holly Kretschmar, Rob Lister, Maria Redin, Aaron Sklar, Caroline Stanculescu, Jocelyn Wyatt.*

Estratégia para a melhoria da educação infantil: *Hilary Carey, Suzanne Gibbs-Howard, Michelle Lee, Aaron Shin, Sandy Speicher, Caroline Stanculescu, Neil Stevenson.*

Aprendizado investigativo para a Ormondale Elementary School: *Hilary Carey, Colleen Cotter, Sandy Speicher.*

Índice

D

E

R

S